जंगल के उपयोगी वृक्ष

जंगल के उपयोगी वृक्ष

लेखक एवं फ़ोटोग्राफ़र
रामेश बेदी

राजकमल प्रकाशन

ISBN : 978-81-267-0818-5

मूल्य : ₹595

पहला संस्करण : 2004
दूसरा संस्करण : 2019

प्रकाशक : राजकमल प्रकाशन प्रा. लि.
1-बी, नेताजी सुभाष मार्ग, दरियागंज
नई दिल्ली-110 002

शाखाएँ : अशोक राजपथ, साइंस कॉलेज के सामने, पटना-800 006
पहली मंजिल, दरबारी बिल्डिंग, महात्मा गांधी मार्ग, इलाहाबाद-211 001
36 ए, शेक्सपियर सरणी, कोलकाता-700 017

वेबसाइट : www.rajkamalprakashan.com
ई-मेल : info@rajkamalprakashan.com

मुद्रक : बी.के. ऑफसेट
नवीन शाहदरा, दिल्ली-110 032

JUNGLE KE UPYOGI VRIKSHA
by Ramesh Bedi

विषय सूची

आभार

इस पुस्तक का प्रणयन बेदी फ़िल्म्स के आर्थिक सहयोग से हुआ है। इसके संचालक सर्वश्री नरेश बेदी एवं राजेश बेदी का मैं आभारी हूं।

पुस्तक की प्रेस कॉपी तैयार करने के लिए मैं **बेदी शोध संस्थान** में कार्यरत सहयोगियों का धन्यवाद करता हूं।

रामेश बेदी

एक

गूलर

फ़ीकुस ग्लोमेराता रौक्सबुर्ग़
Ficus glomerata Roxb.
कुल मोरासी Moraceae

मध्यमाकार या बड़ा वृक्ष; पत्ते 10 से 17.5 सेण्टीमीटर लम्बे; नए पत्ते जनवरी से एप्रिल तक निकलते हैं। पका फल लाल या नारंगी रंग का, 2.5 से 3.75 सेण्टीमीटर व्यास

चित्र 1 गूलर के काण्ड पर फलों का गुच्छा

का होता है। एप्रिल से जुलाई तक फल पकते हैं। भारत में सर्वत्र पाया जाता है। नालों में, नदियों के किनारे और दलदली जगहों पर अधिक उगता है।

विविध भाषाओं और स्थानों में नाम

उड़िया	: डिमरी।
कन्नड़, तमिल, मलयालम	: अथी।
गुजराती	: उबरो, उमरडो, ऊमर, गूलर।
तेलुगु	: अट्टी, उदुम्बरमु, पइदि, बोड्डा।
फ़ारसी	: अंजीरे अह्मक, अंजीरे आदम।
बंगाली	: जाग्या दुम्बर, दुमर।
मराठी	: उम्बर।
संस्कृत	: उदुम्बर, भद्रोदुम्बर, यज्ञाङ्ग, हेमदुग्ध।
हिन्दी	: ऊमर।
हिमाचल	: रुमल।

संस्कृत में नाम और पर्याय

वनस्पति निघण्टुओं में उदुम्बर के 28 नाम आएं हैं। धन्वन्तरिनिघण्टु (8 वीं शती) में उदुम्बर के 6, राजनिघण्टु (12 वीं शती) में 13, मदनपालनिघण्टु (1374 सन्) में 8, कैयदेवनिघण्टु (1450 सन्) में 16, और भावप्रकाशनिघण्टु (1550 सन्) में 4 नाम और पर्याय निम्नलिखित श्लोकों में आए हैं :

उदुम्बरः क्षीरवृक्षो हेमदुग्धः सदाफलः।
अपुष्पफल सम्बन्धो यज्ञाङ्गः शीतवल्कलः॥

धन्वन्तरिनिघण्टु, आम्रादिवर्ग 5; 79.

उदुम्बरः क्षीरवृक्षो हेमदुग्धः सदाफलः।
कालस्कन्धो यज्ञयोग्यो यज्ञीयः सुप्रतिष्ठितः॥
शीतवल्को जन्तुफलः पुष्पशून्यः पवित्रकः।
सौम्यः शीतफलश्चेति मनुसंज्ञः समीरितः॥

राजनिघण्टु, आम्रादिवर्ग 11; 126-127.

उदुम्बरः क्षीरवृक्षो जन्तुवृक्षः सदाफलः।
हेमदुग्धः कृमिफलो यज्ञाङ्गः शीतवल्कलः॥

मदनपालनिघण्टु, वटादिवर्ग 5; 5.

उदुम्बरो हेमदुग्धो हरिताक्षो वसुद्रुमः॥
सचक्षुर्मशकी क्षीरी क्षीरद्रुः शीतवल्कलः।

यज्ञाङ्गको जन्तुवृक्षः सुप्रतिष्ठः सदाफलः ॥
अपुष्पफलसम्बन्धः काञ्चनो जंतुमत्फलः ।

कैयदेवनिघण्टु, ओषधिवर्ग 1; 424-425.

उदुम्बरो जन्तुफलो यज्ञाङ्गो हेमदुग्धकः ॥

भावप्रकाशनिघण्टु, वटादिवर्ग 6; 8.

इन श्लोकों के अन्तर्गत लिखे गए नाम-पर्यायों को नीचे तालिका में दिया जा रहा है जिससे पाठक सुगमता से उनका तुलनात्मक अध्ययन कर सकें :

धन्वन्तरिनिघण्टु (8वीं शती)	**राजनिघण्टु** (12वीं शती)	**मदनपालनिघण्टु** (1374 सन्)	**कैयदेवनिघण्टु** (1450 सन्)	**भावप्रकाशनिघण्टु** (1550 सन्)
1 अपुष्पफलसम्बन्ध			1 अपुष्पफलसम्बन्ध	
	1 उदुम्बर	1 उदुम्बर	2 उदुम्बर	1 उदुम्बर
			3 कांचन	
	2 कालस्कन्ध			
		2 कृमिफल		
			4 क्षीरद्रु	
2 क्षीरवृक्ष	3 क्षीरवृक्ष	3 क्षीरवृक्ष		
			5 क्षीरी	
	4 जन्तुफल			2 जन्तुफल
			6 जंतुमत्फल	
		4 जन्तुवृक्ष	7 जन्तुवृक्ष	
	5 पवित्रक			
	6 पुष्पशून्य			
			8 मशकी	
	7 यज्ञयोग्य			
3 यज्ञाङ्ग		5 यज्ञाङ्ग	9 यज्ञाङ्ग	3 यज्ञाङ्ग
			10 वसुद्रुम	
	8 शीतफल			
	9 शीतवल्क			
4 शीतवल्कल		6 शीतवल्कल	11 शीतवल्कल	
			12 सचक्षु	
5 सदाफल	10 सदाफल	7 सदाफल	13 सदाफल	
			14 सुप्रतिष्ठ	
	11 सुप्रतिष्ठित			
	12 सौम्य			
			15 हरिताक्ष	
6 हेमदुग्ध	13 हेमदुग्ध	8 हेमदुग्ध	16 हेमदुग्ध	
				4 हेमदुग्धक

संस्कृत के नाम और पर्यायों के अर्थ

अपुष्पफलसम्बन्ध	: जिस वृक्ष में फूल (पुष्प) आये बिना (अ) फल लग जाते हैं।
उदुम्बर	: उं शम्भुं वृणोति; शिव को वरण करने वाला वृक्ष।
कांचन	: जिसके पके फल सुनहरे (कांचन) लाल वर्ण के होते हैं।
कालस्कन्ध	: पानी के अन्दर जिसके काण्ड (स्कन्ध) की लकड़ी लम्बे समय (काल) तक नष्ट नहीं होती।
कृमिफल	: जिसके फल के अन्दर पतंगे (कृमि) रहते हैं।
क्षीरद्रु	: जिस वृक्ष (द्रु) के अंगों को काटने से दुधिया स्राव (क्षीर) निकलता है।
क्षीरवृक्ष	: = क्षीरद्रु।
क्षीरी	: जिसके अंगों को काटने से दूध निकलता है।
जन्तुवृक्ष	: जिस पेड़ (वृक्ष) के फल के अन्दर जीव (जन्तु) रहते हैं।
पवित्रक	: यज्ञ आदि पुनीत (पवित्र) कार्यों में जिसकी लकड़ी काम आती है।
पुष्पशून्य	: जिसके सूक्ष्म फूल (पुष्प) छिपे रहते हैं, मानो होते ही नहीं (शून्य)।
मशकी	: जिसके फल के अन्दर मच्छर (मशक) रहते हैं।
यज्ञयोग्य	: जिसकी लकड़ी यज्ञों के काम (योग्य) आती है।
यज्ञाङ्ग	: जिसकी लकड़ी यज्ञों का अङ्ग बन जाती है।
वसुद्रुम	: जिस वृक्ष (द्रुम) के फल में कृमि (वसु) रहते हैं।
शीतफल	: शीतल (शीत) फल वाला वृक्ष।
शीतवल्क	: जिसकी छाल (वल्क) शीतल (शीत) करती है।
शीतवल्कल	: = शीतवल्क।
सचक्षु	: जिसके पत्तों पर मस्से हों, मानो आंखें (चक्षु) उभरी हों।
सदाफल	: बहुत (सदा) समय तक फल धारण करने वाला वृक्ष।
सुप्रतिष्ठ	: यज्ञों में जिसके खम्भे अच्छे (सु) स्थान पर गाड़े (प्रतिष्ठ) जाते हैं।
सुप्रतिष्ठित	: = सुप्रतिष्ठ
सौम्य	: जिसका फल खाने से मन शान्त (सौम्य) होता है।
हरिताक्ष	: जिसके पत्तों पर हरे (हरित) रंग के मस्से उभरे हुए हों, मानो हरी आंखें हों।
हेमदुग्ध	: सुनहरा (हेम) दूध (दुग्ध) स्रवित करने वाला।
हेमदुग्धक	: = हेमदुग्ध।

निघण्टुशास्त्र में प्रतिपादित गुण

उदुम्बर का कच्चा फल रस में कषाय, पका फल रस में मधुर, वीर्य में शीत, कृमि उत्पन्न करने वाला, रक्तपित्तनाशक, मुर्च्छा, दाह और तृषा को दूर करने वाला है। यह वर्ण को निखारने वाला, व्रण का शोधन करने वाला तथा भारी है और टूटे हुए भागों को जोड़ता है :

उदुम्बरं कषायं स्यात् पक्वं तु मधुरं हिमम्।
कृमिकृत् पित्तरक्तघ्नं मूर्च्छादाहतृषापहम्॥

धन्वन्तरिनिघण्टु, आम्रादिवर्ग 5; 80.

उदुम्बरं कषायं स्यातपक्कम्तु मधुरं हिमम्।
कृमिकृत्पित्तरक्तघ्नं मूर्च्छादाहतृषापहम्॥

राजनिघण्टु, आम्रादिवर्ग 11; 128.

उदुम्बरो हिमो व्रण्यः कफपित्तास्रजिद् गुरूः॥

मदनपालनिघण्टु, वटादिवर्ग 5; 5.

उदुम्बरो हिमो रूक्षः कषायो मधुरो गुरुः॥
भग्नसंधानकृद् वर्ण्यो व्रणशोधनरोपणः।
स्तंभनानि कषायाणि श्लेष्मघ्नानि हितानि च॥

कैयदेवनिघण्टु, ओषधिवर्ग 1; 426-427.

उदुम्बरो हिमो रूक्षो गुरुः पित्तकफास्रजित्।
मधुरस्तुवरो वर्ण्यो व्रणशोधनरोपणः॥

भावप्रकाशनिघण्टु, वटादिवर्ग 6; 9.

उपयोग

छाल ग्राही है, ख़ून को बन्द करती है। मधुमेह में फल खिलाते हैं। पेचिश में जड़ उपयोगी है। पत्तों के चूर्ण को शहद के साथ पित्त रोगों में देते हैं। दूध बवासीर और दस्तों में देते हैं। रिण्डर-पेस्ट (rinder-pest) में आक्रांत ढोरों को छाल देते हैं।

लकड़ी भूरी, मृदु और चित्रित होती है। प्रति घन फुट लकड़ी का भार 11.25 से 16.20 किलोग्राम होता है। यह खिलौने बनाने के काम आती है। बंगाल में इसकी मूर्तियां बनाते हैं। पानी के अन्दर लकड़ी टिकाऊ रहती है। कुएं के आधार में लकड़ी का चाक रखा जाता है जिसे निवार कहते हैं। इसके ऊपर कुएं की दीवारें चिनी जाती हैं। यह सदा पानी के सम्पर्क में रहता है। इसलिए कभी नहीं सड़ता। निवार बनाने के लिए काम में लायी जाने वाली सर्वोत्कृष्ट लकड़ियों में गूलर की लकड़ी है।

बहुत छोटे अविकसित फलों की सब्ज़ी बनाई जाती है। गूलर के पके फल में काले रंग के नन्हे-नन्हे पतंगे भरे रहते हैं। फल को तोड़ने पर ये उड़ जाते हैं। फूंक मारकर इन्हें उड़ा दिया जाता है, तब फल खाया जाता है। झांसी में देहाती लोग पतंगों की परवाह नहीं करते, वे साबुत फल को खा जाते हैं। कहते हैं कि गूलर को तोड़कर नहीं खाया जाता, सारे फल के साथ पतंगे भी पौष्टिक होते हैं। पेड़ के नीचे गिरे पके

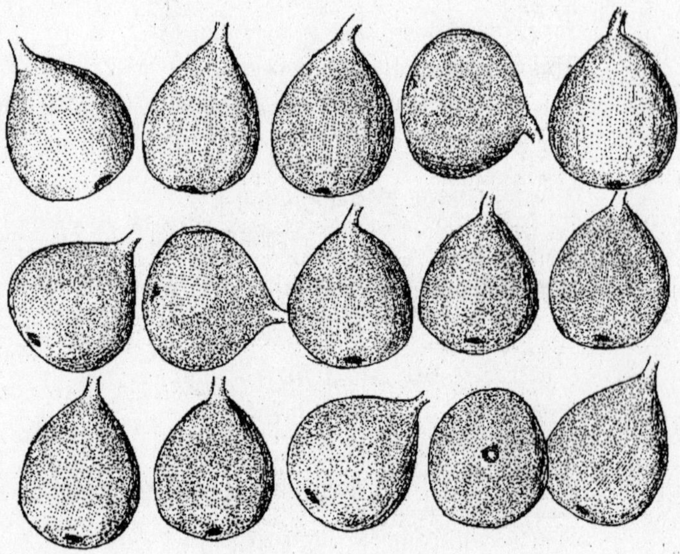

चित्र 2 गूलर के पके फल

फलों को ढोर-डंगर और बकरियां खा जाती हैं। लकड़ी जलावन है। तख़्तपोश और छोटा-मोटा फ़र्निचर बनाने में काम आती है। इसकी कड़ियां मज़बूत नहीं होती। यज्ञों में जलाने के लिए इसकी समिधाएं पवित्र समझी जाती हैं। गूलर की लकड़ी कुछ जगहों पर अशुभ मानी जाती है। गांवों में यह न तो ईंधन के काम आती है, न गृह-निर्माण में। ताज़ी काटी लकड़ी कुल्हाड़ी से सुगमता से फट जाती है।

दूध से चिड़िफांस पक्षियों को पकड़ने का लासा बनाते हैं। पत्ते ढोरों और हाथियों का चारा हैं।

कुछ श्रद्धालु हिन्दू गूलर को नखेद वृक्ष मानते हैं। शिवजी के ऊपर चढ़ाने के लिए गंगाजल लाने वाले कांवरिये गूलर के नीचे बैठकर विश्राम नहीं करते, गूलर के पास से भी नहीं गुज़रते। उनकी मान्यता है कि कांवर पर गूलर वृक्ष की परछाईं भी पड़ जाये तो गंगाजल अपवित्र हो जाता है।

इस वृक्ष के ऊपर तोते, गुरसल, फूलचुही, गिलहरियां, बन्दर, मुष्कबिलाव आदि अनेक पशु-पक्षी फल खाते रहते हैं। इनकी विष्ठा या मल नीचे गिरता रहता है। कांवरिये यदि नीचे से गुज़र रहे हों तो उनके ऊपर भी गिर सकता है जिससे कांवर अपवित्र हो सकता है। कांवरियों का गूलर से दुराव का कारण यही है। श्मशान की ओर ले जाई जाती अरथी, गूलर या किसी भी दुधार वृक्ष (बरगद, पीपल, पाकड़, महुआ आदि) के नीचे से नहीं गुज़रती।

ऋग्वेद में उदुम्बर नाम नहीं आया। अथर्ववेद (19. 31.1) और बाद के साहित्य (तैत्तिरीयसंहिता 11.1.1.6, शतपथब्राह्मण 3.2.1.23, 4.1.38) में प्रायः मिल जाता है। कर्मकाण्डों के अनेक प्रकार के विधानों में इसकी लकड़ी इस्तेमाल की जाती थी। बलि के खम्भे (यूप, तैत्तिरीयसंहिता 2.1.1.6) और बलि के संक्राम-चक्र (idle wheels) तैत्तिरीयसंहिता 5.4.7.3) इससे बनाये जाते थे। उदुम्बर की लकड़ी के गण्डे-तावीज़ (अथर्ववेद 19.31.1) बनाये जाते थे। वध-स्थल के लिए इसकी लकड़ी उपयुक्त (तैत्तिरीयसंहिता 3.4.8.4) समझी जाती थी।

ऐतरेयब्राह्मण (7.15) में गूलर के फलों की मिठास को शहद के समान बताया है। ये साल में तीन बार पकते थे (ऐतरेयब्राह्मण 5.24)। पञ्चविंश ब्राह्मण (16.6.4) में उदुम्बर वृक्षों के जंगल का उल्लेख है।

दो

त्रिफला

त्रिफला आयुर्वेद का प्रसिद्ध द्रव्य है । आयुर्वेद में हरड़, बहेड़े और आंवले का प्रयोग सम्मिलित रूप में त्रिफला नाम से अधिक हुआ है । इसलिए इसके तीनों अंगों का पृथक्-पृथक्

हरड़ बहेड़ा आंवला

चित्र 3 त्रिफला

वर्णन करने के बाद भी सम्मिलित त्रिफला का पृथक् वर्णन किया जा रहा है ।

नाम

तीनों फलों का समूह होने से इसके संस्कृत नाम त्रिफला, फलत्रिक, फलत्रय आदि हैं । व्यवहार में त्रिफला नाम अधिक प्रसिद्ध है । अंग्रेज़ी में त्रिफला का थ्रीमाइरोबेलेन्स नाम भी फलों के त्रिक को देखकर रखा गया है :

त्रिफलैतत्त्रयेणा स्याद्वरा श्रेष्ठा फलोत्तमा ॥

मदनपालनिघण्टु, हरीतक्यादिवर्ग 1; 32.

फलोत्तमा फलश्रेष्ठा त्रिफला च फलत्रिकम् ।
फलत्रयं वरा ज्ञेया पथ्याधात्रीबिभीतकैः ॥

कैयदेवनिघण्टु, ओषधिवर्ग 1; 245.

हरीतक्याश्चामलक्याः बिभीतकस्य च फलम् ।
त्रिफलेत्युच्यते वैद्यैः ... ... ॥

हारीतसंहिता, कल्पस्थान, अध्याय 2.

उपयोगी भाग तथा संग्रह

रसायनार्थ लिये जाने वाले हरड़, आंवला आदि फल हिमालय पर्वत पर उत्पन्न होने चाहिए। श्रेष्ठ हिमालय पहाड़ ओषधियों की उत्कृष्ट भूमि है। इसलिए अपनी ऋतुओं में उत्पन्न हुए फलों को हिमालय से ही समय-समय पर यथाविधि ग्रहण करें। फल रस और वीर्य से पूर्ण होने चाहिए; सूर्य की धूप, जल, छाया और वायु से तृप्त होने चाहिए; जले हुए, सड़े हुए, चोट खाए हुए, और रोगाक्रान्त न हो :

ओषधीनां परा भूमिर्हिमवान् शैलसत्तमः ।
तस्मात्फलानि तज्जानि ग्राहयेत्कालजानि तु ॥
आपूर्णरसवीर्याणि काले काले यथाविधि ।
आदित्यपवनच्छायासलिलप्रीणितानि च ॥
यान्यजग्धान्यपूतीनि निर्व्रणान्यगदानि च ।

चरकसंहिता, चिकित्सास्थान, अध्याय 1; 38-40.

1 भाग हरड़, 2 भाग बहेड़ा और 3 भाग आंवला मिलाने से त्रिफला बन जाता है :

एक भागो हरीतक्या द्वौ भागौ च विभीतकम् ।
आमलक्यास्त्रिभागश्च सहैकन्न प्रयोजयेत् ।

हारीतसंहिता, कल्पस्थान, अध्याय 2.

कैयदेव ने हरड़, बहेड़ा और आंवले को संख्या में क्रमशः 1, 2 और 4 लेने के लिए लिखा है :

एकाहरीतकी योज्या द्वौ च योज्यौ विभीतकौ ।
चत्वार्यामलकानीति त्रिफला प्रोच्यते बुधैः ॥

कैयदेवनिघण्टु, ओषधिवर्ग 1;231

भावमिश्र तीनों फलों को सम भाग में लेने के लिए लिखते हैं। तीनों फलों को गुठली रहित लेना चाहिए :

पथ्याविभीतकधात्रीणां फलैः स्यात्त्रिफला समैः ।
फलत्रिकञ्च त्रिफला सा वरा च प्रकीर्तिता ॥

भावप्रकाशनिघण्टु, हरीतक्यादिवर्ग 1; 42.

अतश्चामृतकल्पानि विद्यात् कर्मभिरीदृशैः।
हरीतकीनां शस्यानि भिषगामलकस्य च॥

चरकसंहिता, चिकित्सास्थान, रसायनाध्याय, प्रथमपाद 1; 37.

गोविन्ददास ने हरड़, बहेड़ा और आंवला, तीनों मिले हुए फलों को महती त्रिफला नाम दिया है :

पथ्या बिभीतकं धात्री त्रिफला महती स्मृता।
ह्रस्वा काश्मर्यमृद्वीकापरुषकफलानि च।

भैषज्यरत्नावली, परिभाषाप्रकरण 15.

गम्भारी, द्राक्षा तथा फ़ालसे के मिले हुए फलों को ह्रस्व त्रिफला नाम दिया है। त्रिफला शब्द से प्रायः सर्वत्र महती त्रिफला का ही ग्रहण होता है।

गुण

त्रिफला कुष्ठमेहास्रकफपित्तविनाशिनी॥
चक्षुष्या रोपणी हृद्या वयसः स्थापनी सरा।

मदनपालनिघण्टु, अभयादिवर्ग 1.

त्रिफला कफपित्तघ्नी मेहकुष्ठहरा सरा।
आयुष्या दीपनी रुच्या विषमज्वरनाशिनी॥

भावप्रकाशनिघण्टु, हरीतक्यादिवर्ग 1; 43.

त्रिफला कफपित्तघ्नी महाकुष्ठविनाशिनी।
आयुष्या दीपनी चैव चक्षुष्या व्रणशोधिनी॥
वर्णप्रदायिनी घृष्टा विषमज्वरनाशिनी।
दृष्टिप्रदा कण्डुहरा वमिगुल्मार्शनाशिनी॥
सर्वरोगप्रशमनी मेधास्मृतिकरी परा।

हारीतसंहिता, कल्पस्थान, अध्याय 2.

योग

त्रिफलादि क्वाथ : त्रिफला, गिलोय, वासा किराततिक्ता, कटुकी और निम्ब; सब समान भाग में लेकर कषाय बनाएं।

मात्रा : 28 से 112 ग्राम।

रोग : कामला, पाण्डु, रक्तपित्त, अम्लपित्त, त्वक् रोग, ज्वर आदि।

त्रिफलादि चूर्ण

त्रिफला 48 ग्राम, मुलैठी 24 ग्राम और लोहभस्म 12 ग्राम; चूर्ण बनाएं।

मात्रा : 484 से 728 मिलीग्राम।
रोग : पाण्डु, कामला, अर्शस्, नेत्र रोग और पलित रोग।
अनुपान : मधु-घृत।

अभयावटक

हरड़ 144 ग्राम, त्रिफला, सोंठ, मरिच और पिप्पली–प्रत्येक 48 ग्राम; अजमोदा, चव्य, चित्रक, वायविडङ्ग, अम्लवेत, सेंधा नमक और वच–प्रत्येक 24 ग्राम; दालचीनी, तेजपत्र और इलायची–प्रत्येक 36 ग्राम; सबका सूक्ष्म चूर्ण करें। 1.5 किलोग्राम गुड़ मिलाकर 12 ग्राम की गोली बनाएं :

अभयाफलत्रयाणां फलत्रयं त्रिकटुकात्पलमेकञ्च
दीप्यकचव्यकचित्रकविडङ्गवृक्षाम्लसिन्धुवचार्धपलैः ॥
त्वक्पत्रैलाकर्षैस्त्रिभिर्युक्तं सुचूर्णितं सूक्ष्मम् ।
त्रिंशद्गुडपलसहिताः कर्त्तव्यास्तरुसंमितावटकाः ॥
अभयावटकानाम्ना प्लीहार्शोगुल्मजठरापहराः ।
पाण्ड्वामयकामलानां मन्दाग्नीनां सर्वदा शस्ताः ॥

बङ्गसेनसंहिता, उदररोगाधिकार; 51-53.

मात्रा : 1 या 2 गोली।
रोग : प्लीहोदर, अर्श, गुल्म, मन्दाग्नि, पाण्डु, कामला आदि।

कंसहरीतकी

दशमूल क्वाथ 2.5 लीटर, हरड़ 100 और गुड़ 5 किलोग्राम; अवलेह बनाएं। इसमें सोंठ, मरिच, पिप्पली, दालचीनी, इलायची और तेजपत्र–प्रत्येक का 12 ग्राम चूर्ण मिलाएं। शीतल होने पर 400 ग्राम शहद और ज़रा-सा यवक्षार मिला दें :

द्विपञ्चमूलस्य पचेत्कषाये कंसेऽभयानाञ्चशतं गुडाञ्च ।
लिहेत्सुसिद्धे च विनीय चूर्णं व्योषं त्रिसौगन्ध्यमुपस्थिते च ॥
प्रस्थार्धमात्रं मधुनः सुशीते किञ्चिच्च चूर्णादपि यावशूकात् ।
एकाभयां प्राश्य ततश्च लेहाच्छुक्तिं निहन्ति श्वयथुं प्रवृद्धम् ॥
श्वासज्वरारोचकमेहगुल्मप्लीहांस्त्रिदोषोदरपाण्डुरोगान् ।
कार्श्यामवातावसृणाम्लपित्तं वैवर्ण्यमूत्रानिलशुक्रदोषान् ॥

बङ्गसेनसंहिता, शोफाधिकार; 13-15.

मात्रा तथा सेवनविधि : 1 हरड़ खाकर 12 ग्राम लेह चाट लें।

रोग : शोथ, कास, ज्वर, पाण्डु, अम्लपित्त और यकृत्प्लीहा रोग।

दशमूलहरीतकी

2.5 लीटर दशमूल क्वाथ में 100 हरड़ पकाएं। गाढ़ा होने पर 5 किलोग्राम गुड़ और सोंठ तथा मरिच और पिप्पली 200 ग्राम मिलाएं। शीतल होने पर दालचीनी, इलायची और तेजपत्र–प्रत्येक का चूर्ण 12 ग्राम और शहद 400 ग्राम डालें :

दशमूली कषायस्य कंसे पथ्याशतं युगत्।
तुलां पचेद् घने दद्यात् व्योषक्षार चतुष्पलम्॥
त्रिजातकं सुचूर्णांशं प्रस्थार्धं मधुना लिहेत्।
दशमूली हरीतक्या शोथं घ्नन्ति सुदुस्तरम्॥
ज्वरारोचकगुल्मार्शोमेहपाण्डूदरामयान्।
श्वासकार्श्यामवाताऽम्लपित्त वन्हेश्च मन्दताम्॥

बङ्गसेनसंहिता, शोथाधिकार; 18-20.

मात्रा : 12 से 24 ग्राम।

रोग : शोथ, उदर रोग, श्वास, पाण्डु आदि।

अभयावटी

हरड़, मरिच, पिप्पली और शुद्ध सुहागा–प्रत्येक 25 ग्राम तथा जमालगोटे के शुद्ध बीज 50 ग्राम डंडा थोहर के दूध में घोटकर 121 मिलीग्राम की गोलियां बनाएं :

अभया मरिचं कृष्णा टङ्कणश्च समांशकम्।
सर्वचूर्णसमञ्चव दद्यात्कानकजं फलम्॥
स्नूहीक्षीरैर्वटी कार्या यथा स्विन्कलायवत्।
वटीद्वयं शिवामेकां पिष्ट्वा चोष्णाम्बुना पिवेत्॥
उष्णाद्विरेचयेदेषा शीते स्वास्थ्यमुपैति च।
जीर्णज्वरं पाण्डुरोगं प्लीहाष्ठीलोदराणि च।
रक्तपित्ताम्लपित्तादि सर्वाजीर्णं विनाशयेत्॥

रसेन्द्रसारसंग्रह, गुल्मचिकित्सा; 22-24.

मात्रा तथा सेवनविधि : 1 या आधी गोली 1 हरड़ के चूर्ण के साथ गरम जल से लें। गरम जल से विरेचन होगा; ठंडा पानी पीने से विरेचन बंद हो जायेगा।

रोग : जीर्ण ज्वर, पाण्डु, प्लीहा, रक्तपित्त, अम्लपित्त, अजीर्ण आदि।

त्रिफलादि क्षार

हरड़, बहेड़ा, आंवला, अपराजिता, मध्य बिल्वगिरी, लोहभस्म, कटुकी, मोथा, कुष्ठ, पाठा, हींग, मुलैठी, मुष्कक्षार, यवक्षार, सोंठ, काली मिरच, पिप्पली, वच, वायविडङ्ग, पिप्पली-मूल, सर्जक्षार, नीम की छाल, चित्रक, मूर्वामूल, अजवायन, इन्द्रजौ, गिलोय और देवदारु—प्रत्येक 12 ग्राम; सैन्धव, सौंचल, विड, औद्भिदी और सामुद्र—प्रत्येक नमक 100 ग्राम; इन्हें 2.5 किलोग्राम दही और 1.25 किलोग्राम घी तथा इतने ही तेल में मिलाकर मंदाग्नि पर अन्तर्धूम जलाएं :

त्रिफलां कटभीं चव्यं बिल्वमध्यमयोरजः ।
रोहिणीं कटुकां मुस्तं कुष्ठं पाठां च हिङ्गु च ॥
मधुकं मुष्ककयवक्षारौ त्रिकटुकं वचाम् ।
विडङ्गं पिप्पलीमूलं स्वर्जिकां निम्बचित्रकौ ॥
मूर्वाजमोदेन्द्रयवान् गुडूचीं देवदारु च ।
कार्षिकं लवणानां च पञ्चानां पलिकान्पृथक् ।
भागान्दध्नि त्रिकुडवे घृततैलेन मूर्च्छितम् ।
अन्तर्धूमं शनैर्दग्ध्वा तस्मात्पाणितलं पिबेत् ॥
सर्पिषा कफवातार्शोग्रहणीपाण्डुरोगवान् ।
प्लीहमत्रग्रहश्वासहिक्काकासक्रिमिज्वरान् ॥
शोषातिसारौ श्वयथुं प्रमेहानाहहृद्ग्रहान् ।
हन्यात्सर्वविषं चैव क्षारोऽग्निजनो वरः ॥
जीर्णे रसैर्वा मधुरैरश्नीयात्पयसाऽपि वा ।

चरकसंहिता; चिकित्सास्थान, अध्याय 15; 188-193.

मात्रा : 1 से 2 ग्राम तक ।
रोग : कफ वातज अर्श, ग्रहणी, पाण्डु रोग, प्लीहा, श्वास, कास, कृमि,अग्निमान्द्य आदि ।

फलारिष्ट

हरड़ और आंवले—प्रत्येक 1.5 किलोग्राम;इन्द्रायण, कैथ फल का गूदा, पाठा और चित्रकमूल—प्रत्येक के यवकुट चूर्ण को 200 मिलीलीटर पानी में पकाएं । एक चौथाई पानी बच जाने पर उतारकर छान लें और 9.5 किलोग्राम गुड़ घोल दें । घड़े में 15 दिन तक रखा रहने के बाद छानकर प्रयोग करें । चरक ने यद्यपि धातकी पुष्प का पाठ नहीं किया पर 400 ग्राम धाय के फूल डाल देने चाहिए :

हरीतकीफलप्रस्थं प्रस्थमामलकस्य च ।
विशालाया दधित्थस्य पाठाचित्रकमूलयोः ॥

द्वे द्वे पले समापोथ्य द्विद्रोणे साधयेदपाम् ।
पादावशेषे पूते च रसे तस्मिन् प्रदापयेत् ॥
गुडस्यैकां तुलां वैद्यस्तत्स्थाप्यं घृतभाजने ।
पक्षस्थितं पिबेदेनं ग्रहण्यर्शोविकारवान् ॥
हृत्पाण्डुरोगं प्लीहानं कामलां विषमज्वरम् ।
वर्चोमूत्रानिलकृतानूविबन्धानग्निमार्दवम् ॥
कासं गुल्ममुदावर्तं फलारिष्टो व्यपोहति ।
अग्निसन्दीपनो ह्येष कृष्णात्रेयेण भाषितः ॥
चरकसंहिता, चिकित्सास्थान, अर्शचिकित्सा, अध्याय 14; 148-152.

मात्रा : 15 से 30 ग्राम ।

रोग : ग्रहणी, अर्श, हृद्रोग, पाण्डु, कामला, प्लीहा, मलबन्ध, अग्निमान्द्य, कास, वातरोध आदि ।

फलत्रिकाद्यरिष्ट

त्रिफला, चित्रक, पिप्पली, अजवायन, लोहभस्म और वायविडङ्ग—प्रत्येक चूर्ण 400 ग्राम; मधु 1.5 किलोग्राम, जल 50 लीटर और 9.5 किलोग्राम पुराने गुड़ को घृत भावित पात्र में डालकर मुख बन्द करें और यवराशि में रखें :

फलत्रिकं दीप्यकचित्रकौ च
सपिप्पली लोहरजो विडङ्गम् ।
चूर्णीकृतं कौडविकं द्विरंशं
क्षौद्रं पुराणस्य तुलां गुडस्य ॥
मासं निदध्याद् घृतभाजनस्थं
यवेषु तानेव निहन्ति रोगान् ।
चरकसंहिता, चिकित्सास्थान, श्वयथुचिकित्सा, अध्याय 12; 39, 40.

मात्रा : 12 से 30 ग्राम ।

रोग : हृद्रोग, पाण्डु रोग, प्लीहा आदि के कारण होने वाली शोथ, गुल्म आदि ।

अभयारिष्ट

(1)–हरड़ 800 ग्राम, आंवले 1.5 किलोग्राम, कैथ की मज्जा 9.5 किलोग्राम और इन्द्रायण 500 ग्राम; वायविडङ्ग, पिप्पली, लोध, काली मिरच और एलवालुक—प्रत्येक 200 ग्राम । इन सबको 200 लीटर जल में पकाएं । 50 लीटर शेष रह जाने पर 19 किलोग्राम गुड़ घोलकर घृत स्निग्ध घड़े में बन्द कर दें । 15 दिन बाद निकाल लें और छानकर

बोतलों में भर दें :

हरीतकीनां प्रस्थार्थं प्रस्थमामलकस्य च ।
स्यात्कपित्थाद्दशपलं ततोऽर्धा चेन्द्रवारुणी ॥
विडङ्गं पिप्पली लोध्र मरिचं सैलवालुकम् ।
द्विपलांशं जलस्यैतच्चतुर्द्रोणे विपाचयेत् ॥
द्रोणशेषे रसे तस्मिन्पूते शीते समावपेत् ।
गुडस्य द्विशतं तिष्ठेत्तत्पक्षं घृतभाजने ॥
पक्षादूर्ध्वं भवेत्पेया ततो मात्रां यथाबलम् ।
अस्याभ्यासादरिष्टस्य गुदजा यान्ति संक्षयम् ॥
ग्रहणीपाण्डुहृद्रोगप्लीहगुल्मोदरापहः ।
कुष्ठशोफारुचिहरो बलवर्णाग्निवर्धनः ॥
सिद्धोऽयमभयारिष्टः कामलाश्वित्रनाशनः ।
कृमिग्रन्थ्यर्बुदव्यङ्गराजययक्ष्मज्वरान्तकृत् ॥

चरकसंहिता, चिकित्सास्थान, अर्शचिकित्सा, अध्याय 14; 138-143.

वाग्भट इस अरिष्ट में 1.5 किलोग्राम धातकी पुष्प भी डालने का विधान करते हैं :

सलिलस्य वहे पक्त्वा प्रस्थार्धमभयात्वचाम् ।
प्रस्थं धात्र्या दशपलं कपित्थानां ततोऽर्धतः ॥
विशालां रोध्रमरिचकृष्णावेल्लैलबालुकम् ।
द्विपलांशं पृथक्पादशेषे पूते गुडात्तुले ॥
दत्वा प्रस्थं च धातक्याः स्थापयेद् घृतभाजने ।
पक्षात्स शीलितोऽरिष्टः करोत्यग्निं निहन्ति च ॥
गुदजग्रहणीपाण्डुकुष्ठोदरगरज्वरान् ।
श्वयथुप्लीहहृद्रोगगुल्मयक्ष्मवमिक्रिमीन् ॥

अष्टाङ्गहृदय, चिकित्सितस्थान, अर्शचिकित्सा, अध्याय 8; 64-68.

मात्रा : 15 से 30 ग्राम ।

रोग : ग्रहणी, पाण्डु, तिल्ली, कृमि, अर्श, ज्वर, राजयक्ष्मा आदि ।

अभयारिष्ट

(2) हरड़ 9.5 किलोग्राम, मुनक्का 5 किलोग्राम, वायविडंग 950 ग्राम और महुए के 950 ग्राम फूल को 200 लीटर पानी में पकाकर 50 लीटर जल शेष रख लें । छानकर इसमें 9.5 किलोग्राम गुड़ घोलें और निम्न प्रक्षेप द्रव्यों को मिलाकर घड़े में बंद कर दें । प्रक्षेप द्रव्य–गोखरू, निशोथ, धनियां, धाय के फूल, इन्द्रायण, चव्य, सौंफ, सोंठ, दन्तीमूल

और मोचरस—प्रत्येक 200 ग्राम। एक महीने बाद अरिष्ट तैयार हो जाए तो छानकर रख लें :

अभयायास्तुलामेकां मृद्वीकार्द्धतुलां तथा।
विडङ्गस्य दशपलं मधूककुसुमस्य च॥
चतुर्द्रोणे जले पक्त्वा द्रोणमेवावशेषयेत्।
शीतीभूते रसे तस्मिन् पूते गुडतुलां क्षिपेत्॥
श्वदंष्ट्रां त्रिवृतां धान्यं धातकीमिन्द्रवारुणीम्।
चव्यं मधुरिकां शुण्ठीं दन्तीं मोचरसं तथा॥
पलयुग्ममितं सर्वं पात्रे महति मृण्मये।
क्षिप्त्वा संरुध्य तत्पात्रं मासमात्रं निधापयेत्॥
ततो जातरसं ज्ञात्वा परिस्राव्य रसं नयेत्।
बलं कोष्ठञ्चवह्निञ्च वीक्ष्य मात्रां प्रयोजयेत्॥
अर्शांसि नाशयेच्छीघ्रं तथाष्टावुदराणि च।
वर्चोमूत्रविबन्धघ्नो वह्निं सन्दीपयेत् परम्॥

चरक, जयदेव विद्यालङ्कार कृत टीका, पृष्ठ 2408-2409.

मात्रा : 12 से 24 ग्राम।

रोग : अर्श तथा अन्य उदर रोग, मलबन्ध, मूत्रकृच्छ्र आदि।

महाभयारिष्ट

हरड़ 200 फल, दशमूल, थोहर, दन्तीमूल, करञ्जबीज मज्जा, नील (या काला दाना), असन (बीजासार), अपामार्ग, देवदारु, जलवेत्र, कुटज, अटजी, दारुहरिद्रा, बड़ी कटेली, रास्ना, श्योनाक, चित्रक, वरुण, मिलित 2.5 किलोग्राम को 200 लीटर जल में पकाएं और 40 लीटर क्वाथ बचा लें। छानकर 9.5 किलोग्राम गुड़ घोले। घड़े में भरकर निम्नलिखित द्रव्यों के चूर्ण का प्रक्षेप दें —काली मिरच, वायविडङ्ग, भारंगी, इन्द्रजौ 400 ग्राम और पिप्पली 1.5 किलोग्राम मिला दें। 1.5 किलोग्राम मधु भी मिला दें। अरिष्ट बन जाने पर प्रयोग करें :

हरीतकीनां श्रेष्ठानां द्वे शते जर्जरीकृते॥
दशमूलसुधादन्तीकरञ्जाधोगुडासनाः।
मयूरकं देवदारु निचुलं कुटजाटजी (?)॥
कटङ्कटेरी बृहती रास्ना श्योनाकचित्रकौ।
वरुणं चेति संकुट्य पञ्चविंशतिकैः पलैः॥
षड्द्रोणेऽपां पचेदेतद् यावत् पञ्चाढकं स्थितम्।

तस्मिन् पूते गुडतुलां दत्वा भूयश्च साधयेत् ॥
परिवृत्तं समालक्ष्य घृतभाण्डे निधापयेत् ।
मरिचानि विडङ्गानि भार्गी शक्रयवनांस्तथा ॥
आवयेत् कुटजबीजानि पिप्पलीप्रस्थमेव च ।
मधुप्रस्थं च ससृज्य मासादूर्ध्वं प्रयोजयेत् ॥
पथ्याशी मात्रया काले मुच्यते कफजैर्गदैः ।
महाभयारिष्ट इति कश्यपेन प्रकल्पितः ॥

काश्यपसंहिता, राजयक्ष्मचिकित्साध्याय, पृष्ठ 77.

मात्रा : 12 से 24 ग्राम ।
रोग : कफज रोग, राजयक्ष्मा आदि ।

शिवा गुग्गुलु

हरड़, बहेड़ा और आंवला—प्रत्येक 400 ग्राम को 6 लीटर जल में चौथाई पानी शेष रहने तक पकाएं। वस्त्रपूत क्वाथ में एरण्ड तेल 200 ग्राम; शुद्ध गंधक 36 ग्राम और शुद्ध गुग्गुलु 200 ग्राम डालकर पकाएं। पाक शेष के समय निम्न प्रत्येक द्रव्य का 12 ग्राम चूर्ण डालकर मिला दें—रास्ना विडङ्ग, मिरच, पिप्पली, दन्तीमूल, जटामांसी, सोंठ और देवदारु :

शिवाबिभीतामलकीफलानां प्रत्येकशो मुष्टिचतुष्टयञ्च ।
तोयाढके तत्क्वथितं विधाय पादावशेषे त्ववतारणीयम् ॥
एरण्डतैलं द्विपलं निधाय पिचुत्रयं गंधक नामकस्य ।
पचेत्पुरस्यात्र पलद्वयञ्च पाकावशेषे च विचूर्ण्य दद्यात् ॥
रास्ना विडंगं मरिचं कणा च दंती जटा नागरदेवदारु ।
प्रत्येकशः कोलमितं तथैषां विचूर्ण्य निःक्षिप्य नियोजयेत् ॥
आमवाते कटीशूले गृध्रसी क्रोष्टुशीर्षके ।
न चान्यदस्ति भैषज्यं यथायं गुग्गुलुः स्मृतः ॥

रसेन्द्रसारसंग्रह, आमवातचिकित्सा, 16-20.

मात्रा : 728 मिलीग्राम से 4 ग्राम ।
रोग : आमवात, कटिशूल, गृध्रसी आदि ।

त्रिफलादि घृत

गौ का घी 3 किलोग्राम, त्रिफला क्वाथ 12 लीटर, दूध 3 लीटर और कल्क के लिये त्रिफला 800 ग्राम; यथाविधि सिद्ध करें :

त्रिफलाक्वाथकल्काभ्यां सपयस्कं शृतं घृतम्।
तिमिराण्यचिराद्धन्ति पीतमेतन्निशामुखे॥

भैषज्यरत्नावली, नेत्ररोगाधिकार; 172.

मात्रा : 6 ग्राम प्रतिदिन सायंकाल सेवन करें।
रोग : तिमिर रोग।

त्रिफलादि घृत

(1) घृत 3 किलोग्राम, त्रिफला क्वाथ 13 लीटर, शतावरी का रस 13 मिलीलीटर और कल्क के लिये मुलैठी 800 ग्राम; यथाविधि घृत पाक करें :

फलत्रिका भीरुकषायसिद्धं कल्केन यष्टीमधुकस्य युक्तम्।
सर्पिः समं क्षौद्रचतुर्थभागं हन्यात्त्रिदोषं तिमिरं प्रवृद्धम्॥

भैषज्यरत्नावली, नेत्ररोगाधिकार; 172.

मात्रा : 6 ग्राम।
रोग : त्रिदोषज तिमिर।
अनुपान : मधु।

महात्रिफलादि घृत

गाय का घी 3 किलोग्राम, त्रिफला क्वाथ 3 किलोग्राम (मिलित त्रिफला 1.5 किलोग्राम, क्वाथार्थ जल 13 मिलीलीटर, शेष 3 लीटर), भांगरे का रस 3 लीटर, बांसे का रस, शतावरी का रस, बकरी का दूध 3 लीटर, गिलोय का स्वरस 3 लीटर और आंवले का रस 3 लीटर :

त्रिफलाया रसप्रस्थं प्रस्थं भृंगरसस्य च।
वृषस्य च रसप्रस्थं शतावर्य्याश्च तत्समम्।
अजाक्षीरं गुडूच्याश्च आमलाक्या रसं तथा॥
प्रस्थं प्रस्थं समाहृत्य सर्वैरेभिर्घृतं पचेत्॥
कल्कः कणा सिता द्राक्षा त्रिफला नीलमुत्पलम्।
मधुकं क्षीरकाकोली मधुपर्णी निदिग्धिका॥
तत्साधु सिद्धं विज्ञाय शुभे भाण्डे निधापयेत्।
ऊर्ध्वपानमधःपानं मध्ये पानञ्च शस्यते॥
यावन्तो नेत्ररोगास्तान् पानादेवापकर्षति।
नक्तान्ध्ये तिमिरे काचे नीलिकापटलार्बुदे॥
अभिष्यन्देऽधिमन्थे च पक्ष्मकोपे च दारुणे।

नेत्ररोगेषु सर्वेषु वातापित्तकफेषु च ॥
अदृष्टिं मन्ददृष्टिञ्च कफवातप्रदूषिताम् ।
स्रवतो वातपित्ताभ्यां सकण्डूवासन्नदूरदृक् ॥
गृध्रदृष्टिकरं सद्यो बलवर्णाग्निवर्द्धनम् ।
सर्वनेत्रामयं हन्यात् त्रिफलाद्यं महद् घृतम् ॥

भैषज्यरत्नावली, नेत्ररोगाधिकार, 173-180.

कल्क द्रव्य : पिप्पली, द्राक्षा, त्रिफला, नीलोत्पल, खाण्ड, मुलहठी, क्षीर काकोली और छोटी कटेरी—सब मिलाकर 800 ग्राम; यथाविधि घृत सिद्ध करें :

मात्रा तथा सेवन विधि : 6 ग्राम घृत भोजन से पूर्व, मध्य तथा अन्त में सेवन करें।

रोग : रात्र्यन्ध, आंख दुखना, पडवाल, मन्ददृष्टि, नेत्रकण्डू, नेत्रस्राव, आसन्न दृष्टि (समीप दृष्टि अर्थात् पास की चीज़ों को देखने की आंख में क्षमता होना और दूरस्थ द्रव्यों का न दीखना), दूर दृष्टि आदि नेत्र रोग।

पथ्य : औषध जीर्ण हो जाने पर दूध और घी के साथ शाली व साठी के चावल खाएं। गरम पानी पीएं।

रोग : इसका नियमित सेवन शरीर के अंगों को बल देता है, बुद्धि तीव्र करता है, बुढ़ापे को दूर करके आयु दीर्घ करता है।

अष्टाङ्गसंग्रहकार के अनुसार इसमें द्रव्यों का परिमाण अग्रलिखित है—घी 100 किलोग्राम, हरड़ आदि का क्वाथ लगभग 205 लीटर, विदारीकन्द का स्वरस 190 लीटर, दूध 760 लीटर और पिप्पली आदि का कल्क 25 किलोग्राम :

अभयामलकबिभीतक पञ्चात्मक पञ्चमूलनिर्यूहे ।
वल्लीपलाशकरसे द्विगुणे क्षीरेऽष्टगुणे च विपचेत ॥
घृतस्य कुम्भं मधुकं मधूकं काकोलियुग्मं च बला स्वगुप्ताम् ।
सक्षीरशुक्लमृषभं सजीवमुष्णाम्बुपस्तञ्च पिवेतुगुणाढ्यम् ॥

अष्टाङ्गसग्रंह

चार रसायनें

आंवला और हरड़, आंवला और बहेड़ा, हरड़ और बहेड़ा या आंवला, हरड़ और बहेड़ा; इन चारों में से किसी एक पर ढाक की ताज़ी गीली छाल अच्छी प्रकार लपेट दें और उसके ऊपर मिट्टी का लेप कर दें। इसे उपलों की अग्नि में स्विन्न करें। पलाश की छाल तथा अपने जलीय भाग के वाष्पों से अन्दर के पदार्थ स्विन्न हो जायेंगे। सम्पुट को आग से बाहर निकालकर खोल लें और गुठलियों को निकाल फेंके। इस प्रकार स्विन्न और गुठलियों से रहित उस योग को 95 किलोग्राम लेकर ऊखल में कुचलें। यदि आंवले

और हरड़ों का योग हो तो दोनों द्रव्य समान भाग में लें :

> अथामलकहरीतकीनामामलक बिभीतकानां हरीतकीबिभीतकानामामलक हरीतकीबिभीतकानां वा पलाशत्वगवनद्धानां मृदाऽवलिप्तानां कुकूलस्विन्नानामकुकूलकानां पलसहस्रमुलूखले संपोथ्य दधिघृतमधुपललतैलशर्करासंयुक्तं भक्षयेदन्नभुग्य थोक्तेन विधिना; तस्यान्ते यवाग्वादिभिः प्रत्यवस्थापनं, अभ्यङ्गोत्सादनं सर्पिषा यवचूर्णैश्च, अयं च रसायनप्रयोगप्रकर्षो द्विस्तावदग्निबलमभिसमीक्ष्य प्रतिभोजनं यूषेण षयसा वा षष्टिकः ससर्पिष्कः, अतः परं यथासुखविहारः कामभक्ष्यः स्यात् । अनेन प्रयोगेणर्यय: पुनर्युवत्वमवापुः बभूवुश्चानेकवर्षशतजीविनो निर्विकाराः परं शरीरबुद्धीन्द्रिय बलसमुदिताः चेरुश्चात्यन्तनिष्ठया तपः ॥
>
> चरकसंहिता, चिकित्सास्थान, अभयामलकीयरसायनपाद, अध्याय 1; 75.

सेवन विधि तथा पथ्य

इसमें दही, घी, मधु, तिलकल्क, तिलतेल तथा खाण्ड मिलाकर कुटीप्रावेशिक विधि से खाएं और कोई आहार न करें । इसके पश्चात् पेया आदि के क्रम से पथ्य पर रहते हुए स्वाभाविक भोजन पर आ जाएं । प्रतिदिन घी की मालिश और जौ के आटे से उबटन करना चाहिए । अग्निबल के अनुसार अधिक-से-अधिक दिन में 2 बार इस योग का सेवन करना चाहिए । भोजन में घृतयुक्त साठी के चावल को यूष या दूध के साथ खाएं ।

रोग : असमय में होने वाले बुढ़ापे के प्रभावों को दूर करता है; उत्तम रसायन है ।

जितने दिन तक इस रसायन का सेवन किया जाए उससे दुगुने दिनों तक यवागू, यूष, दूध, साठी के चावल आदि पथ्य में खाना चाहिए और घी की मालिश तथा जौ का उबटन करना चाहिए :

> प्रयोगान्ते ततो द्विगुणं कालं यवागूयूषक्षीरघृतषष्टिकान्नमाहारोऽभ्यञ्जनं सर्पिरुद्वर्तनं यवचूर्णमिति ॥
>
> अष्टाङ्गसंग्रह, उत्तरस्थान, अध्याय 49.

ब्राह्म रसायन

पांचों पञ्चमूलों में प्रत्येक पृथक्-पृथक् 9.5 किलोग्राम, हरड़ 1000 और ताज़े आंवले 3000 एकत्र कर 10 गुने जल में क्वाथ बनाएं । हरड़ और आंवले तौल में लेने हों तो 12 किलोग्राम हरड़ें और 35 किलोग्राम आंवले लेने चाहिए ।

हरड़ और आंवलों को अन्य क्वाथ्य द्रव्यों के साथ खौला डालने के स्थान पर पतले कप ढीली पोटली में बांधकर डालने से सुविधा रहती है। भाग शेष रहने पर पात्र को आग पर से उतारकर क्वाथ को छान लें। हरड़ और आंवलों की गुठली निकालकर फेंके और रेशे निकाल दें। प्राप्त हरड़ और आंवला पीठी को छाने हुए कषाय में डालकर अग्रलिखित सामग्री उसमें डाल दें—मण्डूकपर्णी, पिप्पली, शङ्खपुष्पी, केवटी, नागर मोथा, वायविडङ्ग, लाल चन्दन, अगर, मुलहठी, हल्दी, वच, नागकेसर, छोटी इलायची और दाल—प्रत्येक का चूर्ण 400 ग्राम तथा मिश्री 66 किलोग्राम, तेल 25 किलोग्राम और घी 37 किलोग्राम; सबको मन्द-मन्द अग्नि पर कलई किये हुए ताम्र पात्र में पकाएं। जब लेह ठीक बन जाये, उतार लें।

इस रसायन लेह को च्यवनप्राशावलेह की तरह भी पकाया जा सकता है। विधि इस प्रकार है : क्वाथ पकने के समय आंवले और हरड़ की पोटली डाल दें। क्वाथ तैयार हो जाने पर इनकी गुठलियां निकाल फेंके और इन्हें पीसकर कपड़े में हाथ से मलकर छान लें। कपड़े में बचे हुए रेशे आदि को फेंक दें। छानने से प्राप्त पीठी को तेल और घी के यम में भून लें। मृदु भुन जाने पर वस्त्र से छाना हुआ क्वाथ और मिश्री डाल दें। मन्द-मन्द पकाएं। ठीक पक जाने पर नीचे उतार लें और मण्डूकपर्णी आदि का चूर्ण मिलाकर लकड़ी के खोंचे से अच्छी तरह मिला दें। शीतल होने पर शहद मिलाएं :

दशभागावशेषं तु पूतं तं ग्राहयेद्रसम्।
हरीतकीश्च ताः सर्वाः सर्वाण्यामलकानि च॥
तानि सर्वाण्यनस्थीनि फलान्यापोथ्य कूर्चनैः।
विनीय तस्मिन्निर्यूहे चूर्णानीमानि दापयेत्॥
मण्डूकपर्ण्याः पिप्पल्याः शङ्खपुष्प्याः प्लवस्य च।
मुस्तानां सविडङ्गानां चन्दनागुरुणोस्तथा॥
मधुकस्य हरिद्राया वचायाः कनकस्य च।
भागांश्चतुष्पलान् कृत्वा सूक्ष्मैलायास्त्वचस्तथा॥
सितोपलासहस्त्रं च चूर्णितं तुलयाऽधिकम्।
तैलस्य द्वयाढकं तत्र दद्यात्रीणि च सर्पिषः॥
साध्यमौदुम्बरे पात्रे तत्सर्व मृदुनाऽग्निना।
ज्ञात्वा लेह्यमदग्धं च शीतं क्षौद्रेण संसृजेत्॥
क्षौद्र प्रमाणं स्नेहार्ध तत् सर्व घृतभाजने।
तिष्ठेत्संमूर्च्छितं तस्य मात्रा काले प्रयोजयेत॥
या नोपरुन्ध्यादाहारमेकं मात्रा जरां प्रति।

षष्टिकः पयसा चात्र जीर्णे भोजनमिष्यते ।।
वैखानसा बालखिल्यास्तथा चान्ये तपोधनाः ।
रसायनमिदं प्राश्य बभूवुरमितायुषः ।।
मुक्त्वा जीर्णं वपुश्चाग्रयमवापुस्तरुणं वयः ।
वीततन्द्राक्लमश्वासा निरातङ्काः समाहिताः ।।
मेधास्मृतिबलोपेताश्चिररात्रं तपोधनाः ।
ब्राह्मं तपो ब्रह्मचर्यं चेरुश्चात्यन्तनिष्ठया ।।
रसायनमिदं ब्राह्ममायुष्कामः प्रयोजयेत् ।
दीर्घमायुर्वयश्चाग्र्यं कामांश्चेष्टान् समश्नुते ।।

चरकसंहिता, चिकित्सास्थान, अभयामलकीय रसायनपाद, अध्याय 1;46-57.

वाग्भट ने भी इस योग को दिया है। इसमें घी और तेल का परिमाण चरक से दुगुना है :

पथ्यासहस्रं त्रिगुणधात्रीफलसमन्वितम् ।
पञ्चानां पञ्चमूलानां सार्धं पलशतद्वयम् ।।
जले दशगुणे पक्त्वा दशभागस्थिते रसे ।
आपोथ्य कृत्वा व्यस्थीनि विजयामलकान्यथ ।।
विनीय तस्मिन्निर्यूहे योजयेत्कुडवांशकम् ।
त्वगेलामुस्तरजनीपिप्पल्यगुरुचन्दनम् ।।
मण्डूकपर्णीकनकशङ्खपुष्पीवचाप्लवम् ।
यष्ट्याह्वयं विडङ्गं च चूर्णितं तुलयाधिकम् ।।
सितोपलार्धभारं च पात्राणि त्रीणि सर्पिषः ।
द्वे च तैलात्पचेत्सर्वं तदग्नौ लेहतां गतम् ।।
अवतीर्णं हिमं युञ्ज्याद्विंशैः क्षौद्रशतैस्त्रिभिः ।
ततः खजेन मथितं निदध्याद् घृतभाजने ।।
या नोपरुन्ध्यादाहारमेकं मात्राऽस्य सा स्मृता ।
षष्टिक पयसा चात्र जीर्णे भोजनमिष्यते ।।
वैखानसा बालखिल्यास्तथा चाऽन्ये तपोधनाः ।
ब्रह्मणा विहितं धन्यमिदं प्राश्य रसायनम् ।।
तन्द्राश्रमक्लमवलीपलितामयवर्जिताः ।
मेधास्मृतिबलोपेता बभूवुरमितायुषः ।।

अष्टांगहृदय, उत्तरस्थान, अध्याय 39; 15-23.

मात्रा : 6 से 12 ग्राम। इस मात्रा से भूख बन्द हो जाए तो अग्निबल के अनुसार मात्रा कम या अधिक की जा सकती है।

रोग : तन्द्रा, क्लम, श्वास आदि रोगों को यह रसायन दूर करती है और दीर्घ आयु प्रदान करती है।

पथ्य : औषध के जीर्ण होने पर दूध के साथ साठी के चावल खाना चाहिए।

इस योग में और हरीतक्यादि योग में वर्णित पांच पञ्चमूल ये हैं :

पहला पञ्चमूल : शालपर्णी (विदारिगन्धा) पृश्निपर्णी, छोटी कण्टकारी, बड़ी कटैली। इन्हें विदारिगन्धाद्यगण या क्षुद्र पञ्चमूल भी कहते हैं।

दूसरा पञ्चमूल : बिल्व, श्योनाक, गाम्भारी, पाटर और अरणी। इसे महत्पञ्चमूल कहते हैं।

तीसरा पञ्चमूल : पुनर्नवा, मुद्गपर्णी, माषपर्णी और एरण्ड।

चौथा पञ्चमूल : जीवक, ऋषभक, मेदा, जीवन और शतावरी।

पांचवा पञ्चमूल : सरकण्डा, ईख, दर्भ, कास और शालि की जड़।

इनमें से जो क्षुप हैं या जिनकी जड़ें छोटी होती हैं उनकी सम्पूर्ण जड़ ही लेनी चाहिए और जो बड़े वृक्ष हैं जैसे महापञ्चमूल, उनकी जड़ की छाल ली जानी चाहिए।

इन पांचों पञ्चमूल की प्रत्येक ओषधि 9.5 किलोग्राम होनी चाहिए। इस प्रकार प्रत्येक पञ्चमूल 5 किलोग्राम होगा। पांचों पञ्चमूल 24 किलोग्राम होंगे।

उपयोग

प्रायः सब योगों में त्रिफला डाला जाता है। प्राचीन आयुर्वेदिक ऋषियों ने इसको बहुत उपयोगी समझा था। सुप्रसिद्ध विद्वान् वाग्भट्ट ने इसकी प्रशंसा करते हुए यह तक लिख डाला है कि त्रिफला सब रोगों का नाश करती है तथा मेधा, स्मृति और बुद्धि को बढ़ाती है :

त्रिफला सर्वरोगघ्नी मेधायुः स्मृतिबुद्धिदा॥

अष्टाङ्गहृदय, उत्तरस्थान, रसायनविधि अध्याय 39; 43.

रसायन रूप में त्रिफला बहुत महत्त्वपूर्ण द्रव्य समझा गया है। शरीर को रोगों से बचाने और स्वास्थ्य वृद्धि के लिये भी त्रिफला का प्रतिदिन सेवन किया जाता है। स्वेदक, सारक, वाजीकरण और सामान्य बल्य तथा रसायन ओषधियों में आमलकादि वर्ग में सुश्रुत ने आंवले और हरड़ को गिनाया है :

त्रिफला सर्वरोगघ्नी त्रिभाग घृतमूर्च्छितः।
वयसः स्थापनं चापि कुर्यात्संततसेविता॥

सुश्रुतसंहिता, सूत्रस्थान, अध्याय 45; 71.

रसायन रूप में त्रिफला को सेवन करने की एक विधि चरक और गोविन्ददास लिखते

हैं : आहार के प्रथम दो बहेड़े, भोजन के पश्चात् चार आंवले और आहार के परिपक्व हो जाने पर एक हरड़ घी और मधु के साथ खाना चाहिए। इस त्रिफला रसायन का एक वर्ष तक प्रयोग करने से मनुष्य बुढ़ापे और व्याधि से रहित होकर दीर्घकाल तक जीवित रहता है :

जरणान्तेऽभयामेकां प्राग्भुक्ते द्वे बिभीतके।
भुक्त्वा तु मधुसर्पिर्भ्यां चत्वार्यामलकानि च॥
प्रयोजयेत्समामेकां त्रिफलाया रसायनम्।
जीवेद् वर्षशतं पूर्णमजरोऽव्याधिरेव च॥

भैषज्यरत्नावली रसायनाधिकार; 3, 4.

चरकसंहिता, चिकित्सास्थान, करप्रचितीय रसायन पाद, अध्याय 1;40, 41.

चरक त्रिफला सेवन की कुछ विधियां लिखते हैं :

त्रिफला के कल्क को नए लोह पात्र में लेप करें। 24 घण्टे बाद उसे उताकर शहद के शर्बत में घोलकर पी जायें। यह पच जाने पर ख़ूब घी डाले हुए चावल आदि का भोजन करें। एक वर्ष तक इस रसायन का सेवन करना चाहिए।

त्रिफला के साथ मुलहठी, वंशलोचन, पिप्पली और खाण्ड मिलाकर मधु और घी के साथ सेवन करें। यह उत्तम रसायन औषधि है।

हरड़ 12 ग्राम, बहेड़ा 12 ग्राम, आंवला 12 ग्राम, चांदी, बङ्ग, सीसक, ताम्बा, यशद् और लोहा—प्रत्येक की भस्म 20 ग्राम, सुवर्ण भस्म 12 ग्राम, वचा, वायविडङ्ग और सेंधा नमक—प्रत्येक 12 ग्राम। इनका चूर्ण बनाकर एक साल तक प्रयोग करें। यह रसायन है। 242 से 484 मिलीग्राम मात्रा में शहद और घी के साथ सेवन की जाती है :

त्रैफलेनायसीं पात्रीं कल्केनालेपयेन्नवाम्।
तमहोरात्रिकं लेपं पिबेत्क्षौद्रोदकाप्लुतम्॥
प्रभूतस्नेहमशनं जीर्णे तत्र प्रशस्यते।
अजरोऽरुक् समाभ्यासाऽज्जीवेच्चैव समाः शतम्॥
मधुकेन तुगाक्षीर्या पिप्पल्या क्षौद्रसर्पिषा।
त्रिफला सितया चापि युक्ता सिद्धं रसायनम्॥
सर्वलोहैः सुवर्णेन वचया मधुसर्पिषा।
विडङ्गपिप्पलीभ्यां च त्रिफला लवणेन च॥
संवत्सरप्रयोगेण मेधास्मृतिबलप्रदा।
भवत्यायुष्प्रदा धन्या जरारोगनिबर्हणी॥

चरकसंहिता, चिकित्सास्थान, करप्रचितीय रसायनपाद, अध्याय 1; 43-47.

उपर्युक्त सब रसायनें मेधा, स्मृति, बुद्धि, बल और आयु को बढ़ाती हैं। रोगों को नष्ट करके शरीर में रोग रोधक क्षमता को बढ़ाती हैं।

महर्षि आत्रेय ने अनेक रोगों में त्रिफला का उपयोग करने का उपदेश किया है। हारीतसंहिता से दी गई नीचे की तालिका में यह दिखाया गया है कि भिन्न-भिन्न रोगों में किन-किन ओषधियों के साथ त्रिफला का प्रयोग करना चाहिए :

वाते घृतगुडोपेता पित्ते समधुशर्करा।
श्लेष्मे त्रिकटुकोपेता मेहे समधुवारिणा ॥
कुष्ठे च घृतसंयुक्ता सैन्धवेनाग्निमान्द्यहा।
चक्षुर्धावनके क्वाथो नेत्ररोगनिवारणः ॥
घृतेन हरते कण्डूं मातुलुङ्गरसैर्वमिम्।
गुल्मार्शोगुडसूरणैः स स्यात्तु गुणकारकः ॥
क्षीरेण राजयक्ष्माणं पाण्डु रोगं गुडेन च।
भृङ्गराजरसेनापि घृतेन सह योजितः ॥
वलीपलितहन्ता च तथा मेधाकरः स्मृतः ॥
सक्षीरः सगुड़ः क्वाथो विषमज्वरनाशनः।
सशर्कराघृतः क्वाथः सर्वजीर्णज्वरापहः ॥
एषा नराणां हितकारिणी च सर्वप्रयोगे त्रिफला स्मृता च।
सर्वामयानां शमनी च सद्यः सतेज कान्तिं प्रतिमां करोति ॥
शोफे तथा कामलपाण्डुरोगे तथोदरे मूत्रयुताहिता च।
क्षीणेन्द्रिये जीर्णज्वरे च यक्ष्मे क्षीरेण युक्ता त्रिफला हिता च ॥
स्यान्नेत्र रोगे च शिरोगदे च कुष्ठे च कण्डूव्रणपीडने च।
मूत्रग्रहे कामलकेऽग्निमान्द्ये जलेन पीतस्त्रिफलादि कल्कः ॥

हारीतसंहिता, कल्पस्थान, अध्याय 2; 6-15.

नाम रोग	नाम औषध
वातिक रोग	घी और गुड़।
पैत्तिक रोग	शहद और खाण्ड।
श्लैष्मिक रोग	सोंठ, मिरच और पिप्पली।
मेह रोग	शहद और जल।
कुष्ठ	घी।
अग्निमान्द्य	सेंधा नमक।
कण्डू	घी।
वमन	बिजौरा निम्बुका रस।

गुल्म और अर्श	गुड़ और ज़िमिकन्द।
राजयक्ष्मा (क्षय)	दूध।
पाण्डु	गुड़।
बाल पकना	भांगरे का रस और गुड़।
विषमज्वर	दूध और गुड़ के साथ त्रिफला कषाय।
सब प्रकार के जीर्ण ज्वर	खाण्ड और घी के साथ त्रिफला क्वाथ।
शोक, कामला, पाण्डु	गोमूत्र।
अतिसार, ग्रहणी	लस्सी (तक्र)।
निर्बलता, जीर्ण ज्वर	दूध।
नेत्ररोग, शिरोरोग, व्रण, मूत्राघात, कामला आदि	जल।

हरड़ की तरह त्रिफला को भी सब ऋतुओं में रसायन के रूप में सेवन किया जाता है। सरदियों में गुड़ और सोंठ के साथ, गरमियों में खाण्ड और दूध के साथ और वर्षा ऋतु में सोंठ के साथ त्रिफला सब रोगों के शमन के लिए सेवन किया जाता है:

सशीतकालेगुडनागरेण सशर्करा क्षीरयुता तथोष्णे।
वर्षासु शुण्ठीसहिता फलत्रिका फलत्रिका सर्वरुजाहरा स्यात्॥

हारीतसंहिता, कल्पस्थान, अध्याय 2; 15-16.

रसायन द्रव्य रूप में भस्मों का प्रयोग आयुर्वेद में बहुत होता है। भस्मों के मारण के लिए त्रिफला बहुत प्रयुक्त होता है। गोपालकृष्ण भट्ट ने सामान्य पुटपाक और लोह मारण के लिए उपयोगी त्रिफलादि गण में इसका पाठ किया है :

त्रिफला ... ... ।
... ... लोहमारकः।
... ... प्रोक्तस्त्रिफलादिरय गणः॥
सामान्यपुटपाकार्थमेतानिच्छन्ति सूरयः॥

रसेन्द्रसारसग्रह, अध्याय 1; 325, 327-329.

अनुलोमन के रूप में त्रिफला का प्रयोग एक प्रचलित घरेलू दवा है। रात को सोते समय 2-3 ग्राम त्रिफला चूर्ण को दूध के साथ खा लेने से अनुलोमक कार्य हो जाता है। कई लोग रात को त्रिफला को शीत जल में भिगोकर रख छोड़ते हैं। सुबह उठते ही पानी में त्रिफला मसल लिया जाता है। कपड़े में छानकर मधु मिलाकर पी लेते हैं। कुछ लोग त्रिफला के प्रयोग को रूक्षताजनक समझते हैं। ऐसे व्यक्ति त्रिफला चूर्ण को वादाम रोगन के साथ मिलाकर अनुलोमन के लिये ले सकते हैं।

हरड़ और आंवला—प्रत्येक 7 मिलीग्राम और रेवन्द चीनी 1.8 ग्राम लेकर 1 पाइण्ट पानी में कषाय बनाएं। 56 मिलीलीटर की मात्रा में यह कषाय दिन में 3 बार दिया जा सकता है। इससे अच्छा अनुलोमन हो जाता है। साथ ही यह पेशाब को भी खुलकर लाता है।

चिरस्थायी मलबन्ध के लिये त्रिफला के चूर्ण, कषाय या अवलेह का निरन्तर सेवन करना चाहिए। विरेचक 10 ओषधियों में चरक ने हरड़, बहेड़े और आंवले का परिगणन किया है :

द्राक्षाकाश्मर्यपरुषकाभयामलकबिभीतककुवलबदरकर्कन्धुपीलूनीति दशेमानि विरेचनोपगानि भवन्ति।

चरकसंहिता, सूत्रस्थान, अध्याय 4; 24.

तीनों द्रव्यों के समान भाग चूर्ण को बादाम के तेल और मधु में मिलाकर 8 दिन तक बन्द रखकर चिरस्थायी मलबन्ध में व्यवहार किया जाता है। बादाम तेल मिश्रित यह त्रिफलावलेह 1 से 4 चम्मच की मात्रा में प्रतिदिन या सप्ताह में 2 बार लिया जा सकता है।

गुल्म रोगी की कोष्ठबद्धता में हरड़ और गुड़ को मिलाकर दूध के अनुपान से रोगी को खिलाना चाहिए :

क्षीरानुपानामभयां सगुडां संप्रयोजयेत्।
गुल्मिनां बद्धवर्चानां ... ...॥

काश्यपसंहिता, गुल्मचिकित्साऽध्याय; 21.

पिप्पली और मधु युक्त त्रिफला के अन्तः प्रयोग से गुल्म का नाश हो जाता है :

त्रिफलायाः प्रयोगैश्च पिप्पलीक्षौद्रसंयुतैः।

चरकसंहिता, चिकित्सास्थान, अध्याय 21;129.

तीक्ष्ण्यायश्चूर्णसंयुक्तं त्रिफलाचूर्णयुत्तमम्।
क्षीरेण पायेद्धीमान् सद्यः शूलनिवारणम्॥

रसेन्द्रसारसंग्रह, शूलरोगचिकित्सा; 3.

पित्त और गुल्म जैसे एपेण्डिसाइटिस में त्रिफला कषाय के साथ त्रिफला गुग्गुलु का निरन्तर सेवन किया जाये और अन्य भोजनों को कम करके दूध विशेष रूप से दिया जाये तो बहुत लाभ होता है।

हरड़, बहेड़ा और आंवला—प्रत्येक का 12 ग्राम चूर्ण और 36 ग्राम लोहभस्म को मिलाकर 242 मिलीग्राम घी में दूध के साथ शूल शान्ति के लिये दिया जाता है:

अक्षामलकशिवानां स्वरसैः पक्वं सुलोहजञ्च रजः।

सगुडं यद्युपभुंक्ते मुञ्चति त्रिदोषजं शूलम् ॥

बङ्गसेनसंहिता, परिणामशूलचिकित्सा

बङ्गसेन इसे एक और विधि से प्रयोग करते हैं—त्रिफला के स्वरस में लोहभस्म को पकाएं और त्रिदोषजशूल के लिए गुड़ के साथ इसका प्रयोग करें। त्रिफला, लोहभस्म और मुलहठी मिलाकर मधु और घी के साथ मिश्रित कर चाटने से भी त्रिदोषजशूल नष्ट होते है :

त्रिफलां लोहचूर्णन्तु यष्टीमधुकमेव च।
मधुसर्पिर्युतं लिह्याच्छूलं हन्ति त्रिदोषजम् ॥

बङ्गसेनसंहिता, परिणामशूलचिकित्सा; 28

त्रिफला और अमलतास के क्वाथ में मधु और खाण्ड का प्रक्षेप देकर पीने से रक्तपित्त, दाह तथा शूल दूर होते हैं :

त्रिफलारग्वध क्वाथं सक्षौद्रं शर्करान्वितम्।
पाययेद्रक्तपित्तघ्नं दाहशूलनिवारणम् ॥

भैषज्यरत्नावली, शूलरोगाधिकार; 30.

व्रणों पर त्रिफला का अन्तः तथा बाह्य दोनों प्रयोग होता है। बन्द पात्र में जलाकर बनाई हुई त्रिफला की भस्म 1 भाग और वैज़लीन 4 भाग मिलाकर मरहम बनाई जाती है। यह उत्तम व्रणरोपक का काम करता है। व्रणों के रोपण के लिए तथा फिरंग व्रणों पर भी यह लेप लगाया जाता है। शोथ युक्त व्रणों में क्लेद, पाक, स्राव, गन्ध और वेदना को दूर करने के लिए त्रिफला के क्वाथ में विशुद्ध गुग्गुलु मिलाकर पीया जाता है :

ये क्लेदपाकस्रुतिगन्धवन्तो व्रणा महान्तः सरुजः सशोथाः।
प्रयान्ति ते गुग्गुलुमिश्रितेन पीतेन शान्तिं त्रिफलारसेन ॥

भैषज्यरत्नावली, व्रणशोथाधिकार; 44.

विद्रधि, नाडीव्रण, गण्डमाला और दूसरे लम्बे चलने वाले व्रणों में निम्न गोलियां निरन्तर सेवन करने से लाभ होता है—त्रिफला 36 ग्राम, पिप्पली 24 ग्राम और गुग्गुलु 60 ग्राम; 5-5 यव की गोलियां बनाएं। प्रतिदिन 2 से 4 गोली तक त्रिफला कषाय के अनुपान से ली जानी चाहिए। इसका निरन्तर सेवन करने के साथ-साथ बाह्य उपचार भी ज़ारी रखना चाहिए :

दीर्घकालप्रसक्ते तु ग्रन्थौ त्रिफलां प्रयुञ्जीत।

अष्टाङ्गसंग्रह, चिकित्सितस्थान, अध्याय 20.

वाग्भट्ट दीर्घकालप्रसक्त ग्रन्थि में त्रिफला प्रयोग करते हैं। ग्रन्थिविसर्प में ग्रन्थि पर त्रिफला का सेवन किया जाता है :

त्रिफलायाः प्रोयोगैश्च ... ...।

अष्टाङ्गहृदय, चिकित्सितस्थान, दिस्रचिकित्सा, अध्याय 19;29.

मुख पाक और मुख स्फोट में त्रिफला कषाय के गण्डूष करने चाहिए तथा त्रिफला का अन्तःप्रयोग भी करना चाहिए जिससे कोष्ठ की शुद्धि हो जाये। त्रिफला कषाय को गोमूत्र में पकाकर पीने से अण्डकोषों की शोथ नष्ट हो जाती है :

फलत्रिकोद्भवं क्वाथं गोमूत्रेण साधितम्।
वातश्लेष्मोद्भवं शोथं हन्यात् वृषणसम्भवम्॥

भैषज्यरत्नावली, शोथाधिकार; 43.

मेहरोग जैसे शुक्रमेह, रक्तमेह, पूयमेह, मधुमेह, बहुमेह आदि में त्रिफला के चूर्ण और कषाय विशेष उपकारक होते हैं। सम्भवतः यकृत् के शोधक होने के कारण त्रिफला मेहरोगहर होता है। चरक ने सूत्रस्थान के तेईसवें अध्याय में मेह और मूत्र सम्बन्धी रोगों के नाश के लिए जो योग दिये हैं उनमें अधिकतर में अन्य द्रव्यों के साथ त्रिफला का प्रयोग किया गया है :

… … … **मधुना च विमिश्रितम्।**
हरीतक्याश्च चूर्णं वा सर्वमेहनिवारणम्॥

हारीतसंहिता, तृतीयस्थान, प्रमेहचिकित्सा, अध्याय 28; 43.

हारीत सब प्रकार के प्रमेहों में हरड़ के चूर्ण में शहद मिलाकर खाने के लिए सिफ़ारिश करते हैं। मेहरोगों में और मूत्र सम्बन्धी विकारों में त्रिफला के नियमित प्रयोग करने से लाभ होता है :

… … … **त्रिफलायास्तथैव च।**
… … … **यान्ति मेहादयः शमम्॥**

चरकसंहिता, सूत्रस्थान, अध्याय 23; 17.

मूत्रकृच्छ्र और प्रमेह में लस्सी के साथ हरड़ सेवन करना चाहिए।

मूत्रकृच्छ्रं प्रमेहं च पीतमेतद्व्यपोहति॥
तक्राभयाप्रयोगैश्च … … … …।

चरकसंहिता, सूत्रस्थान, अध्याय 23; 16,17.

पूयमेह में अन्तःउपचार के साथ-साथ त्रिफला कषाय में थोड़ा-सा कत्था तथा फिटकरी डालकर कुछ दिन तक उत्तरवस्ति देते हैं।

स्त्रियों के प्रजनन अंगों के रोगों में भी आंवले ओर हरड़ का प्रयोग किया जाता है। सुश्रुत ने मुस्तादि वर्ग में आंवले और हरड़ का पाठ किया है। इस गण के गुण गर्भाशय और योनि रोगों को दूर करना, स्तन्य दूध को शुद्ध करना आदि है। रक्त प्रदर में बहुत अधिक भी रक्त जाता हो तो आंवला, हरड़ और रसौंत को सम भाग में जल के साथ पीने से बन्द हो जाता है :

धात्री च पथ्या च रसाञ्जनं च सर्वं विचूर्ण्य सजलं निपीतम् ।
अनन्तरक्तस्रवमुग्रवेगं निवारयेत् सेतुरिवाम्बुवेगम् ॥

रसेन्द्रसारसंग्रह, प्रदरचिकित्सा; 16.

यकृत् और प्लीहा के रोगों के लिए त्रिफलादिचूर्ण या अन्य त्रिफला के योग लाभदायक होते हैं। कामला में यकृत् से पित्त का निर्हरण करने के लिए त्रिफला कषाय या त्रिफलादि क्वाथ दिया जाता है। पाण्डु में निर्बल मनुष्य को प्रतिदिन गुड़ और हरड़ का सेवन करना चाहिए :

दुर्बलस्य प्रयोज्या तु नित्यं गुडहरीतकी ।

काश्यपसंहिता, चिकित्साध्याय, प्लीहलीमक ।

मदात्यय में त्रिफला चूर्ण को घी, शहद और खाण्ड में मिलाकर सेवन किया जाता है :

त्रिफला वा प्रयोक्तव्या सघृतक्षौद्रशर्करा ।

अष्टाङ्गहृदय, चिकित्सितस्थान, अध्याय 7;104.

उरुस्तम्भ में कटुकी चूर्ण तथा मधु के साथ त्रिफला का सेवन किया जाता है :

लिह्याद् वा त्रिफला चूर्णं क्षौद्रेण कटुकायुतम् ।

भैषज्यरत्नावली, उरुस्तम्भाधिकार; 10.

चिरस्थायी त्वक् रोगों में त्रिफला के चूर्ण, गुग्गुलु, घृत आदि का कुछ काल निरन्तर सेवन करने से विशेष लाभ होता है। कुष्ठघ्न 10 ओषधियों में चरकसंहिता में हरड़ और आंवला भी परिसंख्यात है :

खदिराभयामलकहरिद्रारुष्करसप्तपर्णारग्वधकरवीरविडङ्गजातीप्रवाला इति दशेमानि कुष्ठघ्नानि भवन्ति ।

चरकसंहिता, सूत्रस्थान, अध्याय 4; (13).

त्रिफला आंखों के लिए हितकर द्रव्य है।

त्रिफला ··· ··· ··· ··· ··· ··· ··· ··· ।
चक्षुष्यः ··· ··· ··· कथितो भिषग्भिरियम् ॥

भैषज्यरत्नावली, नेत्ररोगाधिकार; 95.

इसके कषाय से प्रतिदिन प्रातःकाल आंख धोने से आंखों के रोग नष्ट होते हैं और फिर दुबारा नहीं होते :

जाता रोगा विनश्यन्ति न भवन्ति कदाचन ॥
त्रिफलायाः कषायेण प्रातर्नयनधावनात् ॥

चक्रदत्त, नेत्ररोगचिकित्सा; 96.

भोजन और रहन-सहन को नियमित करके प्रतिदिन सायंकाल त्रिफला चूर्ण को घी और शहद के साथ मिलाकर सेवन करने से आंखों के सब विकार दूर होते है :

यस्त्रैफलं चूर्णमपथ्यवर्जी सायं समश्नातिहविर्मधुभ्याम् ।
स मुच्यते नेत्रगतैर्विकारैर्भृत्यैर्यथक्षीणधनो मनुष्यः ॥

चक्रदत्त, नेत्ररोगचिकित्सा;95.

3 हरड़, 6 बहेड़े और 12 आंवलों को 1.5 लीटर जल में सिद्ध करें। 200 मिलीलीटर शेष रहने पर छान लें। इस क्वाथ को पीने से अभिष्यन्द, नेत्रस्राव, आंखों की लालिमा, आंखों के आगे अन्धेरा आना, नेत्रशोथ तथा नेत्रशूल आदि रोग नष्ट होकर आंखें निर्मल हो जाती है :

पथ्यास्तिस्रो बिभीतक्यः षड् धात्र्यो द्वादशैव तु ।
प्रस्थार्द्धैः सलिलेक्वाथमष्टभागावशेषितम् ॥
पीत्वाऽभिष्यन्दमास्रावं रागञ्च तिमिरं जयेत् ।
संरम्भरागशूलाश्रुनाशनं दृक् प्रसादनम् ॥

चक्रदत्त, नेत्ररोगचिकित्सा; 45, 46.

नेत्रस्राव में दोषों की विवेचना करके त्रिफला क्वाथ को मधु, घृत अथवा पिप्पली चूर्ण के साथ मिलाकर पीना चाहिए :

स्रावेषु त्रिफलाक्वाथं यथादोषं प्रयोजयेत् ।
क्षौद्रेणाज्येन पिप्पल्या मिश्रं ··· ··· ॥

भैषज्यरत्नावली, नेत्ररोगाधिकार; 209.

हरड़ की गुठली की गिरी 3 भाग, बहेड़े की मींगी 2 भाग और आंवले के बीज एक भाग को एक साथ पीसकर वर्ति वनाएं। इसको घिसकर आंजने से आंखों की लाली तथा नेत्र के रोहे शीघ्र नष्ट होते हैं :

पथ्याक्षधात्रीफलमध्यबीजैस्त्रिद्व्येकभागैर्विदधीत वर्त्तिम् ।
तयाञ्जयेदस्रमतिप्रगाढमक्ष्णोर्हरेत् कोपमतिप्रवृद्धम् ॥

भैषज्यरत्नावली, नेत्ररोगाधिकार; 208.

तिमिर रोग में त्रिफला क्वाथ में घी मिलाकर प्रतिदिन सेवन करने से लाभ होता है :

सघृतं वा वराक्वाथं शीलयेत्तिमिरामयी ।

चक्रदत्त, नेत्ररोगाधिकार; 96.

पैत्तिक तिमिर रोग में प्रचुर घृत मिश्रित, वातज तिमिर रोग में तेल मिश्रित और कफज तिमिर रोग में मधु मिश्रित त्रिफला का प्रयोग किया जाता है :

लिह्यात् सदा वा त्रिफलां सूचूर्णितां घृतप्रगाढ़ां त्तिमिरेऽथ पित्तजे।
समीरजे तैलयुतां कफात्मके। मधुप्रगाढ़ां विदधीत युक्तितः॥

भैषज्यरत्नावली, नेत्ररोगचिकित्सा; 96.

त्रिफला के कल्क, क्वाथ अथवा चूर्ण को प्रतिदिन शहद या घृत के साथ सेवन करने से सम्पूर्ण तिमिर रोग नष्ट होते हैं :

कल्कः क्वाथोऽथवा चूर्णं त्रिफलाया निषेवितम्।
मधुना हविषा वाऽपि समस्ततिमिरान्तकृत्॥

चक्रदत्त, नेत्ररोगचिकित्सा; 94.

अर्श में त्रिफला का प्रयोग किया जाता है। गोमूत्र में एक रात रखी हुई हरड़ को गुड़ के साथ प्रयोग कराएं या हरड़ के चूर्ण को अथवा त्रिफला के चूर्ण को तक्र के अनुपान से अर्श में प्रयोग कराएं :

गोमृत्राध्युषितां दद्यात्सगुडां वा हरीतकीम्।
हरीतकीं तक्रयुतां त्रिफलां वा प्रयोजयेत्॥

चरकसंहिता, चिकित्सास्थान, अध्याय 14; 67.

घी में भुनी हुई हरड़ के चूर्ण के साथ पिप्पली चूर्ण और गुड़ मिलाकर अर्श में अनुलोमन के लिए दिया जाता है :

सगुडां पिप्पलीयुक्तां घृतभृष्टां हरीतकीम्।
त्रिवृद्दन्तीयुतां वाऽपि भक्षयेदानुलोमिकीम्॥

चरकसंहिता, चिकित्सास्थान, अध्याय 14; 119.

अर्शनाशक 10 ओषधियों में चरक ने हरड़ का पाठ किया है :

कुटजबिल्वचित्रकनागरानिविषाभयाधन्वयासकदारुहरिद्रावचाचव्यानीति दशेमान्यर्शोघ्नानि भवन्ति।

चरकसंहिता, सूत्रस्थान 4; (12).

त्रिफला विषमज्वरहर, कफपित्तहर और मलस्रंसक होने से शरीर से मलभूत पित्त का निर्हरण करती है। विषमज्वर में त्रिफला क्वाथ में शहद डालकर कुछ दिन पिलाने से ज्वर जाता रहता है। शहद के स्थान पर गुड़ का भी प्रयोग किया जा सकता है :

गुडप्रगाढां त्रिफलां पिबेद्वा विषमार्दितः।

चक्रदत्त, ज्वरचिकित्सा; 207.

हारीत लिखते हैं कि आंवला, हरड़, पिप्पली, वच, सोंठ, मिरच, बहेड़ा, दालचीनी, इलायची और तेजपत्र का क्वाथ मल को पतला करता है, कफ को हटाता है, ज्वर का

नाश करता है और अग्नि को उद्दीप्त करता है :

हरीतकी हरिहरतुल्यषड्गुणा चतुर्गुणा चतुर्विशालपिप्पली।
हुताशनं सैन्धवहिङ्गुसंयुतं रसायनं कुरुनृपवन्हिदीपनम् ॥

हारीतसंहिता, तृतीयस्थान; मन्दाग्निचिकित्सा; अध्याय 6; 26.

हरड़ 72 ग्राम, पिप्पली 48 ग्राम तथा गजपिप्पली, चित्रक, हींग और सेंधा नमक—प्रत्येक 12 ग्राम लेकर चूर्ण बनाएं और पानी से रगड़कर गोलियां बनाएं। इन गोलियों का सेवन अग्नि को दीप्त करने में रसायन का काम करता है :

आमलक्यभया कृष्णाषड्ग्रन्था त्रित्रिकन्तथा।
मलभेदो कफान्तको ज्वरनाशनदीपनः ॥

हारीतसंहिता, तृतीयस्थान, ज्वरचिकित्सा, अध्याय 2; 82.

इसके सेवन से पाचक रस उचित मात्रा में उत्पन्न होने लगेगी और भूख बढ़ जायेगी। त्रिफला के कषाय का भी नियमित सेवन शीतल, पाचक और पाचन संस्थान के लिए बल्य का काम करता है। त्रिफला, दन्तीमूल और रोहेड़े की छाल के 12 मिलीलीटर कषाय में सोंठ, कालीमिरच, पिप्पली और यवक्षार का मिलित चूर्ण 1.938 मिलीग्राम डालकर पीने से उदर रोगों में लाभ होता है:

पिबेत्कषायं त्रिफलादन्तीरोहीतकैः शृतम् ॥
व्योषक्षारयुतं जीर्णे रसैरद्यात्तु जाङ्गलैः।

चरकसंहिता, चिकित्सास्थान, उदरचिकित्सा, अध्याय 13; 149-150.

भस्मक रोग में निम्न चूर्ण 60 मिलीग्राम से 484 मिलीग्राम मात्रा में देने से रोग वश में किया जा सकता है :

त्रिफलामुस्तवेल्लैश्च सितया कणया समम्।
खरमञ्जरीबीजैश्च लौहं भस्मकनाशनम् ॥

रसेन्द्रसारसंग्रह, अजीर्णचिकित्सा; 98.

हरड़, बहेड़ा, आंवला, मोथा, वायविडङ्ग, मिश्री, पिप्पली और अपामार्ग के बीज—प्रत्येक 12 ग्राम और लोहभस्म 100 ग्राम।

हरड़, बहेड़ा, आंवला, सोंठ, मिरच, और पिप्पली—प्रत्येक के सम भाग चूर्ण को एक ग्राम भर प्रतिदिन शहद के साथ चाटने से खांसी दूर होती है :

त्रिफलाव्योषचूर्णे च समभागं प्रकल्पयेत्।
मधुना सह पानात् तु दुष्टकासं नियश्चति ॥

रसेन्द्रसारसंग्रह कासचिकित्सा; 91.

तीन

नीम

आज़ादिराक्ता इंदिका ए. जुस्यू
Azadirachta indica A. Jussuie
कुल मेलिआसी Meliaceae

धर्म, लोक विश्वास : सिन्धु घाटी की सभ्यता का मनुष्य जिस प्रकार बुरी शक्तियों को दूर रखने के उद्देश्य से नीम को आदर से देखता था उसी प्रकार आज का देहाती मनुष्य भी भूत-पिशाच की बाधाओं से बचने के लिए नीम का आश्रय लेता है। शरीर के किसी अंग विशेष में विद्यमान रोग में और सर्वांग-व्यापी रोगों में भी हरी, कोमल शाखाओं से रोग को झाड़कर निकाल देने का रिवाज़ भारत में, सब जगह अशिक्षित वर्ग में पाया जाता है। उनकी दृष्टि में रोगों को उत्पन्न करने में कारण समझे जाने वाले भूत-पिशाच इससे भाग जाते हैं। मारवाड़ में तथा भारत में अन्य स्थानों पर भी मृतक के अन्तिम संस्कार के बाद जब श्मशान से लौटते हैं और संबंधियों को सान्त्वना देने जाते हैं तब विदाई के समय द्वार पर खड़े नाई या ब्राह्मण के हाथ से नीम की एक-एक पत्ती लेते जाते हैं। मुंह का स्वाद ज़रा कड़वा करके पत्ती फेंक दी जाती है। जौर्ज वाट (1891) ने भी लिखा है कि 'कुछ जातियों में श्मशान से लौटने पर शोक के प्रतीक रूप में पत्तियां मुख में रखी जाती हैं।'

मांगलिक समारोहों में नीम काम आता है। विवाहोत्सवों में तोरण को पत्तों से सजाना व्यापक प्रथा है। मारवाड़ में विवाह के बाद जब दुलहिन घर आती है तब दंपती एक खेल खेलते हैं जिसे सोटसोटकी कहते हैं। इसमें नीम की टहनी ही बहुधा बीच का उपकरण बनती है। बारात में नाई नीम की शाखा अपने साथ रखता है। मैसूर यात्रा के विवरण में बुखनन ने एक मनोरंजक उत्सव का उल्लेख किया है—'दो-तीन वर्ष में एक बार गांव के कोरमा चन्दा करके पीतल का एक बरतन ख़रीदते हैं जिसमें नीम की 5 शाखाएं और नारियल रखते हैं। इस पर फूल चढ़ाकर चन्दन जल छिड़कते हैं। 3 दिन तक यह छोटे से मण्डप में पड़ा रहता है। इस बीच में लोग दावतें उड़ाते हैं और पीते हैं, शिव की पुत्री मरीमा को मेमनों और मुर्ग़ियों की बलि चढ़ाते हैं। 3 दिन बाद उत्सव की समाप्ति पर बरतन को प्रवाहित कर दिया जाता है।' दिनाजपुर के आंकड़ों (स्टेटिस्टिक्स औफ़ दिनाजपुर) में यही लेखक एक स्थान पर लिखता है कि

'पुनीत-जन अपने मोहक सौन्दर्य को स्थिर रखने के लिए पत्तों का बहुत उपयोग करते हैं।' फ़ार्माकोग्राफ़िया इण्डिका के लेखक इस पर लिखते हैं कि 'भारत के अन्य भागों में इस प्रथा को घटस्थापन कहते हैं और दुर्भाग्य तथा रोग को निकालने के विचार से यह किया जाता है।'

लिस्बोआ के अनुसार शालिवाहन शक के वर्षारम्भिक उत्सव में हिन्दू पत्तों को खाते हैं जिससे रोग से बचे रहें।

मुम्बई की यात्रा (टूर इन बौम्बे) में होव ने बताया है कि गुण्टूर के लोग नीम की पूजा करते हैं। दूसरे प्रान्तों में जिस तरह पीपल की उपासना की जाती है उसी तरह गुण्टूर में बांझ स्त्रियां प्रतिदिन सुबह अपने व्रत तथा धार्मिक परिक्रमाएं आदि इसके चारों ओर करती हैं।

ऐतिहासिक साक्षी

पुरात व अन्वेषकों को मोहजोदड़ो की खुदाई से प्राप्त कुछ तावीज़ों पर नीम वृक्ष मिला है (अर्नेस्ट मैके, 1948, अर्ली इण्डस सिवलिज़ेशन्स, पृष्ठ 59)। जातकों में इसके

चित्र 4 नीम का वृक्ष

अत्यन्त कड़वे गुण को बताते हुए वर्णन आता है कि नीम को चाहे शर्बत और घी से

सींचें, वह मीठा नहीं हो सकता। भारतीय चिकित्सा के प्राचीनतम शास्त्रों चरक, सुश्रुत में हम ताज़े पत्तों, फूलों और छाल आदि, पौधे के प्रत्येक भाग को कषाय, कल्क आदि विभिन्न रूपों में प्रयोग किया जाता हुआ देखते हैं। इससे पता चलता है कि उस समय यह सुगमता से प्राप्त था और सर्व-साधारण तथा चिकित्सकों की पहुंच में था। यद्यपि निश्चित रूप से नहीं कहा जा सकता कि तब यह केवल बगीचों में और मानवीय निवासों के पास-पड़ोस में ही लगाया हुआ मिलता था या अरण्य में स्वयंजात था। ख़याल है कि यह बस्तियों के आसपास ख़ूब फैल चुका होगा।

पौधे का स्वरूप

बड़ा, 12 से 18 मीटर ऊंचा, सदाहरा, सुन्दर, छायादार और अति उपयोगी वृक्ष है। घेरा 1.80 से 2.70 मीटर तक पहुंच जाता है। शाखाएं लम्बी, फैली हुई और गोल-चौड़ा, हरा मुकुट-सा बनाती हुई फैलती हैं।

छाल

वृक्ष के आकार और आयु के अनुसार छाल की आकृति भिन्न-भिन्न होती है। 3-4 साल से अधिक आयु के वृक्ष की काण्डज छाल की ऊपरी स्तर 0.62 से 1.25 सेण्टीमीटर तक भिन्न-भिन्न होती है। छोटी शाखाओं की छाल चिकनी, मैली-सी जामनी रंग की होती है जिस पर राख के रंग की लम्बाई के रुख़ रेखाएं पड़ी होती हैं। छाल के अन्दर की तह ताज़ी अवस्था में लाल-सी भूरी या पीली-सी सफ़ेद और स्वाद में बहुत कड़वी होती है। बाहर की अधिक गहरे रंग की, स्तर में ग्राही गुण अधिक परिमाण में होता है।

गोंद

छाल में से चमकीले, अम्बर के रंग की स्वच्छ, गोंद निकलती है। यह छाल की तरह कड़वी नहीं होती। पानी में पूर्णतः विलेय है। विलेयता के कारण यह सदा आर्द्र वायुमण्डल में बह जाती है। भारत में कहीं-कहीं यह छोटे-छोटे डलों में इकट्ठी की जाती है।

पत्ते

20 से 36.50 सेण्टीमीटर लम्बे, शाखाओं के सिरों पर अधिक घने, पत्तियां 9 से 19, 2.50 से 7.50 सेण्टीमीटर लम्बी, 1.25 से 3.75 सेण्टीमीटर चौड़ी, भालाकार, कुछ टेढ़ी, एक किनारे की ओर मुड़ी हुई, जिससे एक किनारा दूसरे किनारे से लम्बा होता है। पत्तियों के किनारे दन्तुर; रंग में पीली-हरी।

फूल

छोटे, सफ़ेद, शहद की-सी मीठी, तीव्र गन्ध वाले, 12.50 से 20 सेण्टीमीटर लम्बी सीखों पर लगते हैं। फूलों की मीठी सुगन्ध रात में विशेषकर आती है और हवा के झोंकों के साथ वायु में बहती है। फूलों के गुच्छे मार्च-मई में निकलते हैं। फूलों का दूसरा दौर अक्सर बरसात में होता है।

फल

जून-अगस्त में पकते हैं। कच्चे फल हरे, पकने पर पीले-से मटियाले, चिकने, लम्बोतरे-गोल, 1 सेण्टीमीटर लम्बे, मीठे, कम गूदे वाले होते हैं। कच्चे फल को दबाने से सफ़ेद दूध-सा रस निकलता है। फल के पकने पर यह रस मीठे, लेसदार, नीरंग अर्द्ध-ठोस के रूप में बदल जाता है। फलों को निबौली कहते हैं। बीज पिश्ते की शक्ल का, प्रायः एक और कभी-कभी दो भी होते हैं।

नीम सामान्यतः सदाहरा वृक्ष है। केवल शुष्क प्रदेशों में बहुत कम समय (फ़रवरी-मार्च में) के लिए लगभग पत्रविहीन हो जाता है। उत्तर भारत में अक्तूबर-नवम्बर में पौधे की वृद्धि रुक जाती है। पुराने सब पत्ते गिर जाने के बाद मार्च-एप्रिल में नए पत्ते निकलते हैं। इसके अलावा कुछ-कुछ समय के व्यवधान से सारा साल नये पत्ते निकलते रहते हैं।

उपयोगी भाग

जड़, तने और मोटी शाखाओं की छाल, कच्चे फल, पके बीज और उनमें से निकलने वाला तेल, फूल, पत्ते, लकड़ी, गोंद, मद आदि वृक्ष का प्रत्येक भाग उपयोग में आता है। चिकित्सा प्रयोजनों से छाल की बाहर की तह न लेकर भीतरी छाल लेनी चाहिए और सूखी तथा पुरानी छाल की अपेक्षा ताज़ी छाल लेना अधिक अच्छा होता है। इण्डियन फ़ार्माकोपिया में छाल एज़ेडिरेक्टी कौर्टेक्स के नाम से अधिकृत है। परन्तु छाल की केवल अन्दर की तह ही इण्डियन फ़ार्माकोपिया के योगों में लिए जाने के निर्देश दिए गए हैं। ब्रिटिश फ़ार्मास्युटिकल कोडेक्स (1934) में नीम की छाल का रंग, आकृति, रचना आदि को बताते हुए नग्न आंखों से उसकी पहचान तथा अणुवीक्षिक (माइक्रोस्कोपिक) पहचान भी दी गई है। ब्रिटिश फ़ार्मास्युटिकल कोडेक्स (1934, पृष्ठ 483) के अनुसार भारत और ईस्टर्न कौलोनीज़ में इसे जेन्शियन या क्वाशिया के समान प्रयोग किया जाता है और सामान्यतः यह मद्यासव (टिंक्चर) या फाण्ट के रूप में व्यवहार किया जाता है। तने और शाखाओं की छाल तथा कच्चे फल की अपेक्षा जड़ की छाल का कार्य अधिक शीघ्र तथा तेज़ समझा जाता है।

ताज़े पत्ते एज़ेडिरेक्टी फ़ोलिया नाम के अन्तर्गत इण्डियन फ़ार्माकोपिया में अधिकृत (official) हैं। पत्ते और छाल ब्रिटिश फ़ार्माकोपिया में अधिकृत नहीं हैं।

प्राप्ति-स्थान

भारत के अधिक भागों में यह वृक्ष सब स्थानों पर बोया हुआ या बोए हुए वृक्षों से स्वतः उगा हुआ मिलता है। उत्तर-पश्चिम की शुष्क जलवायु में और श्रीलङ्का में सर्वत्र बोया जाता है। हिमालय के निचले भागों में, कर्नाटक और दक्षिण के कुछ भागों में, इरावती घाटी के शुष्क प्रदेश में, प्रोम ज़िले में योमा और आवा की उच्चतर श्रेणियों में, ब्रिटिश फ्रण्टियर से परे और सम्भवतः म्यांमार के अधिक जंगलों में यह जंगली वृक्ष है। देहरादून और सहारनपुर ज़िलों में जंगली और बोया हुआ दोनों रूपों में मिलता है। सतलुज के पश्चिम तक मिल जाता है और यहां पर यह अपेक्षाकृत कम है, आकार में भी छोटा हो गया है। जेहलम से परे यह सर्वथा लुप्त हो गया है। कुमाऊं में 1,524 मीटर से भी ऊपर पहुंच गया है। उत्तरी और पश्चिमी भारत (पाकिस्तान) में गांव की चौपालों, धर्मशालाओं, गांव के बाहर जोहड़ों, घरों और बगीचों के आसपास तथा सड़कों के किनारे बहुधा बोया जाता है।

भारत का पौधा नहीं है !

लिनिअस (स्पिसीज़ प्लाण्टेरम, 1753, पृष्ठ 385) ने नीम को भारत का निवासी बताया है। डिकैण्डोल (मोनोग्राफ़ी फ़ैनेरोगैमैरम, 1893, पृष्ठ 460) इसे पाण्डिचेरी, श्रीलङ्का और जावा में उगने वाला पौधा बताते हैं। ब्रिटिश फ़ार्मास्युटिकल कोडेक्स (1934) में इसे जो 'भारत, श्रीलङ्का और मलयद्वीप समूह में देशीय' कहा गया है, उससे अनेक विद्वान् सहमत नहीं हैं। थियोडोर कुक (बौम्बे फ़्लोरा, 1903) के अनुसार यद्यपि 'बम्बई प्रेसिडेन्सी में सब जगह मिल जाता है परन्तु कहीं पर भी वस्तुतः जंगली नहीं है।' इसके लिए पर्याप्त प्रमाण नहीं हैं कि यह कुमाऊं में वास्तव में स्वयंजात वृक्ष है' (औस्मैस्टन, ए. ई.9 ए फ़ौरेस्ट फ़्लोरा फ़ौर कुमाऊं, 1927)। प्रायः सब वनस्पतिशास्त्र वेत्ता इसे उत्तर-पश्चिम भारत में कहीं पर भी नैसर्गिक वनों में वास्तविक जंगली नहीं मानते। उत्तरी या पश्चिमी भारत के गांवों के आसपास तथा बगीचों और झुरमुटों में ही पाया जाता है (ब्रैण्डिस, ए मेनुअल औफ़ इण्डियन टिम्बर्स, 1902)। यदि 'भारत के कुछ स्थानों पर जंगली है' (बर्किल, ए डिक्शनरी औफ़ दि इकोनोमिक प्रौडक्ट्स औफ़ मलय पेनिन्सुला, 1935) 'तो सम्भवतः कर्नाटक और दक्षिण के कुछ भागों में वनों में जंगली होगा' (ब्रैण्डिस, 1902)। भारत में सर्वत्र, यह इतना अधिक बोया जाता है और बोए हुए वृक्षों से इतना तेज़ी से फैल जाता है कि अब इसका असल निसर्ग-गृह निश्चय करना असम्भव हो गया है। भारत में यह सर्वत्र प्राकृतिक उपज बना लिया गया है (डी. ब्रैण्डिस, इण्डियन ट्रीज़, 1906)।

'सम्भवतः म्यांमार के कुछ शुष्क वनों में जंगली है' (ब्रैण्डिस 1902)। 'प्रोम से ऊपर की ओर इरावदी घाटी के शुष्क प्रदेश में जंगली है' (ब्रैण्डिस, 1906)। 'जावा तथा छोटे सुण्डा द्वीपों में जंगली है और मलय प्रायद्वीप में, मलक्का में बाहर से लाया गया है' (बर्किल, 1935)। रीड्ली (1922) के अनुसार निस्सन्देह भारत से मलय प्रायद्वीप में गया है (फ़्लोरा औफ़ दि मलय पेनिन्सुला, हेनरी एन. रीड्ली, 1922)। जोहोर में भी यह भारत या जावा से गया प्रतीत होता है क्योंकि बर्किल (1935) ने प्रकट किया है कि 'जोहोर में इसकी छाल प्राप्त करना सम्भवतः कठिन है इसलिए इसके ये उपयोग जावा या भारत से ज्ञात हुए होंगे।'

बहुधा बोए हुए रूप में वृक्ष की प्राप्ति के कारण आधुनिक वनस्पतिशास्त्र वेत्ता इसके वास्तविक उद्गमस्थान को भारत मानने में सन्देह प्रकट करने लगे हैं।

कृषि

नीम बहुत प्रकार की ज़मीनों में पैदा हो जाता है। कपास की काली ज़मीन पर अच्छा पनपता है और चिकनी मिट्टी वाली ज़मीन पर बुरा नहीं होता। सूखी, पथरीली, कम गहरी और उसके नीचे कम जल वाली ज़मीन में यह अच्छा होता है।

स्थान

सूखे और अपेक्षाकृत कुछ कम सूखे स्थानों में जहां पर वर्षा 45 से 112 सेंटीमीटर तक होती है और जहां का उच्चतम तापमान 45° सेण्टीग्रेट होता है, यह अच्छा फूलता-फलता है। अधिक ठण्ड को यह सहन नहीं कर सकता।

प्राकृतिक उत्पत्ति

प्राकृतिक अवस्थाओं में बीज बरसात में भूमि पर गिरते हैं। 1-2 सप्ताह में उनमें अंकुरोत्पत्ति हो ज़ाती है। कंटकाकीर्ण छोटी-बड़ी झाड़ियां प्रारम्भ में नवजात पौधों की रक्षा करती हैं और धीर-धीरे यह अपने बल पर खड़ा हो जाता है।

बीज बोना

यदि बीजों को बोकर पौधे तैयार करने हों तो बीजों को इकट्ठा करने में सावधानी की आवश्यकता होती है। पूर्ण पक्व हो जाने पर जुलाई के लगभग वृक्षों पर से बीज उतार लिए जाने चाहिए और उसके बाद जितना सम्भव हो शीघ्र बो दिए जाने चाहिए। बीजों की अंकुरण क्षमता अधिक समय तक क़ायम नहीं रहती। नर्सरी में बोए गए बीजों के पौधे 6 से 10 सेण्टीमीटर ऊंचे हो जाने पर उन्हें पहली बरसात में स्थायी जगहों

में बो देना चाहिए। जंगल लगाने के लिए बीजों को सीधा निर्धारित जगह में बो देते हैं।

वृद्धि

पहले मौसम में पौधों की वृद्धि साधारण रहती है। सामान्यतः साल के अन्त तक पौधे की ऊंचाई 10 से 20 सेण्टीमीटर तक हो जाती है। वन अनुसन्धानशाला, देहरादून में किए गए परीक्षणों से ज्ञात होता है कि यदि पानी आदि देने का ध्यान रखा जाए और उचित देख-रेख की जाए तो दूसरे मौसम के अन्त तक 60 से 120 सेण्टीमीटर और तीसरे मौसम के अन्त तक 1.50 से 2.10 मीटर तक पौधे की ऊंचाई पहुंच जाती है। तने को काटने से बहुत-सी नई शाखाएं निकल आती हैं जो तेज़ी से बढ़ती हैं, ये मज़बूत होती हैं।

छोटे पौधों पर पाले का अधिक प्रभाव पड़ता है। यदि ये एक बार मरकर ज़मीन की समता में पहुंच जाएं तो इनमें दोबारा उठने की शक्ति नहीं रहती। भूमि में अत्यधिक नमी को ये सहन नहीं कर सकते।

विभिन्न भाषाओं और स्थानों में नाम

अंग्रेज़ी : मार्गोसा (margosa tree), नीम (neem)।
इण्डो-चीन : साउ दाउ, स्दाओ, क्सोआन दाउ।
उड़िया : काकोफोलो, लिम्बो, निम्बू, निमू।
कनारी : बेमू, बेविना, बेवू, कमबेबू, कयपे बिवू, निम्ब, आल्लेबवू।
कन्नड़ : बेविना, बेवू, हेब-बेवू, किर्रि बेवू।
कम्बोडिया : स्दाओ, दाओ।
कुमाऊं : बेतैन, नीम।
कोंकणी : नीम।
कोचीन-चीन : चा दो।
गुजराती : कोहम्ब, धनुझाड़, लिम्ब, लिबाडो, लीम्बड़ो, लिम्ब्रा।
जावा : इम्बा, मिम्बा।
तमिल : अरुलुण्डि, कडुपग्गई, किन्जी, मलुगम, निरियासम, पिसिउम, सेन्गुमरु, उक्रगन्धम, वेम्बू, वेपा, वेटपू, वरुत्तम।
तेलुगु : निम्बमु, तरुक, वेमु, वेपा, याया, येपु, येप्पा वेम्पा।
पंजाबी : नीम।
पालामऊ : अगस।
पुर्तगाली : अमरगोसीरा, मार्गोसा, निम्बो।
फ़ारसी : आज़ादद्रख़्त हिन्दी, नीब, निब।

बंगाली : नीम, नीमगाछ।
बाली : इन्तरन।
मध्य भारत : लिम्बो।
मराठी : बालन्त निम्ब, कडु खजूर, कडु निम, लिम्ब, लिम्ब छझाड़, निग्बम।
मलयालम : अतितिक्त, आर्यवेप्पू, निम्बम, पिसुमर्दम, रावेजप्पू, वेप्पू।
मुम्बई : बलनिम्ब, नीम।
म्यांमार : बौतमक, कमक, तमबिन, तमक, थमक, थिन थिन, थिन्बौतमक, थिनबोरोतमख।
सन्थाली : नीम।
संस्कृत : निम्ब।
सिन्धी : निमुरी।
सिंहाली : कोहुम्ब, कोहोम्बा, निश्बुनिम्बगह।

लेटिन नाम कैसे बना ?

लिनिअस ने नीम का लेटिन नाम *मेलिआ आज़ादिराक्ता* (*Melia azadirachta* Linn) और बकायन का *मेलिआ अज़ेदाराक* रखा था। दोनों पौधों को इस तरह मेलिआ गण के अन्दर रखा जाता रहा। बाद के वनस्पतिशास्त्र वेत्ताओं ने नीम को अलग गण आज़ादिराक्ता में रखा और जुस्यू (Jussieu) ने इसे *आज़ादिराक्ता* इंदिका जुस्यू (*Azadirachta indica* Jussieu) नाम दिया। मेलिआसी कुल के अन्दर *आज़ादिराक्ता* गण में यह अकेला ही पौधा है। ब्रैण्डिस (1874) की सम्मति में *मेलिआ* और *आज़ादिराक्ता* ये दो अलग-अलग गण रखने के लिए पर्याप्त आधार नहीं है। वे इन दोनों गणों को मिलाने के पक्ष में हैं। इसके लेटिन नाम के बारे में वे कहते हैं कि लिनिअस के नीम के लिए *मेलिआ आज़ादिराक्ता* लिनिअस और बकायन के लिए *मेलिआ आज़ेदराक* लिनिअस नाम तो एक ही शब्द को स्पेलिंग करने के दो तरीक़े हैं, ये नाम साथ-साथ नहीं रह सकते। इस युक्ति के आधार पर ब्रैण्डिस ने जुस्यू के जातिवाचक नाम इंदिका को ले लिया और नीम को *मेलिआ इंदिका* नाम दे दिया परन्तु अब तक भी वनस्पतिशास्त्र के आधुनिक लेखकों में इस विषय में निश्चित मत नहीं हो सका है। वैसे आजकल इसका अधिक मान्य नाम *आज़ादिराक इंदिका* ही है।

रौबर्ट बेण्टले और हेनरी ट्रीमैन (1880) के अनुसार मेलिआ शब्द ग्रीक का है और आज़ादिराक्ता शब्द फ़ारसी शब्द आज़ाद-द्रख्त से बना है। भारत में मुसलमानों के आगमन पर नीम के उपयोगी गुणों की ओर जब उनका ध्यान गया तब उन्होंने इसका नाम 'भारत का स्वतन्त्र वृक्ष' (आज़ाद-द्रख्त हिन्दी) रख दिया क्योंकि यह उनके बकायन

से मिलता था जिसे वे अपने देश में आज़ाद-द्रख्त कहते थे (थियोडोर कुक, 1903)। 'आज़ाद-द्रख्त हिन्दी' का रूपान्तर ही लेटिन नाम *आज़ादिराक्ता इंदिका* है। अमार्गोसो (Amargoso) पुर्तगाली नाम है जिसका अर्थ कड़वा होता है। अमार्गोसो से मार्गोसा शब्द बना है।

संस्कृत में नाम और पर्याय

वनस्पतिशास्त्र के निघण्टुओं में नीम के कुल 35 नाम आए हैं; धन्वन्तरिनिघण्टु (8वीं शती) में 9, राजनिघण्टु (12वीं शती) में 20, मदनपालनिघण्टु (1374 सन्) में 13, कैयदेवनिघण्टु (1450 सन्) में 13 और भावप्रकाशनिघण्टु (1550 सन्) में 7 नाम और पर्याय आए हैं :

निम्बो नियमनो नेता पिचुमन्दः सुतिक्तकः।
अरिष्टः सर्वतोभद्रः प्रभद्रः पारिभद्रकः॥

धन्वन्तरिनिघण्टु, गुडूच्यादिवर्ग 1; 29.

अथ निगदितः प्रभद्रः पिचुमन्दः पारिभद्रको निम्बः।
काकफलः कीरेष्टो नेताऽरिष्टश्च सर्वतोभद्रः॥
धमनो विशीर्णपर्णो पवनेष्टः पीतसारकः शीतः।
वरतिक्तोऽरिष्टफलो ज्येष्ठामालकश्च हिङ्गुनिर्यासः॥
छर्दनश्चाग्निधमनो ज्ञेया नाम्नान्तु विंशतिः॥

राजनिघण्टु, प्रभद्रादिवर्ग 9; 7-9.

निम्बो नियमनो नेताऽरिष्टः स्यात्पारिभद्रकः।
सुतिक्तः सर्वतोभद्रः पिचुमन्दः प्रभद्रकः॥
कुष्ठहा देवदत्तश्च रविसन्निभसूर्यकौ॥

मदनपालनिघण्टु, हरीतक्यादिवर्ग 1; 137.

निम्बो नियमनोऽरिष्टः पिचुमन्दः सुतिक्तकः।
सुभद्रः सर्वतोभद्रः प्रभद्रः पारिभद्रकः॥
कृमिघ्नश्छर्दनो नेता यवनेष्टः शुकप्रियः।

कैयदेवनिघण्टु, ओषधिवर्ग 1; 878-79.

निम्बः स्यात्पिचुमर्दश्च पिचुमन्दश्च तिक्तकः।
अरिष्टः पारिभद्रश्च हिङ्गुनिर्यास इत्यपि॥

भावप्रकाशनिघण्टु, गुडूच्यादिवर्ग 4; 93.

इन श्लोकों के अंतर्गत आए नाम-पर्यायों को निम्न तालिका में दिया जा रहा है, जिससे पाठक सुगमता से उनका तुलनात्मक अध्ययन कर सकें :

अमरकोश (500-800) (ई. पू.)	**धन्वन्तरि निघण्टु** (8वीं शती)	**राज निघण्टु** (12वीं श्ती)	**मदनपाल निघण्टु** (1374 सन्)	**कैयदेव निघण्टु** (1450 सन्)	**भावप्रकाश निघण्टु** (1550 सन)
		1 अग्निधमन			
1 अरिष्ट	1 अरिष्ट	2 अरिष्ट	1 अरिष्ट	1 अरिष्ट	1 अरिष्ट
		3 अरिष्ट फल			
		4 काकफल			
		5 कीरेष्ट			
			2 कुष्ठहा		
				2 कृमिघ्न	
		6 छर्दन	3 छर्दन		
		7 ज्येष्ठामलक			
					2 तिक्तक
				3 देवदत्त	
		8 धमन			
2 निम्ब	2 निम्ब	9 निम्ब	4 निम्ब	4 निम्ब	3 निम्ब
	3 नियमन		5 नियमन	5 नियमन	
	4 नेता	10 नेता	6 नेता	6 नेता	
		11 पवनेष्ट			
	5 पारिभद्रक	12 पारिभद्रक	7 पारिभद्रक	7 पारिभद्रक	4 पारिभद्रक
	6 पिचुमन्द	13 पिचुमन्द	8 पिचुमन्द	8 पिचुमन्द	5 पिचुमन्द
3 पिचुमर्द					6 पिचुमर्द
		14 पीतसारक			
	7 प्रभद्र	15 प्रभद्र			
			9 प्रभद्रक	9 प्रभद्र	
4 मालक					
			10 रविसन्निभ	10यवनेष्ट	
		16 वरतिक्त			
		17 विशीर्णपर्ण			
		18 शीत			
			11 शुकप्रिय		
5 सर्वतोभद्र	8 सर्वतोभद्र	19 सर्वतोभद्र	11 सर्वतोभद्र	11 सर्वतोभद्र	
			12 सुतिक्त		
	9 सुतिक्तक			12 सुतिक्तक	
				13 सुभद्र	
			13 सूर्यक		
6 हिङ्गुनिर्यास		20 हिङ्गुनिर्यास			7 हिङ्गुनिर्यास

संस्कृत के नाम और पर्यायों के अर्थ

परिचयज्ञापक संज्ञा :

काकफल : कौए (काक) फलों (फल) को चाव से खाते हैं।
कीरेष्ट : तोतों (कीर) को फल प्रिय (इष्ट) होता है।
ज्येष्ठामलक : माला (मलक) सदृश लम्बी (ज्येष्ठ) पंक्तियों में उगाया जाने वाला।
पवनेष्ट : वायु (पवन) का प्रिय (इष्ट) वृक्ष।
पीतसारक : पीली (पीत) अन्तःकाष्ठ (सारक) वाला वृक्ष।
मालक : कौए, तोते आदि पक्षियों की फल की चाहना से घिरा (मालक) रहने वाला वृक्ष।
यवनेष्ट : विदेशियों (यवन) का प्रिय (इष्ट) वृक्ष।
विशीर्णपर्णी : झड़ने वाले (विशीर्ण) पत्तों का (पर्णी) वृक्ष।
शीर्षपर्ण : शाखाओं के सिरों पर (शीर्ष) पत्ते (पर्ण) गुच्छों में लगते हैं।
शुकप्रिय : तोतों (शुक) का प्रिय फल।
सुमन : सुन्दर, मन को अच्छा लगने वाला।
हिङ्गुनिर्यास : हींग (हिङ्गु) की-सी गन्ध वाला या आकार वाला वृक्ष (निर्यास)।

गुण प्रकाशक नाम :

अग्निधमन : शरीर के दोषों को निकालकर मानो आग (अग्नि) में फूंक (धमन) कर नष्ट करने वाला।
अरिष्ट : अहिंसित, इसमें कीड़े नहीं लगते।
अरिष्टफल : निबौली कीड़ों का शिकार नहीं होती।
कुष्ठहा : कुष्ठनाशक (हा)।
कृमिघ्न : कृमिनाशक (घ्न)।
छर्दन : वामक।
तिक्तक : ख़ूब कड़वा।
देवदत्त : देवों से प्रदत्त विशेष गुणों वाला।
धमन : शरीर के दोषों को निकाल देने वाला।
निम्ब : स्वास्थ्य को समृद्ध करने वाला; निंब्बति स्वास्थ्यम्, णिवि सेचने।
नियमन : रोग नियन्ता।
नेता : रोगों को नष्ट करने में अग्रणी (नेता)।

पारिभद्र, पारिभद्रक	:	सब प्रकार से कल्याणकारी वृक्ष।
पिचुमन्द	:	कुष्ठ (पिचु) शांत करने वाला (मन्द)।
पिचुमर्द	:	कुष्ठ के एक भेद पिचु को नष्ट करने वाला; पिचुकुष्ठभेदं मर्दयति।
प्रभद्र, प्रभद्रक	:	उत्तम लाभकारी।
मालक	:	शरीर में बल धारण कराने वाला; मलते मल धारणे।
रविसन्निभ	:	सूर्य (रवि) के समान स्वास्थ्य प्रदान करने वाला(सन्निभ)।
वरतिक्त	:	ख़ूब (वर) कड़वा (तिक्त)।
वरत्वच	:	श्रेष्ठ (वर) गुणकारी छाल वाला (त्वच)।
शीत	:	शीतल।
सर्वतोभद्र	:	सब प्रकार से (सर्वतो) कल्याणकारी (भद्र) वृक्ष।
सुतिक्त, सुतिक्तक	:	ख़ूब (सु) कड़वा (तिक्त, तिक्तक)।
सुभद्र	:	सब प्रकार से (सु) कल्याणकारी (भद्र) वृक्ष।
सूर्यक	:	सूर्य के समान स्वास्थ्य प्रदान करने वाला।

संस्कृत के मुहावरों में नीम

आयुर्वेदशास्त्र के अतिरिक्त अन्य संस्कृत साहित्य में भी नीम का उल्लेख मिलता है। इसके कड़वेपन, फलों की निरर्थकता आदि को दिखाने वाली अनेक उक्तियां मिलती हैं। छोटी-छोटी उक्तियों (मुहावरों) का प्रयोग तो हम हिन्दी में भी कर सकते हैं। कुछ उक्तियां हम यहां देते हैं :

नीम का पेड़ चाहे बहुत पुराना भी हो जाय, मीठा नहीं होता। नीम को जो कुल्हाड़े से काटें, जो घी और शहद से सीचें और जो सुगन्धित पदार्थों से सीचें तथा पूजा करें, उन सबके लिए यह कड़वा ही है। चाहे जो भी संस्कार करें नीम आम नहीं बन सकता :

सुजीर्णोऽपि पिचुमन्दो न शर्करायते।
सुजीर्णोऽपि पिचुमन्दो न शङ्कुलायते।
यश्च निम्बं परशुना यश्चैनं मधुसर्पिषा।
यश्चैनं गन्धमाल्याभ्यां सर्वस्य कटुरेव सः।

चाणक्यसूत्र, अध्याय 5.

अरे नीम ! अधिक क्या कहें, तेरे फल भी बेकार हैं, क्योंकि जो पक जाते हैं, उन्हें कौए ही समाप्त कर डालते हैं। नीम के फलों को कौए खाते हैं। अरे, अरे, गज़ब हो गया ! विधाता ने क्या मज़ेदार चीज़ बनाई है कि नीम के पके फल खाने योग्य बना दिए और उस पर यह कि उन फलों को खाने की कला के पारखी कौए बना डाले। जिस आम से कामना करने वाला मनोभिलषित फल को पाकर प्रसन्नता से मुग्ध हुआ-हुआ अपने बन्धु-बान्धवों के साथ अनेक प्रकार के भोगों का आनन्द लेता था उस पेड़ को दुर्भाग्य से किसी विवेकशून्य मन वाले ने काटकर उसके स्थान पर नीम लगा दिया है जिस पर कौए रहते हैं। देखो इस सुन्दर मेल को—आम का बौर खिलते ही भंवरे मंडराने लगते हैं और नीम पर फूल आने पर कौओं के झुण्ड व्याकुलता से नीम पर धावा बोल देते हैं :

सुसंस्कृतोऽपि पिचुमन्दो न सहकारः।

चाणक्यसूत्र, अध्याय 5; 70.

संस्कृत पिचुमन्दः न सहकारो भवति।
निम्ब किं बहुनोक्तेन फलानि विफलानि ते।
यानि संजातपाकानि काका निःशेषयन्त्यमी॥
निम्बफलं काकैर्भुज्यते।

चाणक्यसूत्र, 497.

चित्रं चित्रं बत बत महच्चित्रमेतद्विचित्रं
जातो दैवादुचितघटना संविधाता विधाता।
यन्निम्बानां परिणतफलस्फीतिरास्वादनीयः।
यच्चैतस्याः कवलनकलाकोविदः काकलोकः॥
यस्मादर्थिजनो मनोऽभिलषितं लब्ध्वा मुदा मेदुरः
सार्ध बन्धुजनश्चकार विविधान्भोगान्विलासोद्धुरः।
तं दैवेन विवेकशून्यमनसा निर्मूल्य चूतद्रुमं।
स्थाने तस्य तु काकलोकवसतिर्निम्बः समारोपितः॥
पश्यानुरूपमिन्दिन्दिरेण माकन्दशेखरोमुखरः।
अपि च पिचुमन्दमुकुले मौकुलिकुलमाकुलं मिलति॥

शीतल छाया देने वाला

अनेक स्थानों पर मैंने नीम वृक्षों को विशाल पथवृक्षों के रूप में देखा है। चौड़ी सड़क के दोनों ओर दूर तक लगे हुए और ऊपर मिलकर एक लम्बी हरी रेखा बनाते हुए ये सुन्दर, शीतल छाया देने वाले पथवृक्ष, राहगीरों के लिए बहुत सुखदायी होते हैं।

गर्मियों में जब बहुत-से वृक्ष नग्न होते हैं तब यह सुहावनी छाया देता रहता है। ठण्डी छाया देने के लिए अत्युत्तम पथवृक्ष के रूप में इसकी बहुत देर से ख्याति रही है। मङ्गलकारी वृक्ष होने के विश्वास से भी पार्कों और गृहोद्यानों में सातवीं शताब्दी से लगाया जा रहा है :

अरिष्टाऽशोकपुन्नागशिरीषाः सप्रियंगवः।
मंगल्याः पूर्वमारामे रोपणीया गृहेषु वा॥

बृहत्संहिता, अध्याय 55; 3.

जेम्स फ़ोर्ब्स (1813) के 'पूर्वीय देशों के संस्मरण' (ओरिएण्टल मेमौयर्स, दूसरा संस्करण, जिल्द 2; 445) से पता चलता है कि मुख्य चौराहों पर नियमित रूप से सुन्दर नीम के वृक्ष लगाए जाते थे। 1834 में (चिट्टी, एस.सी., 1834, दि सीलोन गज़ेटियर, सीलोन, पृष्ठ 183) में श्रीलङ्का के गिरजे के पास नीम और इमली के कई पेड़ खड़े थे और 1893 में (ट्रीमेन, हेनरी, 1893, फ़्लोरा औफ़ सीलोन) ज़ाफ़ना ज़िले में झुरमुटों में तथा पथवृक्ष के रूप में नीम ख़ूब बोया हुआ था। सूखी और अर्ध-सूखी जलवायु में सड़कों के किनारे तथा झुरमुटों में लगाने के लिए बहुत उपयोगी वृक्ष है। गरमियों के मौसम में जब अनेक वृक्ष नंगे होते हैं तब ये अत्युत्तम छाया देते हैं। सूखी जगहों पर वनरोपण के लिए, नंगे नालों में फिर से जंगल लगाने के लिए, भूमि के कटाव को रोकने के लिए और वायु के हानिकारक झोंकों को रोकने के लिए इसे लगाया जाता है।

स्वास्थ्यप्रद वृक्ष

भारत में नीम बोने का रिवाज इतना प्रचलित होने का कारण यह समझा जाता है कि यह वायु को शुद्ध रखता है और मलेरिया के मच्छरों को दूर रखता है। इसके पत्तों से गुज़रकर आने वाली हवा स्वास्थ्य के लिए अच्छी समझी जाती है। नीचे गिरकर सड़ते हुए पत्ते सम्भवतः छोटे हानिकारक जीवों तथा मलेरिया के जातकों (लार्वों) को आसपास न पनपने देते हों।

संग्रह

चिकित्सा प्रयोजनों के लिए फल तब इकट्ठे किये जाने चाहिए, जब छोटे ही हों। अपने पूर्ण आकार से आधे आकार तक पहुंचने से पूर्व ही तोड़ लेने चाहिए। छोटे-छोटे क़तरों में काटकर धूप में सुखा लें और नमी-रहित सूखे स्थान पर बन्द कनस्तर में रखें। तेल निकालने के उद्देश्य से बीजों को संग्रह करना हो तो ध्यान रखना चाहिए कि पकी निबौलियां पेड़ से गिरने के बाद ज़मीन पर पड़ी सड़ती न रहें क्योंकि बीज जितने अच्छे और ताज़े होंगे उनसे निकाले गये तेल को रिफ़ाइन करने में उतनी ही सुविधा रहेगी। एप्रिल से अगस्त तक निबौलियां इकट्ठी की जाती हैं। मौनसून से पहले

इकट्ठी कर लेनी चाहिए। धूल-मिट्टी में गिरकर ख़राब होने से बचाने के लिए इन्हें हाथ से तोड़ना अधिक अच्छा होता है। धूप में सुखाकर इन्हें भण्डारित करना चाहिए। पूरी तरह सुखायी हुई निबौलियां एक साल तक ख़राब नहीं होतीं। दक्षिण भारत में छिलके उतारकर केवल गुठलियां भण्डारित की जाती हैं, उत्तर भारत में सबूता फल सुखाकर भण्डारित किया जाता है। अधिक-से-अधिक तेल प्राप्त करने के लिए बीजों को तीन महीने भण्डारित करना ज़रूरी है। बीजों में औसत 44.7 प्रतिशत गिरी और 55.3 प्रतिशत छिलका होता है। ताज़े फलों से 35 प्रतिशत हरे-से-भूरे रंग की गिरियां निकलती हैं। एक बड़ा वृक्ष औसत 500 से 600 किलोग्राम निबौली दे देता है। सूखने पर उसकी नमी लगभग 40 प्रतिशत कम हो जाती है।

लकड़ी

नीम की लकड़ी अच्छी टिकाऊ होती है। बाहरी परिस्थितियों में भी टिकाऊ है। प्रति घन मीटर लकड़ी का भार 705 से 945 किलोग्राम होता है। एक घन इंच (16.4 घन सेण्टीमीटर) की व्यत्यस्त (ट्रान्सवर्स) शक्ति 2.55 से 5.125 टन है। मोटे वृक्षों से ली गई लकड़ी अच्छी होती है। इसमें पेटियों और बक्सों को बनाने के काम आने वाली लकड़ी जैसी कठोरता होती है। लकड़ी असली महोगनी (*Swietenia mahagoni* Jacquin) से मिलती है परन्तु भेद यह है कि इसके दानों में उतना चिकनापन नहीं होता और औज़ारों के नीचे उतनी अच्छी तरह इस पर काम नहीं किया जा सकता। चीरना कठिन नहीं है। इस गुण में सागौन के बराबर है। हाथ के औज़ारों और मशीनों से इस पर सामान्यतः सुगमता से काम किया जा सकता है। ख़राद पर फ़िनिश भी उत्तम आती है, परन्तु पौलिश उतनी अच्छी नहीं आती। कुछ नमूनों में व्यासार्द्ध (रेडियस) के प्रति 2.50 सेण्टीमीटर में पांच छल्ले दीखते हैं जो वृक्ष की अच्छी वृद्धि की ओर संकेत करते हैं। खुली हवा के सम्पर्क में रहने से अन्तःकाष्ठ का रंग अधिक गहरा हो जाता है। लकड़ी मैले-लाल रंग की होती है। चीरते हुए इसमें से एक गन्ध आती है जो महोगनी से बहुत कुछ मिलती है। पुरानी लकड़ी में यह गन्ध नहीं आती। जलाने पर लकड़ी कोई बुरी गन्ध नहीं देती।

डब्ल्यू. सी. हार्ट के अनुसार हरे लट्ठों से बनाए शहतीर भी अच्छे सूखते हैं। हरे लट्ठों के तख़्तों को छत के नीचे रखकर सुखाना अच्छा रहता है। कड़वा होने के कारण इसमें घुन, दीमक और अन्य कीड़े नहीं लगते।

इस प्रसिद्ध वृक्ष की लकड़ी बाज़ार में बड़े परिमाण में प्रायः नहीं आती। मध्य भारत के कुछ भागों से, दक्षिण से, कर्नाटक से और म्यांमार के सूखे क्षेत्रों से कुछ लकड़ियां बाज़ार में आती हैं।

लकड़ी के उपयोग

इमारती लकड़ी के लिए यह सामान्यतः अच्छी है। यद्यपि ग़रीब देहातियों की झोंपड़ियों में खम्भों, शहतीरों तथा कड़ियों के लिए अधिक काम आती है। गाड़ियों, धुरों, जूओं, हलों, पहियों, पहिये की नाभियों, अलमारियों, पैकिंग की पेटियों, किश्तियों, चप्पुओं, तेल पेरने की घानियों, सिगार के डिब्बों, खिलौनों, कृषि-उपकरणों, जहाज़ों और लकड़ी के उपकरणों को बनाने के लिए उपयोगी है। इससे बनाये सन्दूकों में कीड़े नहीं लगते। यह 5 मीटर तक लम्बे लकड़ी के पुलों के लिए उपयुक्त है। रेशम रंगने वाले इसे रंगों में इस्तेमाल करते हैं। बीजों का छिलका छोटी ईंटें तथा कठोर गत्ता बनाने के लिए उपयुक्त है। मारवाड़ में नीम का ऊखल और मूसल अच्छा समझा जाता है। दक्षिण भारत में फ़र्निचर बनाने में उपयोग होता है। उत्तर प्रदेश में ढोलकियों के लिए अच्छी समझी जाती है। हिन्दू इस लकड़ी को पवित्र मानते हैं और मूर्तियों के निर्माण में व्यवहार करते हैं।

चट्टान तोड़ने का नुसख़ा

नीम के पत्ते और छाल, तिलों का नाल, अपामार्ग, तेंदू के फल और गिलोय की राख को गोमूत्र में घोलकर छान लें। कुआं खोदते हुए यदि बड़ी शिला आ जाय तो वराहमिहिर कहते हैं कि शिला को तपा-तपाकर इस मिश्रण को 6 बार उस पर छिड़कना चाहिए। इससे चट्टान टूट जाती है (बृहत्संहिता, अध्याय 54; 115)।

छाल

कोर्निश ने पहले 1856 में भीतरी छाल की परीक्षा की और मालूम किया कि इसमें एक कड़वा, सफ़ेद, सूच्याकार क्षाराभ (एल्कलौयड) है। इसका नाम उन्होंने मार्गोसीन रखा। यह बहुत कम परिमाण में और दो लवणों में—मार्गोसीन तथा सोडा रूप में प्राप्त हुआ था। ब्रौटन (1863) के अनुसार छाल में विद्यमान कड़वा तत्त्व एक रेज़िन होता है जिसे शुद्ध अवस्था में प्राप्त करना बहुत कठिन है। ब्रिटिश फ़ार्मास्युटिकल कोडेक्स (1934, पृष्ठ 483) के अनुसार भारतीय नीम की छाल में एक कड़वा, बेडौल रेज़िन, एक स्फटिकाकार कड़वा क्षाराभ (मार्गोसीन), मार्गोसिक अम्ल, एक स्फटिकाकार पदार्थ और टैनिन होते हैं। गिरियों से 40.0 से 48.9 प्रतिशत हरा-पीला या हरा-भूरा, तीखा, कड़वा स्थिर तेल निकलता है। इसमें से अप्रिय, उग्र गन्ध आती है जो लहसुन से मिलती है। समूचे बीज का यह लगभग 23.5 प्रतिशत होता है। श्रीलङ्का की गिरियों से 59.25 प्रतिशत निकलता है जो समूचे बीज का 31 प्रतिशत है। गिरियों को लकड़ियों की घानियों में पेरकर भी तेल निकाला जाता है। तेल को भलीभांति बन्द कनस्तरों में ठण्डे स्थानों में भण्डारित करना चाहिए। कड़वे और दुर्गन्धित घटकों को अलग कर तेल को शुद्ध और परिष्कृत किया जाता है। परिष्कृत तेल स्थायी होता है और भण्डारण में सड़ता

नहीं। 15.5° शतांश पर इसका आपेक्षिक गुरुत्व 0.935 होता है। लगभग 1° से 6° शतांश पर बिना अपनी पारदर्शकता नष्ट किए जम जाता है। तेल में स्वतन्त्र और उड़नशील, स्निग्ध अम्ल होते हैं। ताज़े निकाले हुए तेल को 36 घंटे स्थिर रखा जाए तो एक सफ़ेद निक्षेप देता है, जो माइक्रोस्कोप में बेडौल दीखता है।

सरदियों में 20 अंश शतांश से नीचे तापमान पर तेल ख़ूब गाढ़ा हो जाता है। इसके नीचे स्टीरीन तथा पामीटीन की, जिसके साथ कुछ स्वतन्त्र स्निग्ध अम्ल भी होते हैं, एक स्फटिकाकार गाद बैठ जाती है। राय और चैटर्जी (1921) ने तेल के विश्लेषण में अग्रलिखित तत्त्व मालूम किये : गन्धक 0.427 प्रतिशत; तेल के एल्कोहलिक एक्स्ट्रैक्ट से एक बहुत कड़वा पीला-सा पदार्थ प्राप्त किया, सम्भवतः यह पदार्थ क्षाराभ (एल्कलौयडल) है परन्तु यह बात निश्चित रूप से नहीं कही जा सकती; उद्यास (रेजिन्स); मधुमेय (ग्लूकोसाइड्स), अनिश्चित; वसीय अम्ल (फ़ैट्टी एसिड्स)।

कर्नल चोपड़ा (1933) के अनुसार यद्यपि स्नेह अम्लों को पृथक् करने का कभी प्रयत्न नहीं किया गया, परन्तु सम्भवतः यह स्टीरिक तथा ओलीक अम्लों का और थोड़े परिमाण में लौरिक अम्ल का मिश्रण होगा।

चैटर्जी और सेन ने तेल में एक विशिष्ट अम्ल, मार्गोसिक अम्ल पाया जो लिनोलिक अम्ल की श्रेणी का है। परन्तु राय और दत्त (सोलहवीं इण्डियन साइन्स कौंग्रेस, मद्रास, 1929) के अनुसार नीम के तेल से निकले स्निग्ध अम्लों के किसी भी भाग में मार्गोसिक अम्ल जैसा कोई अम्ल नहीं पाया गया। लिनोलिक अम्ल की श्रेणी का कोई अम्ल नहीं प्राप्त किया जा सका। खुदा और उनके साथियों (1940) ने स्निग्ध अम्लों में चालमुग्रिक अम्ल की श्रेणी के अम्ल पाये हैं।

वाट्सन, चैटर्जी और मुखर्जी (1923) के विचार में तेल की आपत्तिजनक गन्ध मुख्यतः गन्धक के हलके उड़नशील ऐंद्रियिक समासों के कारण होती है और कुछ स्नेह-अम्लों के कारण। तेल को और अधिक वाष्प तिर्यक् पातन करने से एक उड़नशील गन्धक समास धीरे-धीरे ऊपर तिर्यक् पातित हो जाता है और घनीभूत जल के ऊपर इकट्ठा हो जाता है। तेल को दुर्गन्ध देने वाला पदार्थ 0.1 से 0.24 होता है। दत्त और उनके सहायक अन्वेषकों (1930) का विचार है कि तेल के दुर्गन्धित तत्त्व में एक बुरी गन्ध का उड़नशील तेल होता है जो तेल में ही घोल की अवस्था में रहता है और आंशिक स्रावण से पृथक् नहीं किया जा सकता। खुदा, घोष और मुखर्जी (1940) ने दुर्गन्ध का कारण गन्धक-युक्त द्रव बताया है।

वाट्सन, चैटर्जी और मुखर्जी ने कड़वे तत्त्वों की कैमिस्ट्री पहले-पहल अध्ययन की। कड़वे तत्त्व को अंशतः बेडौल अवस्था में और अंशतः स्फटिकाकार में पृथक् करने में इन्हें सफलता मिल गई। ईथर के घोल में स्फटिकाकार पदार्थ नीरंग रूहौम्बिक प्रिज़्मस

की शक्ल में प्राप्त किया गया जो 128° शतांश पर फूल जाता है और 221°-222° शतांश पर पिघल जाता है। यह इतना कड़वा होता है कि इसका 0.00648 मिलीग्राम जितना छोटा परिमाण भी इसके कड़वेपन के कारण तलाश कर लिया जाता है। यह औप्टिकली एक्टिव है। हैलोजन को एब्ज़ौर्ब कर लेता है, और सुगमता से क्रिस्टेलाइन एसिटाइल डेरिवेटिव बनता है। इसे सामान्यतः मार्गोसो पिक्रीन कह देते हैं।

सेन और बैनर्जी (1931) ने दिखाया है कि तेल का कड़वापन एक अम्ल सोडियम लवण की उपस्थिति के कारण और कुछ अंश में स्वतन्त्र अम्ल की उपस्थिति के कारण है जो कि तेल में घुली हुई अवस्था में रहते हैं। अम्ल में गन्धक के परमाणु होते हैं और ये असान्द्र हैं। अधिक नये अनुसंधान बताते हैं कि कड़वा तत्त्व एक ग्लूकोसाइड है (क़ुदरत-ए-ख़ुदा, घोष एण्ड मुखर्जी, जर्नल, इण्डियन कैमिकल सोसाइटी, 1940, 17; 189)।

बीजों को कुचलकर पानी के साथ उबालने पर एक सफ़ेद स्फटिकाकार पदार्थ भी प्राप्त हुआ है जो कड़वा नहीं है (वाट्सन, चैटर्जी और मुखर्जी, 1923)। तेल निष्पीड़न के बाद प्राप्त अवशेष में एक उदासीन तत्त्व, ऐन्द्रियिक पदार्थ 83 से 84 प्रतिशत आर्द्रता, राख 6 से 9 प्रतिशत, नत्रजन और फ़ौस्फ़ौरिक एनहाइड्राइड होते हैं। पत्तों में उसी गुण का कड़वा पदार्थ थोड़े परिमाण में होता है, परन्तु यह जल में बहुत अधिक घुलनशील होता है। पत्तों को पानी में तिर्यक्-पातन करने से यह पदार्थ प्राप्त किया जा सकता है। प्राप्त द्रव्य में लहसुन की-सी गन्ध का एक समास होता है।

मात्रा

भीतरी छाल का चूर्ण 363 मिलीग्राम की मात्रा में, दिन में 3-4 बार देना चाहिए। इसके साथ सुगन्धित-दीपक द्रव्य देने से इसका कार्य शीघ्र होता है। पत्तियों का स्वरस 23 से 58 मिलीलीटर और तेल 4 से 10 बूंद।

1,000 में 1 से 5,000 तक की शक्ति के निम्बिडीन और निम्बिडीनिक अम्ल के लवणों के इमल्शन्स, मरहम तथा अन्य योग बाहरी प्रयोजनों में सफलतापूर्वक इस्तेमाल किए गए हैं। मुख द्वारा देना हो तो मात्रा की गणना करने की विधि यह है कि तेल या इसके योगों की जितनी मात्रा साहित्य में लिखी मिलती है उसके अनुसार तेल के भार का लगभग 2 प्रतिशत कड़वा तत्त्व समझकर मात्रा निर्धारित कर लेनी चाहिए।

कड़वे पदार्थों और गन्धमय यौगिकों की मौजूदगी के कारण तेल को दवादारू के लिए उपयोगी बताया जाता है। कड़वे पदार्थ भेषज-उद्योग में काम आते हैं। कड़वे पदार्थों को निकालने के बाद सुषवीय निष्कर्ष (alcoholic extract) कृषि-रसायन के रूप में काम आता है। इससे कृषि और बाग़बानी के आम विनाशी कीटों को मारने के लिए छिड़कने वाली दवाएं बनाई जाती हैं।

भोजनों में उपयोगी

निबौली के गूदे में प्रायः दुर्गन्ध नहीं होती। बच्चे इस मीठे फल को शौक से खाते हैं। दुर्भिक्ष के दिनों में, यह अधिक व्यापक रूप से खाने के काम आता है। गूदा बहुत कम होने से यह फल बाज़ार में बिक नहीं सकता।

व्यञ्जनों तथा भोजनों में थोड़े-से पत्ते भी पका लिए जाते हैं। पत्ते इतने ही डालते हैं कि स्वाद तो कुछ कड़वा हो जाय परन्तु इतना अधिक कड़वा न हो कि खाने में अरुचिकर लगने लगे (बर्किल, 1935)। फूल और कोमल पत्ते अकेले भी या अन्य सब्ज़ियों के

चित्र 5 नीम की पुष्पित शाखा

साथ पकाकर सब्ज़ी के रूप में खाने का रिवाज भी है। चरक के समय में पत्तियों की सब्ज़ी खाई जाती थी। वे इसे कफपित्तहर, कड़वी, शीतल और विपाक में चरपरी बताते हैं। चक्रपाणि ने पत्तों को खाने की जो विधि बताई है उसमें कड़वाहट कम हो जाने की संभावनाएं हैं। वे कहते हैं कि पत्तों को घी में मिलाकर अथवा घी में तलकर आंवले के साथ सदा खाते रहने से फोड़े, त्वचा के चकत्ते, क्षय, छपाकी (अर्टिकेरिया) और अम्लपित्त ठीक हो जाते हैं। पत्तों की तरह फूलों को भी भोजनों में खाया जाता है। भारत से कम्बोडिया तक ये इस प्रयोजन में काम आते हैं (बर्किल, 1935)। घी में फूलों को तलकर

खाने का प्रचलन भी है। इन्हें सुखाकर रख लिया जाता है जिससे साल भर काम आते रहें। तलकर चटनी या व्यञ्जन की तरह इन्हें थाली में परोसते हैं, रसदार सब्जियों और शोर्बों में डालते हैं।

पशुओं का आहार

छोटी टहनियां और पत्ते दूसरे चारों के साथ मिलाकर ढोरों को खिलाते हैं। ऊंट पत्तों को चाव से खाते हैं। बच्चे देने के तुरन्त बाद ढोरों और बकरियों को नियमित रूप से नीम खिलाया जाता है, इससे दूध की मात्रा बढ़ जाती है। तेल निकालने के बाद बची खली पशुओं के आहार तथा खाद के लिए और कीटनाशक के रूप में काम आती है। आन्ध्र प्रदेश में यह ढोरों को नियमित रूप से खिलाई जाती है। यद्यपि इसका स्वाद कड़वा होता है लेकिन नियमित रूप से खिलाने पर ढोर इसके आदी हो जाते हैं। ताज़ी खली में बुरी गन्ध आती है जो धूप में सुखाने से निकल जाती है। कड़वी होने से यह अच्छी क्षुधावर्द्धक है और कृमिनाशक है। खली खिलाने से जानवर स्वस्थ रहते हैं और उनके दूध का उत्पादन अच्छा रहता है। स्वादु बनाने के लिए इसमें गुड़ मिलाया जा सकता है। भण्डारण में खली ख़राब नहीं होती, इस पर फफूंद भी नहीं लगती। संसाधित खली अच्छे मुर्ग़ी-आहार के लिए काम आ सकती है।

मछलियों के लिए प्रलोभन

कोरोमण्डल तट पर मछली पकड़ने में प्रलोभन के रूप में शाखाएं समुद्र में डाल दी जाती हैं। मछलियां अण्डे रखने का स्थान ढूंढती हुई उनके पास आ जाती हैं। परन्तु ऐसा कड़वा पौधा क्यों इतना आकर्षक होगा, यह समझ नहीं आता (बर्किल)।

खाद में उपयोग

पत्ते, छोटी कोमल शाखाएं तथा खली खाद के काम आते हैं। दक्षिण भारत में पत्ते हरी खाद के रूप में इस्तेमाल किए जाते हैं। खली उत्तम खाद है, इसमें नत्रजन 5 से 6 प्रतिशत होती है।

नीम की खली की खाद डालने से गेहूं, गन्ना, धान, कपास और आलू की फ़सलों की पैदावार बढ़ती है। यह फ़सलों को दीमक के आक्रमण से बचाती है। प्रति हेक्टेयर 50 किलोग्राम खली की खाद डालने से भूमि के भृंगों से तम्बाकू के बीजजातों का बचाव हो जाता है।

आन्ध्र प्रदेश से प्राप्त खली के एक नमूने का रासायनिक संघटन (शुष्क पदार्थ के आधार पर) इस प्रकार था : आर्द्रता 12, कार्बोहाइड्रेट्स 26, अपरिष्कृत प्रोटीन 36,

कच्चे रेशे 9, वसा 9, खनिज 8, कैल्सियम 8, फ़ौस्फ़ोरस 0.8 और पोटाश 1.48 प्रतिशत।

बीज निकालने के लिए ताज़े सूखे फलों को पानी में धोकर गूदा और छिलका छुड़ा लेते हैं। गूदा मिला पानी खाद और संखाद (compost) के रूप में काम आता है। यह फ़सल की पैदावार बढ़ाता है। गूदे वाले पानी में नत्रजन 1.2 और फ़ौस्फ़ोरिक अम्ल 0.27 प्रतिशत होते हैं। छोटी टहनियां ढोरों के नीचे बिछाई जाती हैं। ये खाद बन जाती हैं।

कीड़ों से बचने के लिए

ताज़ी नई सुखाई हुई पत्तियां कीड़ों के आक्रमण से बचाती हैं। इसलिए भारत के बड़े पुस्तकालयों में पुरानी पुस्तकों में और पुराने रिकौर्डों में पत्ते रखे रहते थे जिससे 'किताबी दीमकों' (बुक माइट्स) से तथा अन्य कीड़ों से सुरक्षित रह सकें। ऊनी कपड़ों, धागों और सूती कपड़ों को कीड़ों से बचाने के लिए पत्ते रखे जाते हैं। बर्किल (1935) के अनुसार मालूम होता है कि ये अच्छा लाभ करते हैं।' परन्तु जौर्ज वाट तथा अन्य लेखकों के अनुसार इस गुण में ये कपूर से बहुत घटिया हैं। काफ़ी समय बाद ये निष्क्रिय हो जाते हैं। जब इनका असर समाप्त हो जाय तब बदलकर नए पत्ते रख देने चाहिए।

पत्तों के धुएं की गन्ध बहुत अरुचिकर होती है। हूपर ने कई छोटे जीवों के लिए इसे घातक पाया था। जलते हुए कोयलों पर छोटी शाखाओं समेत हरे पत्तों को डालते हैं। उठते हुए कड़वे धुएं को भूण्डों तथा मधुमक्खियों के छत्ते के नीचे रखते हैं। धुएं की गला घोटने वाली कड़वी गन्ध से कुछ तो वहीं मर जाते हैं और शेष अपना स्थान छोड़कर भाग जाते हैं। कमरे को रोग-कीटाणुओं से रहित करने के लिए हरे पत्तों का धुआं कमरे में कुछ देर के लिए बन्द कर दिया जाता है, जैसे कि गन्धक की धूनी दी जाती है। छोटे कोको तथा अन्य वृक्षों को कीड़ों से बचाने के लिए तनों पर नीम का तेल पोत दिया जाता है (हैण्ड बुक औफ़ इण्डियन एग्रीकल्चर, एन. जी. मुखर्जी, 1901)।

अनाज को कीड़ों से बचाने के लिए

गेहूं को रक्षित करने के लिए फलों या गिरियों का पाउडर मिलाकर रखते हैं। मूंग, काला चना और मटर में 1 से 2 प्रतिशत बीजों का चूरा मिलाकर रखने से वे 8 से 11 महीने तक कीड़ों से सुरक्षित हो जाते हैं। इन दालों को जब पकाया जाता है तब उनमें नीम का स्वाद या गन्ध नहीं आती।

गेहूं और ज्वार के अनाज में सूखे पत्ते मिला देने से चार-पांच महीने तक कीड़ों से पूरा बचाव रहता है। 45 लीटर पानी में 1 किलोग्राम पत्ते पकाकर बनाए घोल से फल, सब्ज़ी और अनाज की फ़सलों की कारगर सुरक्षा हो जाती है। निबौली के गूदे

को पानी में घोलकर फ़सलों पर छिड़कने से टिड्डियों से बचाव होता है। बीजों में भी एक अणुजीवरोधी उड़नशील तेल होता है। इसे मूंग और काले चने पर छिड़कने से ये कीड़ों के आक्रमण से बच जाते हैं।

रंगने में

भारत में गोंद रंगों में काम आती है। होव ने अपनी मुम्बई यात्रा (1787) में लिखा है कि रेशम रंगने वाले प्रत्येक नुसख़े में गोंद को बरतते हैं। मैसूर और कुर्ग के गज़ेटियर के अनुसार तेल सूती कपड़ों को रंगने में काम आता है। यह बात लिस्बोआ ने भी दोहराई है, वे कहते हैं कि यह धागों को गहरा पीला रंग देता है। स्टौक्स ने सिन्ध की रिपोर्ट में लिखा है कि लाल रंग के लिए छाल काम आती है। रेशम रंगने के लिए लकड़ी का उपयोग किया जाता है।

जलाने के लिए

ग़रीब लोग तेल को जलाने के काम में लाते हैं, परन्तु यह धुआं बहुत बुरी तरह देता है। बीजों का छिलका ईंधन के रूप में काम आता है।

तेल के कारख़ाने

हमारे देश के गांवों में कहीं-कहीं छोटी घानियों में तेल निकाला जाता है। भारत के सामने आर्थिक विकास की जो बड़ी-बड़ी योजनाएं हैं वे देश में पैदा होने वाली सब निबौली का उपयोग करना चाह रही हैं। योजना आयोग ने एक योजना बनाई थी कि 11 राज्यों में 11 ऐसी इकाइयां बनायी जायें जिनमें प्रत्येक में नीम से तेल निकालने के 7 केन्द्र हों और एक साबुन की फैक्टरी हो जिसमें नीम के तेल से साबुन बने। इन केन्द्रों में जो नीम-तेल तैयार होगा वह उस भक्ष्य तेल का स्थान ले लेगा जो नहाने या कपड़े धोने के साबुनों आदि में बरता जा रहा है। एक सर्वे में बताया है कि अकेले तमिलनाडु राज्य में अभी कुल लगभग 21,270 टन नीम के बीज प्रति वर्ष इकट्ठे किये जा रहे थे, जबकि इसी राज्य से प्रति वर्ष 80,000 टन के लगभग इकट्ठे करने की गुंजाइश है। तमिलनाडु प्रति वर्ष 1680 टन नीम तेल पैदा करता है; यह बढ़कर 5,000 टन प्रति वर्ष हो जाएगा (हिन्दुस्तान टाइम्स, 16 सितम्बर, 1951)।

नीम और उसके उपोत्पाद (by-products) के उपयोग (Utilization of Neem and its By-products, 1976) में केतकर द्वारा दी गई महत्त्वपूर्ण जानकारी नीचे की तालिका में है :

राज्य	वृक्षों की संख्या	1980 में बीजों के उत्पादन की क्षमता (टन) का आकलन	वास्तव में इकट्ठे किए गए बीज (टन)
तमिलनाडु	2,470,000	57,000	15,500
कर्नाटक	767,581	18,804	3,706
आन्ध्र प्रदेश	634,855	11,500	3,128
पश्चिम बंगाल	265,000	2,339	615
मध्य प्रदेश	714,187	17,060	368
महाराष्ट्र	689,419	26,400	210
उड़ीसा	...	1,103	210
गुजरात	617,632	75,000	139
उत्तर प्रदेश	7,740,393	249,242	...
पंजाब	...	11,287	...
राजस्थान	...	32,000	...
योग	13,899,067	501,735	23,876

इंग्लैण्ड भारत के नीम तेल को अपने उद्योगों में उपयोग करना चाहता था। इसकी आपत्तिजनक दुर्गन्ध के कारण उसने इस योजना को रद्द कर दिया। रिपोर्ट में बताया गया है कि फैक्टरियों में इतनी बुरी गन्ध उठती है कि काम करने वालों के लिए तथा पड़ोस में रहने वालों के लिए सह्य नहीं होती। विचित्र बात यह है कि निष्पीड़न के समय उठने वाली दुर्गन्ध दूरी के साथ-साथ बढ़ती जाती है। बीज के अन्दर की नरम गिरी में तेल रहता है। सूखे फल में लगभग 44 प्रतिशत तेल रहता है परन्तु निष्पीड़न से सामान्यतया केवल 35 प्रतिशत तेल निकाला जाता है।

तेल को रिफ़ाइन करना

औद्योगिक प्रयोजनों में काम लाने के लिए इसे सुगमता से रिफ़ाइन किया जा सकता है। इसके लिए सौ भाग तेल में एक भाग गन्धकाम्ल को धीरे-धीरे मिलायें; तापमान 35° शतांश से ऊपर न जाने दें। इसके बाद सौ भाग पानी मिला दें। तेल की तह ऊपर आ जाने पर उसे अलग कर लें। अम्ल को उदासीन करने के लिए तेज़ क्षार का घोल, हिलाते हुए पर्याप्त परिमाण में मिलायें; साबुन अलग कर लें। इस विधि से तेल का कड़वापन पूर्णतः निकल जाता है और बुरी गन्ध बहुत कम हो जाती है (इण्डियन एण्ड ईस्टर्न कैमिस्ट, जनवरी 1938)।

1. गूलर का फलदार वृक्ष

2. गूलर के फल

3. आंवले की फलदार टहनी

4. नीम के पत्ते और निमोली

तेल से साबुन बनाना

क्रीम, बालों के लोशन, औषध-युक्त साबुन, कपड़े धोने के साबुन तथा टूथपेस्ट आदि प्रसाधन पदार्थों में काफ़ी परिमाण में तेल खप जाता है। साबुनों के लिए यह दूसरे तेलों के साथ भी मिलाया जा सकता है। भारत में कपड़ा धोने का साबुन इससे बनाया जा रहा है। ग़रीब लोग इस साबुन को बहुत प्रयोग करते हैं। शीत विधि से निकाले तेल द्वारा बनाया गया पदार्थ सन्तोषजनक नहीं था। पूर्ण उबालकर तेल बनाया जाय तो यह हलके रंग का और प्रायः निर्गन्ध प्राप्त होता है। भारत में साबुन बनाने वाले अब इसका अच्छे परिमाण में उपयोग करने लगे हैं।

नीम तेल से बने साबुन में साफ़ करने का गुण अच्छा है, परन्तु नीम के साबुन में विज्ञापित किये जाने वाले त्वग्रोगनाशक गुण तो सम्भवतः शुद्ध कहानियां ही हैं और त्वचा के विकारों में नीम तेल की उपयोगिता के प्रचलित विश्वास का लाभ उठाने के लिए विज्ञापन स्टण्ट हैं (इण्डियन एण्ड ईस्टर्न कैमिस्ट, जनवरी 1938)।

फ़ार्मेसी उद्योग में नीम

'जर्नल औफ़ साइण्टिफ़िक एण्ड इण्डस्ट्रियल रिसर्च' के जुलाई 1946 के अंक में इस विषय पर एक विस्तृत लेख प्रकाशित हुआ, जिसमें नीम फ़ार्मास्युटिकल इण्डस्ट्री और उसकी बाई-प्रौडक्ट्स पर विचार किया गया। निम्नलिखित बाई-प्रौडक्ट्स हैं :

1 **रिफ़ाइन औयल** : नीम तेल में से कड़वे तथा गन्ध वाले पदार्थों के निकलने के बाद जो रिफ़ाइण्ड तेल प्राप्त होता है वह नहाने के साबुनों, लाइसोल टाइप के कृमिहरों तथा कृमिनाशक स्प्रेज़ के निर्माण में प्रयोग किया जा सकता है।

2 **निम्बिडोल** : यह तेल में विलेय, कड़वा तत्त्व है। निम्बडीन के जो उपयोग हैं उन्हीं में कुछ में इसका प्रयोग किया जा सकता है। इसका दूसरा बड़ा उपयोग यह हो सकता है कि तेलों तथा चरबियों (स्नेहों) को अखाद्य बनाने के लिए इसकी मिलावट कर दी जाय। 500 हिस्से में एक भाग निम्बिडोल मिलाने में स्नेह खाने के योग्य नहीं रहते और यह भी देखा गया है कि इसके द्वारा अखाद्य बनाए स्नेह को पकाने पर भी उसका कड़वापन नष्ट नहीं होता।

3 **निम्बीन और निम्बिडिनीन** : तेल से पृथक् प्राप्त कर की गई स्फटिकाकार उपज है। इन तत्त्वों की परीक्षाएं अभी ज़ारी हैं।

4 **स्नेह के गाद** (फ़ैटी ब्लास्ट) : यह तेल का एक्स्ट्रैक्टिव है। नीम के चिकित्सोपयोगी साबुनों में इसका उपयोग किया जा सकता है।

निम्बिडीन

नीम तेल में प्राप्त मुख्य क्रियाशील पदार्थ का नाम निम्बिडीन रखा गया है। इससे बनाये गये फ़ार्मेसी के कई योगों को स्टैण्डर्डाइज किया जा चुका है। इसमें पाये जाने वाले अन्य क्रियाशील तत्त्वों के नाम ये रखे गये हैं—निम्बिडौल, निम्बीन और निम्बिनीन।

निम्बिडीन तिनके के रंग का, जल में अविलेय, दानेदार, उदासीन प्रक्रिया देने वाला पदार्थ है। पानी के इमल्शनों में 1 लाख में एक से भी अधिक हलके घोलों में इसका स्वाद कड़वा रहता है। हलके हाइड्रोलाइसिस की विधि से निम्बिडीन से एक अम्ल प्राप्त करना सम्भव है जिसका नाम निम्बिडीनिक अम्ल रखा गया है। क्षारों के साथ यह अम्ल जलीय-विलेय लवण देता है और ये लवण इंजेक्शन प्रयोजनों में काम आ सकते हैं। ताम्र, ज़िंक, और पारद निम्बिडिनेट्स जलीय-अविलेय हैं और बाहरी प्रयोग के लिए बनाये जाने वाले चिकित्सीय योगों में सम्मिलित किये जा सकते हैं। कुनीन के साथ यह हाइड्रोलाइजेबल लवण देता है जो मलेरिया की चिकित्सा में विशेष उपयोगी सिद्ध हो सकता है।

फ़ार्माकौलोजी

निम्बिडीन और सोडियम निम्बिडिनेट का प्रारम्भिक फ़ार्माकौलोजिकल अध्ययन लखनऊ मेडिकल कौलेज में किया गया। यह कहा जा सकता है कि ये समास क्रियात्मक रूप से विष प्रभाव रहित पाए गए। मेढकों पर घातक मात्रा शरीर-भार के प्रति ग्राम की 0.25 मिलीग्राम थी। ये गर्भाशयिक संकोचों को उत्तेजना देते हुए भी देखे गये। 1/2500 के घोलों में भी सोडियम निम्बिडिनेट का कुमारी गिनिपिगों के गर्भाशय पर बहुत प्रबल कार्य था।

चिकित्सा में उपयोग

निम्बिडीन और सोडियम निम्बिडिनेट के योगों की लखनऊ मेडिकल कौलेज हौस्पिटल में क्लिनिकल परीक्षाएं की गईं। परिणामों ने इनकी उपयोगिता विभिन्न प्रकार के त्वचा रोगों में दिखाई है। ये रोग हैं—एग्ज़िमा, स्केबीज़, पारदीय त्वक्शोथ, फ़रंकुलोसिस और जलने के कारण बने विविध टाइप के सेप्टिक व्रण तथा ज़ख़्म। रौयल एयर फोर्स की मेडिकल ब्रांच ने गले की ख़राबी और व्रण में निम्बिडीन के गरारों की उपयोगिता की रिपोर्ट दी है।

निम्बिडीन के योग और उनके प्रयोग

1 निम्बिडीन मद्यासव और निम्बिडीन इमल्शन—वे विविध घरेलू रोग जिनमें नीम की प्रशंसा है।

2 निम्बिडीन के और निम्बिडिनिक अम्ल के विविध धात्विक लवणों (ताम्र, ज़िंक, पारद, सोडियम आदि) के मरहम और लिनिमेण्ट्स का उपयोग ज़ख़्मों, घावों, दाहों, त्वक् शोथ, बवासीर आदि में होता है।

3 चिकित्सा में उपयोगी प्रसाधन द्रव्यों जैसे फ़ेस क्रीमों, सिकरी के लिए तथा सामान्य केशबल्य के रूप में केश्य द्रवों, चिकित्सा-साबुनों, शैम्पू आदि बनाने में निम्बिडीन का प्रयोग करते हुए यह ध्यान रखना चाहिए कि ये योग नीम तेल की बुरी गन्ध से बिलकुल रहित होने चाहिए।

4 पायोरिया तथा मुख की सामान्य शुद्धि के लिये टूथ-पेस्टों में निम्बिडीन का प्रयोग हो सकता है।

5 कण्ठव्रण, रक्तस्रावी मसूड़े तथा ज़ुकाम आदि अवस्थाओं में निम्बिडीन के गरारे उपयोगी हो सकते हैं।

निम्बिडीन के योगों के निर्माण के लिए आवश्यक निबौली हमारे देश में बहुत है। व्यापारिक पैमाने पर इसे तैयार करने के लिए जिन रासायनिक द्रव्यों की आवश्यकता पड़ेगी, वे सब भी भारत में मिल जाते हैं।

एल्कौहल को अपेय बनाना

एल्कौहल को अपेय बनाने के लिये भारत में सामान्य तरीक़ा यह है कि इसमें पाइरीडीन, स्पिरिट (बुड नेष्था) या अन्य महत्त्वपूर्ण चीज़ें मिला दी जाएं। युद्ध के दिनों में देश में पर्याप्त पाइरीडीन न मिलने के कारण कौन्सिल औफ़ साइण्टिफ़िक एण्ड इण्डस्ट्रियल रिसर्च ने एक सन्तोषजनक प्रतिनिधि द्रव्य तलाश करना था। इसके लिए नीम के तेल तथा बीजों पर परीक्षण किये गये। कुछ प्रारम्भिक परीक्षणों के बाद खली से सब आवश्यकताओं को पूरा करने की एक विधि पता कर ली गई। निष्पीड़न से प्राप्त खली का विनाशक तिर्यक्पातन करना होता है। खली के भार का 40 प्रतिशत पातित द्रव्य प्राप्त होता है। रखा रहने से यह 2 तहों में अलग-अलग हो जाता है। एक तह हलकी पीली है जो सारे आयतन का एक तिहाई होती है, दूसरी गहरी भूरी, लेसदार तह होती है। पातित द्रव (डिस्टिलेट) में तेज़, घिनौनी गन्ध थी। यह एल्कौहल को अपेय बनाने के लिए प्रयोग किया गया है। पातित द्रव को 3 प्रतिशत मिलाकर तैयार किये गये अपेय एल्कौहल के एक नमूने की परीक्षा केन्द्रीय कर नियन्त्रण प्रयोगशाला (सेंट्रल रेवेन्यूज़ कण्ट्रोल लेबोरेटरी) नई दिल्ली में की गई। यह सन्तोषजनक बताया गया। अपेय बनाई स्पिरिट विषैली नहीं थी। गिनिपिगों को थोड़ी मात्रा में देकर भी इसे विषैला नहीं पाया गया। स्पिरिट लैम्प में जब इसे जलाया गया तब इसने कोई अप्रिय गन्ध नहीं दी। विनाशक तिर्यक्पातन में जो गैसें पैदा होती हैं वे एल्कौहल में विलीन हो जाती हैं और उसे अपेय बनाने में सहायक होती हैं (जर्नल औफ़ साइण्टिफ़िक एण्ड इण्डस्ट्रियल रिसर्च, सितम्बर 1947)।

अनुसन्धान की आवश्यकता

दत्त और नन्दी (1950) ने भारत और श्रीलङ्का के बीजों में निम्नलिखित अन्तर दिखाया है :

	भारतीय उपज में प्रतिशत	श्रीलङ्का उपज में प्रतिशत
बीज में छिलका	55.3	54.20
बीज में गिरी	44.7	45.80
गिरी में स्नेह	48.9	59.25
सम्पूर्ण बीज में स्नेह	23.5	31.00

गुण

आयुर्वेदिक लेखकों ने नीम के सामान्य गुण इस प्रकार बताये हैं—कड़वा, विपाक में चरपरा, वात, पित्त, कफ तीनों दोषों को हरने वाला, हलका, हृदय के लिए हितकर, शीतल, थकान उतारने वाला, पिपासा शान्त करने वाला, शरीर में बढ़ी हुई अग्नि (गरमी) को नष्ट करने वाला, ज्वरहर, श्वयथु (सोज़) उतारने वाला, व्रणों के लिए हितकर, कृमिनाशक, कुष्ठघ्न, कण्डूहर, खांसी तथा नेत्र रोगों को दूर करता है। यह ग्राही है। अरुचि, वमन, हृल्लास तथा हृदय प्रदेश की दाह (अम्ल-पित्त) को विशेष रूप से दूर करता है। बहते हुए ख़ून (रक्त-पित्त) को रोकता है; पेशाब के रोगों (प्रमेहों) को नष्ट करने वाला है। मधुमेह, जीवाणुनाशक और विषाणुनाशक है। पेट के कीड़ों को निकालने के लिए और आमाशय व्रण में दिया जाता है।

भावमिश्र ने नीम को अग्निवातनुत् (अग्नि और वायु का नाशक) लिखा है, परन्तु कैयदेव और मदनपाल ने अग्निवात कृत् (अग्नि और वायु को उत्पन्न करने वाला) लिखा है। कैयदेव आदि के विपरीत भावमिश्र ने इसे हृदय के लिए अहितकर माना है। चरक के तिक्तस्कन्ध में नीम का पाठ है। सुश्रुत के आरग्वधादि, गुडूच्यादि और लाक्षादि गण में नीम है।

पत्ते : विपाक में चरपरे, वातकारक, आंखों के लिए हितकर तथा निम्नलिखित रोगों में गुणकारी हैं—अरुचि, पैत्तिक रोग, व्रण, कुष्ठ और विषप्रभाव।

नयी कोंपल : ग्राही तथा वायु पैदा करने वाले होते हैं। रक्तपित्त (ख़ून बहना), नेत्र रोग, कफ के रोग, कुष्ठ तथा कृमियों को नष्ट करते हैं।

फूल : वायुकारक, विपाक में चरपरे, पित्तनाशक, आंखों के लिए हितकर, सब प्रकार की अरुचि, कृमि और विष-विकारों तथा सामान्य दुर्बलता को दूर करने वाले हैं।

फल : कड़वा, विपाक में चरपरा, स्निग्ध, मल का भेदन करने वाला, हलका, गरम,

गुल्म (वायु गोला), कृमि, कुष्ठ, बवासीर और प्रमेह में हितकर है। यह रूक्ष नहीं है। आन्त्रकृमिहर, बारी के बुख़ार को रोकने वाला है।

चित्र 6 नीम की फलदार शाखा

पका फल : हलकी-सी कड़वाहट लिए मीठा, भारी, पिच्छिल और स्निग्ध है। ख़ून बहने की अवस्थाओं (रक्तपित्त) में और कफ के रोगों में प्रशस्त है। नेत्र रोगों, ज़ख़्मों और क्षय में गुणकारी है।

बीज की गिरी : कृमिहर, कुष्ठनाशक और शोधक है।

तेल : व्रण, कृमि, कुष्ठ, वात, कफ, ज्वर और शिरोरोग को जीतने वाला है। सुश्रुत ने इसे हलका, तेज़, गरम, चरपरा, विपाक में भी चरपरा और सारक बताया है। वाग्भट्ट इसे अधिक गरम नहीं मानते।

गोंद : स्नेहन, उद्दीपक, उपशमक, बल्य और वृष्य है। बबूल के गोंद के समान औषधियों के लिए अच्छा योगवाही है।

काण्ड की छाल, जड़ की छाल और बाल-फल : ग्राही, बल्य और ज्वरहर हैं। जड़ की छाल अधिक गुणकारी है। मलेरिया और त्वचा के रोगों में छाल उपयोगी है।

आयुर्वेद में उपयोग

निम्बस्तिक्तरसः शीतो लघुः श्लेष्मास्रपित्तनुत्।
कुष्ठकण्डूव्रणान्हन्ति लेपाहारादिशीलतः॥
अपक्वं पाचयेच्छोफं व्रणं पक्वं विशोधयेत्।

धन्वन्तरिनिघण्टु, गुडूच्यादिवर्ग 1; 30-31.

प्रभद्रकः प्रभवति शीततिक्तकः कफव्रणकृमिवमिशोफशान्तये।
बलासभिद्बहुविषपित्तदोषजिद् विशेषतो हृदयविदाहशान्तिकृत्॥

राजनिघण्टु, प्रभद्रादिवर्ग 9; 10.

निम्बः शीतो लघुर्ग्राही कटुपाकोऽग्निवातकृत्।
व्रणपित्तकफच्छर्दिकुष्ठहृल्लासमेहनुत्॥
निम्बपत्रं स्मृतं नेत्र्यं कृमिपित्तविषप्रणुत्॥
तत्फलं भेदनं स्निग्धमुष्णं कुष्ठहरं लघु।
अपक्वं पाचयेन्निम्बः पक्वं च परिशोषयेत्॥

मदनपालनिघण्टु, हरीतक्यादिवर्ग 1; 138-140.

निम्बस्तिक्तः कटुः पाके लघुः शीतोऽग्निवातकृत्॥
ग्राह्यहृद्यो जयेत् पित्तकफमेहज्वरकृमीन्।
कुष्ठकासारुचिश्वासहृल्लासश्वयथुव्रणान्॥
ग्राहि प्रवालं निम्बस्य रक्तपित्तकफकृमीन्।
कुष्ठघ्नं वातजननं नेत्ररोगान् विनाशयेत्॥
तद्वत् पत्राणि निम्बस्य व्रणघ्नानि विशेषतः।
शलाका निम्बपत्रस्य कासश्वासविनाशिनी॥
कृमिघ्ना तु वरिष्ठा स्यात् कुष्ठज्वरविनाशिनी।
चक्षुष्यं निम्बपुष्पञ्च कृमिपित्तविषप्रणुत्॥

कैयदेवनिघण्टु, ओषधिवर्ग 1; 879-883.

निम्बः शीतो लघुर्ग्राही कटुपाकोऽग्निवातनुत्।
अहृद्यः श्रमतृट्कासज्वरारुचिकृमिप्रणुत्।
निम्बपत्रं स्मृतं नेत्र्यं कृमिपित्तविषप्रणुत्।
वातलं कटुपाकञ्च सर्वारोचककुष्ठनुत्॥
निम्बफलं रसे तिक्तं पाके तु कटुभेदनम्।

स्निग्धं लघूष्णं कुष्ठघ्नं गुल्मार्शःकृमिमेहनुत् ॥

भावप्रकाशनिघण्टु, गुडूच्यादिवर्ग 4; 94-96.

यूनानी चिकित्सा में

छाल बल्य, ज्वरहर और रजः कृच्छ्र में लाभदायक है। पत्ते पाचक और कफनिस्सारक; सोज, कान का दर्द, आमवात (रूहमेटिज़्म) को कम करने वाले; फिरंगीय व्रणों, फोड़ों, रक्त के सब विकारों में उपयोगी; काढ़ा नस्य के रूप में नाक के कष्ट को दूर करता है। घावों को भरता है। मुखपाक और ख़राब मसूड़ों के लिए इसके गरारे कराना अच्छा है। छाल तथा पत्ते उदरकृमिहर, वाजीकरण, श्वेतकुष्ठ, कटिशूल, बवासीर, फ़िरंग (सिंफ़लिस), कर्णशूल में लाभदायक; सब ज़ख़्मों को ठीक करते हैं; सब शोथों को कम करते हैं। फूल उत्तेजक और पाचक हैं। बीज कुष्ठ की चिकित्सा के लिए अच्छे हैं।

निर्मितियां

पञ्चनिम्ब चूर्ण : नीम की जड़ की छाल, पत्ते, फल, फूल और छाल-प्रत्येक 280 ग्राम; लोहभस्म, हरड़, पनवाड़, चीतामूल, शुद्ध भिलावे, वायविडंग, खाण्ड, आंवला, हल्दी, पिप्पली, कालीमिर्च, सोंठ, वाकुची, अमलतास और गोखरू–प्रत्येक 12 ग्राम; चूर्ण बना लें। भांगरे के रस, खैरसार के काढ़े तथा लहसुन के काढ़े की क्रमशः भावनाएं देकर सुखाते जाएं।

मात्रा : 12 ग्राम।

रोग

सब प्रकार के कुष्ठ। योग रत्नाकर के अनुसार यह योग त्वचा के अनेक प्रकार के दोष, अठारह प्रकार के कुष्ठ और सात प्रकार के महाक्षयों को दूर करता है। सब रोगों को नष्ट करके यह रसायन सौ वर्ष तक सुखपूर्वक जीने के योग्य बनाता है।

बृहत्पञ्चनिम्ब

नीम के पत्ते, जड़, छाल, फूल और फलों को दो-दो भाग लेकर चूर्ण कर लें। फूल की ऋतु में फूल और फल की ऋतु में फल संग्रह करने चाहिए। हरड़, बहेड़ा, आंवला, सोंठ, मिरच, पिप्पली, ब्राह्मी, गोखरू, भिलावा, चीते की जड़, वायविडंग, वराहीकन्द, लोहभस्म, गिलोय, हल्दी, दारुहल्दी, वाकुची, अमलतास, चीनी, कूठ, इन्द्र जौ तथा पाढ़ का बारीक चूर्ण अलग-अलग, एक भाग लेकर सब को मिला लें। खैर, विजयसार और नीम के गाढ़े काढ़ों से अलग-अलग 7-7 भावनाएं दें। इसे पञ्चनिम्बचूर्ण कहते हैं।

सेवन-विधि तथा मात्रा

रोगी को स्नेहन तथा शोधन करा चुकने के अनन्तर किसी अच्छे मुहूर्त्त में इस चूर्ण को मधु या तिक्तषट्पलादि घृत या खर तथा विजयसार के काढ़े या केवल गरम जल के साथ 6 ग्राम से शुरू करके धीरे-धीरे बढ़ाते हुए 94 ग्राम तक सेवन करना चाहिए। औषध के पच जाने पर स्निग्ध, सुपाच्य और लाभप्रद अन्न का सेवन करना चाहिए।

रोग

इससे विचर्चिका, उदम्बर, पुण्डरीक, कपाल, दद्रु, किटिभ, अलस आदि कुष्ठ, शतारु, विस्फोटक, विसप, पामा, कफ के रोग, 3 प्रकार के किलास, भगन्दर, श्लीपद, वातरक्त, जन्मान्ध्य, नाड़ी व्रण, शिर के रोग, सब प्रकार के प्रमेह, प्रदर, दंष्ट्राविष तथा मूलविष के विकार नष्ट होते हैं। मधु के साथ इसका सेवन करने से स्थूल पेट वाले का शरीर सिंह के समान दृढ़ तथा कृशोदर हो जाता है। 1 वर्ष तक लगातार सेवन करने के बाद यदि उस व्यक्ति को सांप काट खाए तो स्वयं सर्प ही मर जाता है। वह रोगी रोग तथा वृद्धावस्था से मुक्त होकर, शुभ कार्य में लगा रहकर तथा चन्द्रमा के समान शुभ कान्तिमान् होकर बहुत समय तक जीवित रहता है।

ज्वर

भारतीय ज्वरों के विवरण (रिकौर्ड औफ़ इण्डियन फ़ीवर्स, 1899) में मेजर डी. वी. स्पेन्सर ने बताया है कि 'मैंने पत्ते, छाल और तेल को बरता है; पौधे के सब भाग चिकित्सा में काम आते हैं।' अन्य देशों में भी छाल को ज्वरहर रूप में प्रयोग करने का उल्लेख मिलता है। एस. कुर्ज़ (1877, फ़ौरेस्ट फ़्लोरा औफ़ ब्रिटिश बर्मा) ने म्यांमार में छाल का ज्वरनाशक प्रयोग लिखा है। श्रीलङ्का में भी छाल का प्रयोग ज्वरहर तथा बलदायक दवा के रूप में होता है। बर्किल के अनुसार जावा के पूर्व में और मदोएरा में छाल बल्य तथा ज्वरहर के रूप में काम आती है और मलयी भेषज की चिकित्सा पुस्तक (मेडिकल बुक औफ़ मलयन मेडिसिन) में छाल की और गोंद के योगों की सिफ़ारिश की गई है। मेल्ड्रम ने जोहोर की दवाओं की सूची (1892) में छाल को मलेरिया के लिए देना बताया है। क्रेवोस्ट और पेटिलौट (1929) ने हिन्दचीन में इसके प्रयोग के बारे में बहुत उपयोगी जानकारी संगृहीत की है। यहां पत्तों और छाल के मद्यासव (टिंक्चर्स) को मलेरिया के लिए बलदायक औषध के रूप में अन्तःप्रयोग करते हैं।

चरक ने ज्वरों में प्रयुक्त होने वाले वासकादि कषाय (चरक., चिकित्सास्थान 3; 204), बलादिघृत (चरक., चिकित्सास्थान 3; 224-226) और चन्दनादि तेल (चरक., चिकित्सास्थान 3; 258) में नीम का प्रयोग किया है। चरक की ज्वरनाशक नीम है (चरक., चिकित्सास्थान 3; 3071)। त्रिदोषज ज्वर की चिकित्सा में दिए जाने वाले बड़े-बड़े योगों

में काश्यप नीम को सम्मिलित करते हैं (काश्यपसंहिता, विशेषकल्पाध्याय)। कफ प्रधान ज्वर में अग्नि का दीपन करने के लिए अन्य ओषधियों के साथ नीम दिया जाता है (काश्यपसंहिता, विशेषकल्पाध्याय)। नीम के फूलों की तरी वाली सब्जी ज्वर में पथ्य समझी जाती है (अष्टांगहृदय, ज्वरचिकित्सा 1; 75)।

मलेरिया

मलेरिया ज्वरों में नीम की परीक्षा की गई है और यह ज्ञात हुआ है कि मलेरियानाशक गुण इसमें निश्चित रूप से विद्यमान हैं, परन्तु कुनीन की अपेक्षा कहीं कम हैं। कोमन ने मलेरिया बुख़ार के रोगियों को ज्वरनाशक के रूप में छाल का मद्यासव (टिंक्चर) दिया और लाभदायक पाया। जड़ की छाल के काढ़े की मलेरिया ज्वर में परीक्षा की गई और वह तत्सदृश प्रभावकारी पाया गया। शीतपूर्व ज्वर में मद्यासव अथवा काढ़े की तुलना में भीतरी छाल का चूर्ण देना अच्छा रहता है। सूखी छाल का कपड़े में छाना हुआ चूर्ण दिन में 3-4 बार 3.5 ग्राम की मात्रा में दिया जा सकता है। इसका फाण्ट लेने की विधि यह है कि 1 लीटर पानी में 85 ग्राम यवकुट छाल को 15 मिनट तक उबालकर गरम ही छान लिया जाय। इसे 55 से 85 मिलीलीटर की मात्रा में देते हैं। फाण्ट, छाल का चूर्ण और द्रवीय सत्व (लिक्विड एक्स्ट्रैक्ट) भी जूड़ी और सतत ज्वरों में उत्तम औषधि है। सतत ज्वर में नीम को सिन्कोना और संखिया के समान प्रभावकारी कहा जाता है। चिरायता और कटुकी के साथ मिलाकर बनाया काढ़ा या फाण्ट ज्वर की अवस्थाओं में अमूल्य गुणकारी है। छाल के काढ़े में ज़रा-सी कालीमिर्च और चिरायता मिला दिया जाय तो ज्वरों में प्रयुक्त होने वाली यह एक प्रसिद्ध दवा बन जाती है। फ्रा बार्थोलियो, सोन्नेरट, गार्सिया द और्टा, क्रिस्टोबल एकास्टा और दूसरे अनेक पुराने लेखकों ने बारी के बुख़ारों में छाल की उपयोगिता बताई है। वेग आने से पूर्व 2 घंटे के अन्तर से 3 बार देकर वेग का समय गुज़र जाने के 2 घंटे बाद भी एक बार दे देना चाहिए। काढ़ा बरत रहे हो तो गरमियों में एक साथ अधिक परिमाण में बनाकर न रखें क्योंकि ख़राब होने का अन्देशा रहता है। यथासंभव ताज़ा बना लिया जाना चाहिए।

पुराने बुख़ार

स्पेन्सर (1899, भारतीय ज्वरों का विवरण) का अनुभव है कि पुराने मलेरिया ज्वरों आदि में जब शरीर को रसायन द्रव्य की भी आवश्यकता होती है तब तेल की 5 से 10 बूंद की मात्राएं दिन में 1-2 बार खिलानी चाहिए। मुख्यतया पुराने मलेरिया ज्वरों में, मैं इसे पिछले 12 बरस से बरत रहा हूं और मुझे यह कहने में कोई संकोच नहीं कि इन ज्वरों में यह असन्दिग्ध उपयोगिता की दवा है। पत्तों का फाण्ट पुराने मलेरिया ज्वर में भी उपयोगी है, यद्यपि वैसा प्रभावकारी तो नहीं जैसा तेल है। पुराने मलेरिया

ज्वरों के अतिरिक्त अन्य जीर्ण ज्वरों में भी अनेक लेखकों ने तेल को 5 से 10 बूंद की मात्राओं में देने की सिफ़ारिश की हैं।

ज्वर में प्यास, वमन और जी-मचलाना आदि लक्षणों को दूर करने के लिए छाल का उपयोग किया जाता है। लोलिम्बराज बताते हैं कि पत्तों को कुण्डी-सोटे में ज़रा कूट लें। इसे पानी में डालकर हाथ से मथने पर जो झाग पैदा होते हैं उनका लेप करने से प्यास, जलन और मूर्च्छा शान्त होती है।

ज्वरों की निर्बलता, सामान्यतया आमाशय की दुर्बलता और क्षुधानाश में तेल, फाण्ट या क्वाथ को पूरी मात्राओं से कुछ कम मात्राओं में देना बहुत लाभदायक सिद्ध होता है। थोड़ी-सी लौंग या दालचीनी मिला देने से दवा का प्रभाव बढ़ जाता है और इसकी अप्रियता भी कुछ कम हो जाती है। फूल अपने हलके-से कड़वे गुण के कारण बलदायक होते हैं और आमाशय की निर्बलताजन्य अजीर्ण में तथा सामान्य निर्बलता के रोगियों को फाण्ट के रूप में दिये जाते हैं। बल्य, लेपक तथा थोड़ी वृष्य होने के कारण गोंद निर्बलता की अनेक अवस्थाओं में उपयोग की जाती है। बबूल निर्यास की तरह यह दवाओं का अच्छा आधार अथवा माध्यम बनती है।

विसर्प ज्वर : विसर्प (एरिसिपलिस) में नीम का काढ़ा उपयोगी बताया गया है। रोग के शमनार्थ पिलाया जाता है। रोगी को उल्टी कराना अभीष्ट हो तब भी यह दिया जाना चाहिए। कफ, पित्तज, विसर्प में वमन के लिए निबौली दी जाती हैं। विसर्प के ज़ख़्मों पर नीम को प्रक्षालन, क्वाथ, घी-अवचूर्णन या लेप, किसी भी रूप में बरत सकते हैं।

क्षय : क्षय के रोगी को प्रतिदिन नीम और आंवले को घी के साथ सदा खाते रहने की चक्रपाणि सलाह देते हैं। बर्किल (1935) के अनुसार नीम का तेल भारत और श्रीलङ्का में क्षयी ग्रन्थियों में कृमिहर के रूप में प्रयुक्त होता है। नीम का तेल 470 ग्राम, हरिताल, मैनसिल, भिलावा, इलायची, कुमारी की जड़, चन्दन, तगर और चमेली—प्रत्येक 12 ग्राम और जल 1.175 मिलीलीटर; विधिपूर्वक तेल पकाएं। यह तेल पूयस्रावी क्षयी ग्रन्थियों पर लगाया जाता है। गण्डमाला (हजीरों) के पकने से जो व्रण बन जाते हैं उन पर नीम के तेल में भिगोई बत्ती रखते हैं। शोढल कहते हैं कि गण्डमाला में नाक के द्वारा तेल देने से भी लाभ होता है।

सिरदर्द : पैत्तिक शिरःशूल में और बुख़ारों के सिरदर्द में पत्तों के कल्क का माथे पर लेप करते हैं। शिरोविरेचन के लिए फूलों का प्रयोग किया जाता है। सुश्रुत ने ऊर्ध्वभाग के संशोधन द्रव्यों में नीम का परिगणन किया है। शोधन द्रव्यों में इसका उल्लेख है। गुडूच्यादि, आरग्वधादि, लाक्षादि गुणों में इसका प्रयोग हुआ है।

रोगनाशक धूनी : रोग निवारण के लिए औषध द्रव्यों की धूनी देने की प्रथा

आयुर्वेद में बहुत प्राचीन है; काश्यप ने एक अध्याय धूनियों पर लिखा है। उसमें वे बताते हैं कि नीम के पत्ते, जड़, फूल, फल तथा छाल और घी को एक साथ मिलाने से अरिष्ट नाम की धूनी बन जाती है, यह धूनी एकदम अनिष्ट को दूर कर देती है। नीम के पत्ते, घी, गधे का पेशाब, वच, लाख और सरसों, रोग को निकालने के लिए यह धूनी अच्छी है। नीम के पत्ते, घी, तुलसी के पत्ते, कनेर के पत्ते; गौ, मेंढा और बछड़े के बाल की धूनी से सब रोग नष्ट हो जाते हैं। नीम के पत्ते, घी, लाख, राल, चावल, उल्लू का मांस और बीठ की धूनी देने से मृगी का दौरा ठीक हो जाता है (काश्यपसंहिता, कल्पस्थान, धूमकल्पाध्याय)।

संतर्पण के रोग : दोष का विचार करके प्रतिदिन प्रातःकाल नीम का रस पीने वाला मनुष्य संतर्पणजन्य रोगों से मुक्त हो जाता है। इस प्रयोजन के लिए नीम का काढ़ा पानी में देना भी उपयोगी है (चरक., सूत्रस्थान 23; 10-13)।

ग्रहणी रोग : ग्रहणी रोग में आमाशयिक रसों की उत्पत्ति को बढ़ाने के लिए दिये जाने वाले योगों भूनिम्बादि क्षार और त्रिफलादि क्षार में, ग्रहणी चिकित्सा के किरातादि चूर्ण में पैत्तिक ग्रहणी की चिकित्सा के निम्बादि घृत में चरक ने नीम लिया है। ग्रहणी चिकित्सा में दिये जाने वाले एक योग वचादि चूर्ण में नीम के पत्ते और फल दोनों डालते हैं। पित्तगुल्म (वायु गोला) की चिकित्सा में बरते जाने वाले रोहिण्यादि घृत में नीम है।

जिगर के रोग : 57 ग्राम ताज़े पत्तों का 570 ग्राम उबलते पानी में फाण्ट बना लें। यह अत्यन्त उपयोगी, कड़वा, वानस्पतिक बल्य रसायन है जिसका जिगर पर अच्छा कार्य होता है। इसके प्रयोग के बाद मल का रंग प्रायः चमकीला-पीला हो जाता है। पत्तों का काढ़ा बद्धयकृत् में से पित्त को निकालता है। पित्तनाशक निरूह वस्ति में काश्यप ने एक योग में नीम डाला है। चरक की निरूह वस्तियों में तथा अनुवासन स्नेहों में नीम है। कड़वे द्रव्यों के समूह में चरक ने नीम मिलाया है।

कामला : नीम के पत्ते, जड़ की छाल, तने की छाल, फूल और फलों के चूर्ण को घी तथा शहद में मिलाकर प्रतिदिन चाटें अथवा गोमूत्र, पानी, दूध या शराब से लें। पथ्य में शालि के चावलों को घी में बनाये रसों के साथ या दूध के साथ लें। वर्जित पदार्थों का त्याग करते हुए एक वर्ष तक इस पंचनिम्ब नामक उत्तम रसायन का सेवन करने से कामला तथा अन्य रोग नष्ट हो जाते हैं। चरक और चक्रपाणि कामला में पत्तों के ताज़े रस में शहद डालकर प्रतिदिन प्रातःकाल पिलाते हैं (भैषज्यरत्नावली, कुष्ठाधिकार; 12)।

पाण्डु : सुश्रुत ने पत्तों का प्रयोग पाण्डु (ख़ून की कमी, अनीमिया) में किया है। चरक की पाण्डु चिकित्सा के शिलाजतुवटक में नीम की भावना दी जाती है। कामला और पाण्डु के रोगी को स्नेहन के लिए दिये जाने वाले कटुकादि घृत और हरिद्रादि घृत

में नीम डलता है। पाण्डु रोग का कारण मिट्टी खाना हो तो चरक पत्तों के रस की मिट्टी में भावना देकर रोगी को देते हैं जिससे मिट्टी खाने में उसे द्वेष उत्पन्न हो और उसकी मिट्टी खाने की आदत जाती रहे। ऐसे रोगी का संशोधन करने के बाद चरक व्योषादि घृत से संशोधन करते हैं, जिसमें नीम भी डलता है।

शोथ : शोथ (श्वयथु, शोफ, इडीमा) के रोगी को नीम की सब्ज़ी पथ्य है। नीम को गौमूत्र में पीसकर शोफ रोगी के शरीर पर मलते हैं। नीम का तेल फीलपांव (फ़ाइलेरिएसिस) में प्रयुक्त होता है।

उलटियों में : उलटियों को रोकने के लिए शार्ङ्गधर पत्तों के कल्क को खिलाते हैं। कफज वमन में वाग्भट्ट ने पत्तों के रस का प्रयोग किया है। चरक ने कफज वमन के रोगी का आमाशय शुद्ध करने के लिए नीम के काढ़े से वमन कराना प्रशस्त समझा है। पथ्य में चरक बताते हैं कि कफज वमन का रोगी तक्र में नीम के पत्ते पकाकर इससे चावल या दूसरे पदार्थ खाये (चरक., चिकित्सास्थान 20., 35)।

अधिक मात्रा में पत्तों का कषाय उलटियां लाता है। चरक के वमन द्रव्यों में नीम है। दाह-ज्वर के रोगी का कष्ट कम करने के लिए जब उसे शीघ्र असर करने वाली वामक दवा देनी होती है तब सुश्रुत पत्तों के रस में शहद मिलाकर देते हैं। कफज तृषा (बार-बार प्यास सताना) में पत्तों के रस को हलका गरम करके दिया जाता है जिससे उलटियां आकर प्यास शान्त हो जाए (सुश्रुत., उत्तरतन्त्र, अध्याय 48)।

अम्लपित्त : अम्लपित्त में खट्टी डकारों के साथ जब अम्लयुक्त आमाशयिक रस मुख में आते हुए हृदय प्रदेश में स्थित अन्न प्रणाली में विदाह उत्पन्न करते हैं, तब उस अवस्था में नरहरि पण्डित ने नीम को विशेष गुणकारी पाया है। अम्लपित्त जब बहुत बढ़ गया हो, पित्तकफ के प्रकोप से शूल भी पैदा हो गई हो तब वृन्दमाधव नीम का सत्तुओं के साथ इस प्रकार प्रयोग कराते हैं— नीम के फूल, फल, पत्ती, छाल और जड़ की छाल को मिलाकर एक भाग लें और विधारा को दो भाग लेकर चूर्ण कर लें। 10 भाग सत्तुओं में इसे मिलाकर खांड से मीठा करके रख लें। जब खाना हो तब शहद मिलाकर ठंडे पानी से खाएं। चक्रपाणि के अनुसार नीम के पत्तों और आंवलों को घी के साथ खाने से अम्लपित्त शीघ्र ही ठीक हो जाता है। रोगी को यह अपने भोजन का अंग बनाकर सदा खाते रहना चाहिए।

पत्तों का कल्क पित्तकफ के प्रकोप को नष्ट करता है। पत्तों की सब्ज़ी भी कफपित्तहर है। सुश्रुत ने इस प्रयोजन के लिए नीम और पित्तपापड़े को उपयोगी बताया है। चरक कहते हैं कि कफ और पित्त के वमनोन्मुख होने पर, रोग के आमाशय में आश्रित होने पर शरीर को हानि पहुंचाए बिना वमन के लिए नीम का प्रयोग करना चाहिए (चरक., सूत्रस्थान 2; 6)।

आवाज़ सुरीली बनाना : विश्वास किया जाता है कि तानसेन ने अपने रागों में जिस समस्वरता को उत्पन्न किया था उसका कुछ अंश अब भी उसकी क़ब्र पर छाये हुए नीम की पत्तियों में रमा हुआ है और उन पत्तियों को खाने से मानवीय कंठ सुरीला हो जाता है। इसी विश्वास से गवैये अपने गले को सुरीला बनाने के लिए इन पत्तियों को अब तक खाते हैं। ग्वालियर में तानसेन की क़ब्र गवैयों के लिए एक पवित्र तीर्थ-स्थान बन गई है (मुग़ल रूल इन इण्डिया, एडवर्ड्स एण्ड गैरिट, 1930, पृष्ठ 336)।

खांसी, दमा, हिचकी : कैयदेव ने पत्तों की सीखों को खांसी और दमे में लाभकारी बताया है। निबौली के तेल की कुछ बूंदें पान के पत्ते पर डालकर खाने से दमे में आराम मिलता है।

चरक के अनुसार मूंग की दाल में नीम के पत्तों को पकाकर बनाया रसा दमे और हिचकी के रोगी को पिलाना हितकर होता है (चरक., चिकित्सास्थान 17; 97-98)।

ख़ून जाना : शरीर के किसी भाग में से ख़ून जाने (रक्तपित्त) की अवस्थाओं में चिकित्सक बताते हैं कि शाकसात्म्य वाले रक्तपित्त के रोगियों को शाक के लिए नीम की पत्ती का सीझा हुआ, घी में भूना अथवा रसे की तरह पकाया हुआ शाक देना हितकर है (चरक., चिकित्सास्थान 4; 38-40)।

आमवात : आमवात के लिए तेल का व्यापक प्रयोग होता है। सन्धिशोथ तथा आमवात (रूहुमेटिज़्म) में इसकी मालिश करते हैं और इसे खिलाते भी हैं। 4 ग्राम छाल और 8 ग्राम पिप्पली का काढ़ा आमवात, कटिशूल आदि में प्रयुक्त होता है।

गठिया : पटोल और नीम के पत्तों के काढ़े में शहद डालकर पिलाने से गठिया (वातरक्त, गाउट) में दोषों का पाचन और शमन होता है। पत्तों को कांजी में पीसकर, कपड़े पर फैलाकर गठिये में आक्रान्त भाग पर लेप किया जाता है। चरक ने भी नीम का लेप हितकर पाया है।

उरुस्तम्भ : नीम की जड़ को शहद, सरसों और बामी की मिट्टी के साथ, लेई-सी बनाकर उरुस्तम्भ में गाढ़ा लेप करना चाहिए, इसी की मालिश करनी चाहिए। पत्तों की सब्ज़ी शोथ और उरुस्तम्भ के लिए उपयोगी होती है। इसे तेल में छौंककर पानी के साथ पकाना चाहिए। नमक बिना डाले ही खाना चाहिए।

छूत के रोग : 12 ग्राम नीम के पत्ते, 121 मिलीग्राम कपूर और इतनी ही हींग को सिलबट्टे पर रगड़ लें। सोने से पहले खजूर के साथ कुछ दिन तक प्रतिदिन ले लिया जाय तो छूत के रोगों के लिए शोधक का काम करता है। इसी प्रयोजन के लिए 21 पत्ते डालकर गौ-घृत में बनाई रोटियां गौ के घी और मूंग की दाल के साथ 21 दिन तक खाई जाती हैं। इन 21 दिनों में नमक खाने का निषेध किया जाता है।

चेचक : चेचक की शोधक चिकित्सा के लिए नीम की गिरी और बहेड़े की गिरी को हल्दी के साथ पीसकर ठंडे जल से जो लोग सेवन करते रहते हैं, गोविन्ददास की सम्मति में, वे शीतला (चेचक) के आक्रमण से बचे रहते हैं। चेचक तथा दूसरी फैलने वाली बीमारियों की छूत से बचने के लिए दरवाज़ों पर पत्ते और छोटी शाखाएं बांध दी जाती हैं।

चेचक के रोगी के शरीर को ताज़े पत्तों से ढक देते हैं। शीतला (चेचक) में पत्तों को पीसकर लेप करते हैं। चेचक या गोमसूरिका (cowpox) के दाने जब फूट जाते हैं और व्रण बनने लगते हैं तब वैद्य लोग ताज़े पत्तों को रगड़कर 24 घंटे में 2-3 बार लगाने की सिफ़ारिश करते हैं। इसकी रोपक शक्ति की वे बहुत प्रशंसा करते हैं। रोग की हलकी तथा साधारण, सब अवस्थाओं में यह लाभप्रद होता है। चेन्नई (मद्रास) के डौक्टर पुल्नी अण्डी ने चेचक की बढ़ी हुई अवस्थाओं में इसे उपयोगी दवा बताया है। कोमल नए पत्ते और मुलेठी चूर्ण को घोटकर 242-363 मिलीग्राम की बनाई गोलियां प्रतिदिन देने से शीतला के रोगियों में लाभ देखा गया है।

खसरा : खसरा (मसूरिका) के रोगी के बिस्तर पर इसके पत्ते बिछा दिये जाते हैं और इसी के पत्तों के पंखे से उसे हवा की जाती है। गोविन्ददास ने त्रिदोषज मसूरिका ज्वर तथा विसर्प (एरिसिपलिस) ज्वर में इसके एक काढ़े से लाभ देखा है जो नीम की छाल, जवासा, आंवला, सफ़ेद तथा लाल चन्दन को पकाकर बनाया जाता है। इस कड़वे योग को वे खांड मिलाकर पिलाते हैं। मसूरिका में दाने बाहर निकलकर अन्तर्लीन हो गये हों तो इसे देने से फिर बाहर निकल आते हैं।

पेशाब के रोग : सूज़ाक में मूत्रेन्द्रिय के सूज जाने से अथवा अन्य अवस्थाओं में जब पेशाब बन्द हो जाता है तब पत्तों के काढ़े में रोगी को बिठाते हैं। इससे सोज़ में कमी आती है और पेशाब उतर जाने से रोगी को आराम मिलता है। सुरामेह के रोगी को सुश्रुत जड़ का कषाय पिलाते हैं। मूत्र के पैत्तिक विकारों में दिए जाने वाले काढ़ों में चरक नीम देते हैं। कफजन्य और वातजन्य पेशाब के रोगों में प्रयोग कराने के लिए त्रिकंटकादि तैल तथा त्रिकंटकादि घृत में नीम भी पड़ता है।

स्त्रियों के रोग : गर्भावस्था में स्त्रियां तेल का अन्तःप्रयोग करती हैं। बुखनन-हैमिल्टन बताते हैं कि तमिलनाडु में लगभग 28 ग्राम तेल प्रसव के बाद तुरन्त दे दिया जाता है। गर्भाशय के अन्दर तेल का प्रयोग गर्भाशय की विविध प्रकार की शोथों को नियन्त्रित करता है।

यह भी विश्वास रहा है कि जड़ को कमर में बांधने से प्रसवकालीन कष्ट नहीं होता, बच्चा सुखपूर्वक बाहर आ जाता है। प्रसूता को पहले दिन से ही पत्तों का ताज़ा रस देने से गर्भाशय का संकोच होता है, रक्तस्राव ठीक होता है, गर्भाशय और उसके समीप के अवयवों की सूजन उतर जाती है, भूख लगती है, मल साफ़ होता है, ज्वर नहीं आता और आता भी है तो उसका वेग बहुत कम रहता है। नीम का थोड़ा-सा

अंश बच्चे को मिलते रहने से उसकी प्रकृति ठीक रहती है (देसाई)। प्रसव के पश्चात्-कर्म में ताज़े पत्तों का तेज़ काढ़ा योनि को पिचकारी करने आदि में लाभदायक है।

योनि रोगों में दुर्गन्ध को हटाने तथा योनि के स्राव सम्बन्धी दोषों को दूर करने के लिए नीम के शीतकषाय या क्वाथ से योनि को दिन में 2-3 बार धोना चाहिए और नीम की छाल का धुआं देना चाहिए। योनि रोगों में व्यवहृत उदुम्बरादि तेल और करीरादि तेल में नीम के पत्ते डालते हैं। नीम और बबूल की छाल को समान भाग में लेकर बनाया कषाय श्वेत प्रदर में लाभकारी है। कफज रक्तप्रदर में नीम की छाल और गिलोय को पीसकर मद्य के साथ चरक पिलाते हैं। भगकण्डू में हरड़ के साथ नीम खिलाया जाता है। गर्भिणी को पिछले दिनों में जब खुजली हो और उसके कारण त्वचा फटने लगे तब नीम के कल्क को लगाना चाहिए।

दूध की शुद्धि के लिए : धाय के दूध के दोषों को दूर करने के लिए वमन कराना आवश्यक हो तो नीम और परवल का क्वाथ नमक मिलाकर पिलायें। स्तन्य-शुद्धि के लिए रुग्णा के पथ्यों में नीम के पत्तों का रसा देते हैं जिसमें नमक और त्रिकुट का मसाला डाल लिया जाता है। धाय या मां का दूध बोझिल हो तो रुग्णा को नीम का काढ़ा पिलाना चाहिए।

शिशुओं का रोग : शीतपूतना नामक रोग से आक्रान्त शिशुओं को काश्यप एक धूनी देते हैं जिसमें निम्नलिखित द्रव्य हैं—नीम, गिद्ध तथा उल्लू की बीट, तरक्षु का मल, चित्रक और बछड़े के रोएं।

बवासीर : निबौली की गिरी 4 ग्राम और नीम की जड़ की छाल 8 ग्राम की गोली बनाकर प्रतिदिन लगातार सात दिन तक बवासीर को ठीक करने के लिए दी जाती है। सुश्रुत ने बवासीर में नीम के काढ़े से धोने का निर्देश दिया है। मस्सों की सूजन पर पत्तों का कल्क बांधा जाता है। ख़ूनी बवासीर में पत्तों का स्वरस लाभ करता है।

गुदा के रोग : नीम का घी के साथ प्रयोग गुदभ्रंश (बच्चों की गुदा बाहर आना), दाह, क्लेद और गुदज कृमियों को नष्ट करता है। बच्चों की गुदा में जब चमूने (कीड़े) लड़ते हों तब सूखे पत्तों के अवधूलन को लगाना चाहिए।

आंख के रोग : आंख दुखने पर नीम के हरे पत्ते आंखों के सामने लटका दिए जाते हैं जिनसे सूर्य की प्रखर किरणों से आंखों में चौंध न लगे। कफजन्य आंख के रोगों में नीम के सुहाते हुए काढ़े से आंख धोयी जाती हैं। दैनिक व्यवहार सामान्य अंजनों में तो नहीं परन्तु विषहर अंजनों में पत्ते और गोंद डाले जाते हैं।

नीम की ताड़ी से भावित सुरमे में या नीम में गाड़कर रखे हुए सुरमे में विशेष गुणों का उदय समझा जाता है। इसे बनाने की विधि इस प्रकार है—नीम की एक मोटी जड़ में खोल बनाकर उसमें सुरमे की डलियां रख दें और नीम की लकड़ी या छाल

से ही खोल के मुख को बन्द कर दें। दो मास तक इसी तरह रखे रहने के बाद निकालकर बारीक पीस लें और आंजने के काम लाएं। इस प्रकार बनाये सुरमे में विशेष शीतल प्रभाव आ जाता है और पैत्तिक नेत्र रोगों में यह विशेष हितकर होता है।

फूलों में प्रचुर मकरन्द होता है। मधुमक्खियां इससे शहद बनाती हैं। नीम के फूलों के शहद का सेवन करने से ख़ून साफ़ होता है। आंखों को स्वच्छ रखने के लिए इसे सलाई से आंख में लगाते हैं।

कान के रोग : कान बहने में पत्तों के काढ़े से कान को धोया जाता है। पत्तों के कल्क को सरसों के तेल में जलीय भाग उड़ने तक पकाकर बनाया तेल कान का शूल हरता है और पीप को नष्ट करके दुर्गन्ध दूर करता है। यह तेल 5 से 10 बूंद आवश्यकतानुसार 2-3 बार डाल सकते हैं। पत्तों के काढ़े से कान को पसीना देना लाभकारी है। कान के रोगों में निबौली का तेल गरम करके डालते हैं।

दांतों के लिए : कोमल, पतली शाखाएं दांतों को ब्रश करने के काम आती हैं। इसकी प्रतिदिन दातुन करने से मुख तथा श्वास स्वच्छ और दुर्गन्ध-रहित होता है। इसमें एक साबुन जैसा पदार्थ होता है जिससे दातुन करते हुए मुख में झाग बनती है। यही दांतों की सफ़ाई करने का कारण प्रतीत होता है। कृमिनाशक गुण होने से दातुन का दैनिक प्रयोग दांतों में कीड़े लगने से बचाता है। इसके व्यवहार में पहले-पहल जी-मचलाना, वमनेच्छा आदि जो लक्षण प्रकट होते हैं उनसे थोड़ी-सी सावधानी से बचा जा सकता है। दातुन को देर तक मुख में नहीं रखना चाहिए और बाद में खुले पानी से मुख को अच्छी तरह धो डालना चाहिए। जो लोग नीम के लिए अधिक स्पर्शक्षम हैं और जिन्हें दातुन के प्रयोग में बहुत अधिक अरुचि होती है उन्हें पहले सप्ताह में एक बार और धीरे-धीरे प्रतिदिन इसे करने की आदत डालनी चाहिए। अब, वृक्ष के कुछ भाग आधुनिक मंजनों, पेस्टों तथा अन्य दन्तशोधकों में प्रयुक्त होने लगे हैं। दांतों के रोगों में हारीत ने जड़ के काढ़े का प्रयोग प्रभावकारी पाया है। बीजों का छिलका सक्रिय कार्बन (activated carbon) और दन्तमंजन बनाने के काम आता है। निबौली का तेल दांतों और मसूड़ों के रोगों में लाभदायक है।

विषों के नाश के लिए : विषों के प्रतिकार में निबौलियों को पीसकर गरम जल के साथ पिलाना सामान्य उपचार समझा जाता है। आयुर्वेद में विषों के निवारण के लिए नीम का प्रयोग बहुत हुआ है। विषनाशक अमृतघृत में, मृतसंजीवन अग़द में, महागन्धहस्तिनामक अगद तथा अन्य अनेक योगों में इसका उपयोग मिल जाता है। विष प्रभाव से दीखना बन्द हो गया हो तो बकरी के मूत्र में नीम को सिल पर घिसकर आंख में आंजा जाता है। विष का असर इतना हो कि रोगी प्रकट रूप में मरा हुआ प्रतीत हो तब भी नीम का प्रयोग श्रेष्ठ समझा जाता है।

सर्पदंश : सर्पदंश के रोगियों का निदान करने के लिए पत्तों का प्रयोग सर्वत्र प्रचलित है। कहा जाता है कि सर्प-विषाक्त व्यक्ति को पत्ते कड़वे नहीं लगते। पत्तों का प्रतिदिन खाना सर्पविषरोधक समझा जाता है। चरक, सुश्रुत, वैद्यविनोद, योगरत्नाकर, रसरत्नाकर और वृन्दमाधव ने छाल, गोंद, पत्ते तथा बीजों को अन्य दवाओं में मिलाकर सर्पदंश की चिकित्सा में बरतने के लिए लिखा है। चक्रपाणि, वृन्दमाधव और गोविन्ददास ने नीम के एक योग बृहत्पञ्च निम्बचूर्ण के बारे में लिखा है कि इसे लगातार एक वर्ष तक जो सेवन कर लेता है उसे सांप काट खाए तो सांप स्वयं ही मर जाता है।

बिच्छू का डंक : बिच्छू के डंक के लिए पत्ते प्रचलित दवा हैं। चरक, हारीतसंहिता तथा सुबोध वैद्यक में छाल, गोंद, पत्ते तथा बीजों को अन्य दवाओं में मिलाकर बिच्छू के डंक मारने पर की जाने वाली चिकित्साओं में बरतने के लिए लिखा है।

मकड़ी के विष को नष्ट करने के लिए चरक नीम और सारिवा के रस या काढ़े में शहद मिलाकर पिलाते हैं।

विषों में निरुपयोगी : सर्पदंश में, बिच्छू के डंक मारने पर तथा अन्य छोटे विषैले कीड़ों के काटने पर शाखाओं से विष झाड़ते हुए मैंने देखा है, परन्तु कष्ट में ज़रा भी कमी होती हुई नहीं देखी। 1951 की गरमियों में ईंट पाथने वाली 30 साल की एक स्त्री को जब सांप (सम्भवतः फनियर) ने काट खाया तब उसके सम्बन्धियों ने नीम से विष झाड़ना शुरू कर दिया था। कोई एक घंटे के अन्दर ही वह मर गई। फिर भी मैंने देखा कि विष-वैद्यों और मन्त्र-चिकित्सकों की प्रतीक्षा में उसका शरीर नीम के पत्तों से ढका पड़ा था। हाफकिन इस्टिट्यूट, मुम्बई में किए गए परीक्षणों (सर्पदंशे प्रयुज्यमाना भारतवर्षीया वनस्पतयः, 1930) के अनुसार सर्पदंश (म्हस्कर और कायस्) तथा बिच्छू के डंक (कायस् और म्हस्कर) की चिकित्सा में पौधे के सब भाग निरुपयोगी हैं चाहे वे अन्तःप्रयोग में व्यवहार किए जाएं अथवा बहिःप्रयोग में।

कृमिहर : कृमिहर के रूप में भीतरी तथा बाहरी, दोनों प्रकार से नीम के विविध भागों का उपयोग किया जा रहा है। ताज़े पत्तों का तेज़ काढ़ा हलका कृमिहर घोल है। कृमिनाश के लिए तेल का बाहरी लेप के रूप में व्यापक प्रयोग हो रहा है।

मार्गोसेट्स का प्रभाव

चैटर्जी और रौय (1917, इण्डियन जर्नल औफ़ मेडिकल रिसर्च, जिल्द 5, पृष्ठ 656) ने मार्गोसेट्स के प्रभाव का अध्ययन किया। प्रोटोज़ुआ के प्रति इनका कार्य बहुत प्रबल है। 10,000 में एक का घोल फ़्लैजिलेट प्रोवाज़ीकिया (Flagellate prowazikia) को 5 मिनट में मार डालता है। इन अन्वेषकों ने अन्य ओषधियों के साथ तुलना करते हुए बताया कि कुनीन गन्धित का 1 लाख में एक का, एमेटीन का 10,000 में एक

का, टार्टार एमेटिक का 500 में एक का और सोडियम मार्गोसेट्स का 10,000 में एक का घोल 5 मिनट में फ़्लैजिलेट प्रोवाज़ीकिया को मार डालता है। पैरामीसियम कौडेटम इसके 2,000 में एक के घोल से उसी क्षण मर गया। अम्ल के सोडियम लवण की माइक्रोफ़िलिएरी पर परीक्षा की गई। 200 में एक की सान्द्रता में यह इन जीवाणुओं को 35 सेकंड में मार देता है। इन अन्वेषकों का ख़याल है कि मार्गोसेट्स में पराश्रयीहर गुण बहुत तीव्र विद्यमान हैं और जीवाणुनाशक गुण बहुत कम। विलेय लवणों की कार्बोलिकाम्ल को-एफ़िशिएण्ट केवल दो है और इसीलिए मार्गोसेट्स का कृमिहर या कृमिनाशक गुण परीक्षा नली में इतना स्पष्ट नहीं है। तथापि उनका यह भी ख़याल है कि शरीरस्थ कृमियों के प्रति मार्गोसेट्स का तीव्र कार्य होता है, इस बात को दिखाने के लिए वे कहते हैं कि क्लिनिकल प्रमाण पर्याप्त हैं।

आंतों के कीड़े

कृमियों को मारने के लिए मीठे तेल के साथ पत्तों का कल्क दिया जाता है। शार्ङ्गधर पत्तों के कल्क को अकेला देना भी लाभदायक समझते हैं। भावमिश्र की सम्मति में पत्तों के रस में शहद मिलाकर पिलाया जा सकता है। चरक सलाह देते हैं कि उदरकृमियों के रोगी को 3 रात या 7 रात नीम के काढ़े की आस्थापन बस्ति (अनीमा) लेनी चाहिए। आंतों के कीड़ों से कष्ट पाने वाले बच्चों की गुदा पर सूखे पत्तों का चूर्ण लगाया जाता है।

पत्तों का बहुत कड़वा रस ढोरों के लिए उदरकृमिहर रूप में प्रयुक्त होता है। तेल कीटाणुनाशक तथा उदरकृमिहर समझा जाता है। पेट के कीड़ों को मारने के लिए 30 से 60 बूंद की मात्रा में दिया जाता है। ब्रौटन (1880) के अनुसार जड़ में भी पेट के कीड़ों को मारने के गुण समझे जाते हैं।

उदरकृमिहर गुणों पर परीक्षण करते हुए कायस् और म्हस्कर (इण्डियन जर्नल औफ़ मेडिकल रिसर्च, 1913, 11; 364) ने तेल को 2 से 7 मिलीलीटर की मात्राओं में देने पर पाया कि इसकी अधिकतम मात्रा कभी-कभी अतिसार, मतली और सामान्य बेचैनी पैदा कर देती है। इन अन्वेषकों के परीक्षण बताते हैं कि पत्ते और तेल दोनों ही आंतों के पराश्रयियों को निकालने के लिए सर्वथा अप्रभावकारी हैं।

बालों के लिए : बीजों में कीटनाशक उपयोगिता होने के कारण सिन्धी स्त्रियां बीजों को पानी में रगड़कर सिर धोती हैं जिससे जूंएं और लीखें मर जाती हैं। जूंएं मारने के लिए तेल भी बालों पर लगाया जाता है। जैसे हम सरसों या खोपे का तेल बालों पर लगाते हैं वैसे ही अनेक स्थानों पर नीम के तेल को बरतते हैं। वाग्भट ने इसे बाल झड़ने और गंजेपन के लिए प्रभावकारी बताया है। इन रोगों से छुटकारा पाने के लिए जितेन्द्रिय रहते हुए 1 महीने तक तेल की कुछ बूंदें नाक द्वारा लेनी चाहिए और पथ्य में दूध पीना चाहिए।

नीम के बीजों की गिरी को भांगरे के रस क़ी 21 और सैन के काढ़े की 21 भावनाएं दें। दबाकर इसका तेल निकाल लें। इस तेल का नस्य लेने से और पथ्य में दूध, चावल खाने से असमय में सफ़ेद हो गए बाल काले हो जाते हैं। नीम के तेल से युक्त केश-तेलों के नियमित प्रयोग से गंजापन नहीं होगा और बाल सफ़ेद नहीं होते।

त्वचा के रोग

भारत और श्रीलङ्का में तेल एग्ज़िमा तथा अन्य त्वग्रोगों में कृमिहर के रूप में प्रयुक्त होता है (बर्किल, 1935)। मदोएरा में तेल खुजली के लिए बरता जाता है। खाज नष्ट करने वाली 10 ओषधियों में चरक ने नीम का पाठ किया है (चरक., सूत्रस्थान 4; 14)। सुश्रुत फूल को कण्डुघ्न समझते हैं। फूलों के विश्लेषण से प्राप्त तेल क्षोभक होने के कारण त्वचा के रोगों में उपयोग किया जाता है (कैमिकल एब्स्ट्रैक्ट्स, जिल्द 42, सं० 1, जनवरी 10, 1948ए पृष्ठ 326)। त्वचा के रोगों में पत्तियों का रस पीने को देते हैं और इसका लेप भी करते हैं। रोग की पुरानी अवस्थाओं में यह अधिक लाभ करता है (देसाई)। पामा तथा त्वचा के पुराने रोगों में हरड़ के साथ नीम दिया जाता है। ऐसे त्वग्रोग, जिनमें त्वचा के ऊपर उभार या चकत्ते पड़ गये हों, नीम की पत्तियों और आंवलों को घी के साथ खाते रहने से ठीक हो जाते हैं। खुजली, फोड़े, एग्ज़िमा आदि त्वग्रोगों में नीम का सत (एसेन्स) 1 से 10 बूंद की मात्राओं में पानी के साथ दिया गया जिससे रोगियों की सामान्य अवस्था उन्नत हो गयी थी और इसका असर यह हुआ कि इन रोगों में की जाने वाली चिकित्साओं को परोक्ष में इससे सहायता मिली (कोमन)। दाद, खुजली, आदि त्वचा के विभिन्न विकारों में तेल का पराश्रयीनाशक के रूप में बाह्य प्रयोग अत्यन्त लाभदायक है। जहां किसी भी प्रकार के पराश्रयी का सन्देह हो इसका प्रयोग करना चाहिए। यह शीघ्रता से पराश्रयी को नष्ट करता है और स्वस्थताजनक कार्य को तेज़ी से बढ़ाता है। जब पराश्रयी ने त्वचा के अन्दर गहरी सतह में आश्रय पा लिया हो तब यह आवश्यक होगा कि तेल को अच्छी तरह 10 मिनट तक या इससे भी अधिक देर तक मला जाय। मैंने इसे कुत्तों की खुजली पर भी बरता है और उपयोगी पाया है (स्पेन्सर 1899)। तेल के मार्गोसिक एसिड से निकलने वाले मार्गोसेट्स के पराश्रयीनाशक गुणों को ध्यान में रखते हुए यह कण्डू, पामा आदि के कई रोगियों पर परीक्षा किया गया। परिणामों को देखकर कहा जा सकता है कि यह इन रोगों में लाभकारी प्रभाव रखता है (चोपड़ा, 1936)। सूखी निबौली को भी पानी में मथकर त्वचा के रोगों के इलाज में प्रयोग करते हैं।

छपाकी : नीम के पत्तों के साथ आंवले को पीसकर चटनी-सी बना लें। घी के साथ इसे खाने से छपाकी (शीतपित्त) नष्ट हो जाती है। छपाकी में हरड़ के साथ भी पत्ते खिलाए जाते हैं। छपाकी के चकत्तों पर नीम का तेल मलना चाहिए।

फोड़े, ज़ख़्म

फोड़े, फुन्सियों तथा ज़ख़्मों की चिकित्सा में पत्तों को पुल्टिस, मरहम तथा लेप आदि भिन्न-भिन्न प्रकार से प्रयोग किया जाता है। जावा में पत्ते, पुल्टिसों में काम आते हैं। मेल्ड्रम ने जोहोर की दवाओं की सूची में व्रणों की चिकित्सा में पत्तों का उल्लेख किया है। श्रीलंङ्का में ज़ख़्मों पर कृमिहर के रूप में तेल प्रयुक्त होता है। सूखे बीजों में चिकित्सोपयोगी गुण लगभग वही होते हैं जो तेल में, परन्तु इन्हें पीसकर पानी में या किसी अन्य द्रव्य में मिलाने के बाद व्रणों पर या त्वचा के फोड़े, फुन्सियों पर लगाना होता है। इसलिए, इनका प्रयोग प्रायः असुविधाजनक होता है और ये वहीं उपयोग में लाए जाते हैं जहां तेल सुलभ न हो।

क्रेवोस्ट और पेटिलौट (1929) ने हिन्द-चीन में नीम के प्रयोग के बारे में जो बहुत उपयोगी जानकारी संगृहीत की है उसमें पत्तों तथा छाल का फोड़ों पर बाहरी प्रयोग भी बताया गया है। विविध चिकित्साओं के अच्छे परिणाम प्राप्त हुए हैं।

लसीका ग्रन्थियों की सोज़ पर, ऐसे फोड़ों पर जो सख़्त गांठों के रूप में हों और ज़ख़्मों की सोज़ों पर पत्तियों का कल्क गरम करके बांधते हैं। ग्रन्थीय अर्बुदों पर पत्तों को पीसकर लगाने से यह इन्हें घोलने का अच्छा कार्य करता है। ताज़े पत्तों का काढ़ा हलका प्रतिपूयिक है। पत्तों को पानी में उबालकर सूजी हुई ग्रन्थियों, मोचों और गुम चोटों की सिकाई करते हैं, इससे पीड़ा शान्त होती है। तेल प्रतिपूयिक है, फफूंदरोधी, रोगाणुनाशक और कीटाणुनाशक है; मोच और कुष्ठ में लगाया जाता है।

व्रणों के लिए पत्तों का फाण्ट या काढ़ा हलका कृमिहर तथा रोपण घोल है और तेल उत्तम कृमिघ्न तथा पूयनाशक है। कैयदेव ने पत्तों में व्रण को ठीक करने का गुण विशेष रूप से बताया है। व्रण पर जब सोज़ हो और ठीक तरह पका न हो तब यह उसे पकाने का काम करता है, व्रण पक गया है तो इसका लेप उसे बहाकर साफ़ कर देता है और ज़ख़्म को सुखाता है।

ताज़े पत्तों का तेज़ काढ़ा हलके कार्बोलिकाम्ल घोल के सदृश ज़ख़्मों और घावों को धोने में लाभदायक समझा जाता है। चरक के अनुसार व्रण को साफ़ करने के उद्देश्य से पत्तों के काढ़े से धोना चाहिए, इन्हीं के कल्क का लेप करके ऊपर कुछ पत्ते रखकर ठीक तरह ढक देना चाहिए।

ज़ख़्मों को साफ़ करने के लिए हारीत पत्तों के कल्क में शहद मिलाकर लेप करते हैं। शार्ङ्गधर भी समझते हैं कि पत्तों के जल या काढ़े से घावों को प्रतिदिन धोने से और पत्तों का कल्क बांधने से घाव शुद्ध होकर जल्दी ही भर जाते हैं। नीम के पत्तों को हल्दी, आमाहल्दी, तिल, घी, सेंधा नमक, मुलैठी और त्रिवृत के साथ सिलबट्टे पर रगड़कर ज़ख़्मों

को साफ़ करने और भरने के उद्देश्य से काश्यप लेप करते हैं। ज़ख़्मों को भरने और सुखाने के उद्देश्य से नीम के पत्ते, घी, शहद, दारुहल्दी तथा मुलहठी के कल्क को गौज़ में लगाकर पट्टी करते हैं। चरक के उत्कृष्ट व्रणरोपक एक योग कम्पिल्लादि तेल में नीम है। दुष्ट व्रणों, शोथयुक्त ग्रंथियों, रगड़ और मचकोड़ पर पत्तों के काढ़े का सेक करने से वेदना शान्त होती है। नीम के पत्ते, बच, हींग, सेंधा नमक और सरसों की धूनी व्रण की रूक्षता और खुजली को दूर करती है, वेदना शान्त करती है और व्रण के कृमियों को मारती है।

नीम की गिरी और बहेड़े की गिरी को हल्दी के साथ पीसकर खाते रहने से फोड़े, फुन्सी नहीं निकलते। पत्तों को आंवले और घी के साथ सदा खाते रहने से फोड़े, फुन्सी ठीक हो जाते हैं। पत्तों को हरड़ के साथ खिलाना भी लाभदायक होता है।

पुराने ज़ख़्मों पर तेल उत्तेजक और रोपक कार्य के लिए उपयोगी दवा है। ख़राब ज़ख़्म तथा ऐसे व्रण जिनमें मांस गल रहा हो, उन पर कार्बोलिक तेल के समान लगाने से यह कुछ हद तक तन्तुनाश की प्रक्रिया को रोकता है, कीड़ों की उत्पत्ति को रोकता है, यदि पहले ही पैदा हो चुके हों तो उन्हें छुड़ाता है। पत्तों के कल्क में थोड़ी हींग मिलाकर कीड़ों को मारने के लिए बांधते हैं।

तिल-तेल के साथ मिलाकर बनाई पत्तों की पुल्टिस अस्वस्थ व्रणों के लिए बहुत लाभप्रद है। वेदनायुक्त और दूषित व्रणों, विशेषकर लम्बे समय तक चलने वाले व्रणों में नीम के पत्तों की पुल्टिस रोहण क्रिया को उत्तेजना देने के लिए लाभकारी होती है। इसे तैयार करने के लिए ताज़े पत्तों को पर्याप्त परिमाण में लेकर गरम जल के साथ पीस लें और तब कपड़े पर फैलाकर व्रणयुक्त पृष्ठ पर लगाएं। इस लेप में यदि कभी वेदना और क्षोभ उत्पन्न हो जाए तो लेप में समान भाग चावलों का आटा मिला लेना चाहिए। नाड़ी-व्रण पर तेल में भिगोई हुई बत्ती रखते हैं।

घोड़ों के ज़ख़्म

गार्सिया द और्टा (1563) ने घोड़ों के ज़ख़्मों की चिकित्सा में अपना अनुभव इस प्रकार लिखा है—'जिन जातियों से मैं परिचित हूं उनमें एक अति प्रसिद्ध, उपयोगी तथा चिकित्सा के काम का वृक्ष है, जिसे निम्बो कहते हैं। बालाघाट में मैंने इसके गुणों को जाना था क्योंकि वहां मैंने इससे घोड़ों की पीठ के घावों को ठीक करने में सफलता प्राप्त की थी। इन ज़ख़्मों को साफ़ करना और ठीक करना बहुत कठिन था। ये घाव बड़ी शीघ्रता से साफ़ हो गए और घोड़े जल्दी ठीक हो गए थे। यह सब पूर्णतः इस वृक्ष के पत्तों से हुआ था। इन्हें पीसकर निम्बू के रस में मिलाकर ज़ख़्मों पर रख दिया गया था।'

कुष्ठ

छाल, पत्ते, फल और तेल कुष्ठ में विविध रूपों में दिए जाते हैं। मार्गोसेट्स को अकेले या चालमुग्रा तेल के साथ मिलाकर प्रयोग किया जा सकता है। कुष्ठ में तेल का प्रयोग करने की अपेक्षा मार्गोसेट्स के सूचिवेध देने से और अम्ल का स्थानिक उपयोग करने से अधिक लाभ पाया गया है। डौक्टर सी. मैकनामरा ने सूखे पत्तों का जलीय सत्व (watery extract) कुष्ठ के रोगियों को देने की सलाह दी है। चरक आदि प्राचीन संस्कृत लेखकों ने कुष्ठ में नीम का अन्तः तथा बाह्य, दोनों रूपों में विस्तृत उपयोग किया है। वृन्दमाधव ने कुष्ठाधिकार में बहुत से योगों में नीम को लिया है। चरक के कुष्ठहर पञ्चदश कषायों में (चरक., सूत्रस्थान 3; 3), कुष्ठ चिकित्सा के मुस्तकादि चूर्ण (चरक., चिकित्सास्थान 6; 65-66), त्रिफलादि चूर्ण (चरक., चिकित्सास्थान 6; 68-69), तिक्तषट्पलक घृत (चरक., चिकित्सास्थान 6; 140-143) तथा महातिक्तक घृत (चरक., चिकित्सास्थान 6; 144-150) में लेप, उबटन के योगों में (चरक., चिकित्सास्थान 3; 8-9), मालिश, लेप, उबटन, प्रघर्षण, अवचूर्णन आदि के लिए उपयोगी एक योग कुष्ठादि योग में (चरक., चिकित्सास्थान 6; 102-104), कफपित्तज कुष्ठ नष्ट करने वाले एक योग त्रिफलादि कषाय में (चरक., चिकित्सास्थान 6; 100), वातपित्त कुष्ठ में दिये जाने वाले घृत में (चरक., चिकित्सास्थान 6; 136), मण्डल कुष्ठ में कुष्ठ कृमियों को मारने तथा खुजली नष्ट करने के लिए व्यवहृत कनकक्षीरी तेल में नीम है।

फलों के कल्क को शार्ङ्गधर कुष्ठ में खिलाते हैं। आयुर्वेदिक लेखकों के अनुसार रोग प्रारम्भ ही हुआ हो तो काढ़ा देना शुरू कर देना चाहिए। स्नान के लिए भी काढ़ा प्रशंसित है। कुष्ठनाशक 6 कषायों में चरक ने नीम और पटोल का काढ़ा देने के लिए लिखा है। पीने के साथ-साथ यह कषाय रोगी के स्नान के लिए भी काम आता था। इससे पकाए तेल और घी के योग रोगी को खिलाए जाते थे। कुष्ठ के मण्डलों पर इसके चूर्ण को मला जाता था। अवचूर्णित (डस्ट) किया जाता था और लेप किया जाता था। शोढल के अनुसार नीम के सौ पत्तों को पीसकर 6 दिन तक प्रतिदिन लेने से पुराने तथा ख़राब कुष्ठ भी ठीक हो जाते हैं और लगातार एक मास तक हरड़ के साथ नीम का सेवन कर लिया जाय तो सब प्रकार के कुष्ठ दूर हो जाते हैं।

पंचनिम्ब चूर्ण को 12 ग्राम की मात्रा में 48 मिलीलीटर खैरसार के काढ़े या असन के काढ़े के साथ या घी के साथ अथवा दूध के साथ लगातार 1 महीने तक सेवन किया जाए तो शार्ङ्गधर की सम्मति में सब प्रकार के कुष्ठ नष्ट हो जाते हैं। रसायन होने से यह शरीर की सामान्य अवस्था को भी उन्नत करता है।

शुद्ध पारा, आंवले का फल और नीम के बीज की गिरी को बराबर भाग लेकर खैर के काढ़े से भावना देकर गोलियां बना लें। पारिभद्र रस नामक यह योग दाद तथा

कुष्ठ में उपयोगी समझा जाता है। नीम से युक्त अन्नों और घृतों को चरक कुष्ठी को पथ्य में देते हैं। नीम के कषाय की आस्थापन वस्ति कुष्ठी को दी जाती है।

चरक कहते हैं कि शरीर के ऊपर के भाग में स्थित कुष्ठों में, यदि हृदय प्रदेश में दोष का उत्क्लेद हो तो नीम के रस में मदनफल, इन्द्र जौ, मुलहठी और पटोलपत्र को वमन के लिए पिलाना चाहिए। पैत्तिक कुष्ठ के रोगियों को नीम का शीतल कषाय स्नान तथा पान के लिए हितकर है। रक्तपित्त प्रधान कुष्ठों में छाल की अपेक्षा नीम के घी का प्रयोग अधिक लाभ दिखाता है। स्पर्शज्ञान से सर्वथा रहित कुष्ठों में नीम के पत्तों से आक्रान्त भाग को अच्छी तरह घिसकर लेप लगाने चाहिए। स्पर्श की अज्ञता को दूर करने, कुष्ठकृमियों का नाश करने तथा अनुवासन के लिए नीम को अन्य द्रव्यों के साथ स्नान, पान, लेप, सिद्धस्नेह आदि विविध रूपों में देना चाहिए। यदि तन्तुओं में नाश होने की प्रक्रिया ज़ारी हो, लसीका बहती हो, यदि वे कृमियों द्वारा खाये जा रहे हों तथा गिर रहे हों तो गोमूत्र, नीम और वायविडंग से स्नान, पान, तथा लेप कराना चाहिए। वातप्रधान कुष्ठ में नीम का काढ़ा और नीम से पकाया घी लाभ करता है।

स्पेन्सर (1899) ने पत्तों के फाण्ट को कोढ़ में प्रयोग करने के बाद अनुभव किया है कि शायद अपवाद रूप में केवल एक उदाहरण के अतिरिक्त इसका रोग पर विशेष कार्य नहीं था। डौक्टर कायस् और म्हस्कर ने स्थानीय चिकित्सकों द्वारा बताये गये निर्देशों के अनुसार पत्तों को कुष्ठ चिकित्सा में दिया और निरुपयोगी पाया।

फिरंग

स्पेन्सर (1899) ने पुराने फिरंग विकारों में पत्तों के फाण्ट को शक्तिशाली रसायन का कार्य करते पाया है। स्पेन्सर के अनुसार पौधे का सबसे अधिक क्रियाशील भाग तेल है। पुराने फिरंग व्रणों में तथा अन्य दूषित व्रणों में जिनमें रोहण की प्रवृत्ति नहीं दीखती, यह बहुत लाभ करता है। अकेले तेल का प्रभाव अधिक उत्तेजक पाया जाय, अथवा कम शक्ति के तेल का प्रयोग वांछनीय हो तो इसे किसी दूसरे सादे तेल में मिलाकर हलका कर लेना चाहिए।

पराश्रयीहर गुणों की सम्भावना से चैटर्जी ने उपदंश (सिफ़लिस) की चिकित्सा में मार्गोसेट्स की परीक्षा की। फिरंग की प्रथम, द्वितीय और तृतीय अवस्थाओं में सोडियम मार्गोसेट्स का घोल 0.01 मिलीलीटर से 0.325 मिलीलीटर की विभिन्न मात्राओं में त्वचा, मांस तथा शिरा के सूची वेधों द्वारा दिया गया। प्रथम और द्वितीय अवस्थाओं में प्रारम्भिक क्षत और द्वितीय अवस्था के चिह्न अचिकित्सित रोगियों की तुलना में इसके प्रभाव से बहुत अधिक शीघ्रता से लुप्त हो गये। अधिक देर के द्वितीय और तृतीय अवस्था में त्वचा के क्षत, गांठें (गम्मेटा) आदि भी यद्यपि अच्छे हो गये थे परन्तु परिणाम इतने

अच्छे नहीं थे जितने कि संखिया, पारद, बिस्मिथ और नैलिद् के देने से प्राप्त होते हैं। फिरंग में तेल की तुलना में मार्गोसेट्स के सूचीवेध देना और अम्ल का स्थानिक उपयोग अधिक लाभकारी पाया जाता है।

ताड़ी

कभी-कभी नीम के वृक्ष से स्वयं ही एक स्राव निकलने लगता है जिसे नीम का मद, नीम का रस या नीम की ताड़ी कहते हैं। प्राकृतिक अवस्था में वृक्ष के 2 या 3 और कभी-कभी इससे भी अधिक भागों से स्वच्छ, नीरंग द्रव, बहुत पतली धार के रूप में या लगातार बूंदों के रूप में बहना आरम्भ हो जाता है। यह 3 से 7 सप्ताह तक बहता रहता है। वृक्ष के वे भाग जिनमें से स्राव निकलता है वे तने, बड़ी-बड़ी शाखाएं और जड़ें हैं। इनमें विद्यमान छोटी-छोटी दरारों, गड्ढों या छिद्रों में से रस टपका करता है। वसन्त में आधार के पास तने में चीरा लगाकर कभी-कभी कृत्रिम छिद्र भी करने पड़ते हैं। एक वृक्ष से 24 घंटों में निकलने वाले द्रव का परिमाण वृक्ष के आकार के अनुसार 2 से 8 बोतल तक होता है।

कहा जाता है कि कृत्रिम विधि से नीम का मद उत्पन्न करने वाले वृक्ष बहुत कम होते हैं। मद निकालने वाले वृक्ष सामान्यतः जल के समीप, नदी-नालों या जल के प्रवाहों के किनारों पर ऐसी जगहों पर पाये जाते हैं जो सदा गीली रहती हैं। कहा जाता है कि ये सब सुन्दर और छोटे तथा बड़े दोनों प्रकार के वृक्ष होते हैं।

माईलापुर में एक वृक्ष ने इस सम्बन्ध में बहुत ख्याति प्राप्त की है। ग्राम के ऊपर दक्षिणी सिरे पर एक छोटी-सी गली में यह वृक्ष था जिसे मरे हुए देर हो गई है। यह एक सुन्दर और बड़ा वृक्ष था जिसकी आयु लगभग पचास-साठ वर्ष की रही होगी। हर तीसरे या चौथे साल यह स्राव उत्पन्न करता था। अन्तिम या चौथी बार स्राव उत्पन्न करने के बाद तना शीघ्रता से खोखला हो गया और वृक्ष इसके बाद तुरन्त मर गया। स्राव निकलने से पूर्व प्रत्येक अवसर पर तने में से 3 या 4 दिन तक द्रव बहने की गड़गड़ाहट का-सा एक विशिष्ट शब्द हर समय स्पष्ट सुनाई देता था। वृक्ष के 3 या 4 भागों में से जब तक स्राव वास्तव में बह न निकले तब तक वह गड़गड़ाहट सुनाई देती रहती थी। वृक्ष का मालिक फ़ैज़ अहमद ख़ां पड़ोसियों तथा इधर-उधर के तद्र सेच्छुक लोगों को इस अत्यन्त दुर्लभ समझी जाने वाली ओषधि के निकलने की सूचना भिजवा देता था। रोग निवारण के लिए स्राव की ख्याति इतनी अधिक फैल गई थी कि वृक्ष प्रात से सायं तक लोगों से घिरा रहता था। वे रस ख़रीदते थे और बड़ी उत्सुकता तथा आशा से पीते थे। इसका मूल्य साधारणतः 4 से 10 आने प्रति बोतल था और एक बार तो इसी परिमाण का मूल्य 1 रुपया तक पहुंच गया था। यह स्वाद में मामूली-सा कड़वा था और इसमें नीम वृक्ष की हलकी विशिष्ट गन्ध थी। ऐसा समझा जाता था कि यह कभी सड़ता नहीं और इसमें विषैला गुण भी नहीं है।

यह तृषाशामक, पौष्टिक और बलदायक है। त्वचा के रोगों, तपेदिक, आमाशय की दुर्बलताजन्य अजीर्ण और सामान्य निर्बलता में उपयोगी है। ताज़े रस में फ़र्मेण्ट की हुई शराब जैसी तेज़ गन्ध आती है जिसमें पेड़ की विशिष्ट गन्ध मिली रहती है। यह ज़रा मीठा होता है। इसमें कुल ठोस पदार्थ 12.5, अपचायक शर्करा (reducing sugar) 0.5 और एसिटिक अम्ल 0.8 प्रतिशत होते हैं।

ताड़ी का विश्लेषण

ग्वालियर राज्य से प्राप्त नीम की ताड़ी के एक नमूने का रासायनिक विश्लेषण किया गया। यह हलके पीले रंग की चीनी और थोड़े-से एल्ब्युमिनस तथा चिपचिपे गोंद सदृश पदार्थ का दूध सदृश मीठा घोल या शर्बत होता है। इसमें पकी निबौली की गन्ध थी। उबालने पर और निक्षिप्त एल्ब्युमिनस पदार्थ को हटाने पर एक हलका-सा पीला, स्वच्छ घोल प्राप्त हुआ।

सूखी ताड़ी के ठोस पदार्थ से निकाले हुए पैट्रोलियम ईथर में स्निग्ध और रेज़िनस पदार्थ केवल अत्यल्प परिमाण में थे। क्षाराभ (एल्कलौयडल) और ग्लूकोसाइडल तत्त्वों के लिए की गई परीक्षाएं नकारात्मक थीं। राख के गुणात्मक विश्लेषण से पोटाशियम, लौह, एल्युमीनियम, खटिकम् और कार्बन द्वयम्लजिद् पाये गये।

कुष्ठ में ताड़ी का उपयोग

टी. पी. घोष (इण्डियन फ़ौरेस्टर, जून 1933) के अनुसार कुष्ठी मनुष्य अपने घृणोत्पादक रोग की औषध के रूप में नीम के स्राव को उत्सुकता से सेवन करते हैं। परन्तु रासायनिक विश्लेषण से प्रतीत होता है कि नीम की ताड़ी में कोई ऐसा पदार्थ नहीं जिससे यह कुष्ठ तथा त्वचा के अन्य रोगों के लिए लाभदायक कहा जा सके। नीम में से प्रतिदिन तो स्राव निकलता नहीं इसलिए इसकी दुर्लभता ही इसके महत्त्व को बढ़ाने में पर्याप्त कारण है। श्री टी. पी. घोष ने कोढ़ में उपयोगी होने के प्रचलित विश्वास का मूल स्रोत हिन्दुओं के प्राचीन चिकित्सा साहित्य को बताया है, परन्तु जहां तक मुझे ज्ञात है प्राचीन संस्कृत लेखकों ने नीम की ताड़ी और उसके गुणों या उपयोगों का उल्लेख नहीं किया। ब्रैण्डिस (1874), वाट (1891) आदि विद्वानों की रचनाओं में नीम के मद का वर्णन मिलता है।

आधुनिक अन्वेषकों के अनुसार नीम की ताड़ी में चिकित्सा सम्बन्धी गुण विशेष नहीं हैं। ताड़ या खजूर आदि की नीरा के सदृश ही यह एक स्राव है जो शीतल, पोषक, उत्तेजक और बलदायक पेय कहा जा सकता है। वैद्य लोग इसे त्वचा के रोगों में अन्तःप्रयोग में लाते हैं।

चार

पीपल

फ़ीकुस रेलिजिओसा लिनिअस

Ficus religiosa Linn.

कुल मोरासी Moraceae

पौधे का स्वरूप : शाक्य मुनि गौतम बुद्ध ने गया (बिहार) में एक पीपल के नीचे घोर तपस्या करते हुए दिव्य प्रकाश पाया था। तभी से वे भगवान् बुद्ध बन गए थे। पीपल के नीचे बोध होने से वह वृक्ष बोधिवृक्ष के नाम से प्रसिद्ध हो गया था। उस समय (छठी शती ईस्वी पूर्व) के बाद बौद्ध साहित्य में और उसके साथ-साथ संस्कृत साहित्य में भी पीपल को सामान्य नाम बोधिवृक्ष दिया जाने लगा। महात्मा बुद्ध के कारण इसे जो प्रतिष्ठा प्राप्त हुई उससे हमारे देश की धार्मिक और आध्यात्मिक विचारधारा को बोधिवृक्ष ने बहुत उत्प्रेरित किया है। तुलसीदास जी ने अपनी आध्यात्मिक कल्पना के कागभुशुण्डि का निवास हिमालय में उगे हुए बरगद, पीपल, पाकर और आम के विशाल वृक्षों के ऊपर दिखाया है। पीपल के नीचे ही बैठकर वह प्रभु का ध्यान करता था। प्राचीन भारतीय विचारक बताते हैं कि अश्वत्थ का जीवन मूल पर निर्भर है, इसलिए इसके मूल में ब्रह्मा का वास कहा जाता है। मूल से जो रस आता है, उसके द्वारा वृक्ष का पालन-पोषण मध्य भाग से होता है। आया हुआ रस यज्ञ द्वारा गूदा, त्वचा आदि के रूप में मध्य भाग में ही परिणत होता है। इससे यज्ञ रूप पालक विष्णु की स्थिति मध्य में मानी गई है और यह रस ऊपर के भाग से उत्क्रांत होता रहता है। इसी से वृक्ष के ऊपरी भाग से शाखा, पत्ते आदि निकलते रहते हैं। अतएव उत्क्रांति के अधिपति महेश्वर अग्रभाग में माने गये हैं।

सवा दो हज़ार साल पुराना पीपल

श्रीलङ्का में अनुराधपुर के पास पीपल का एक महान् वृक्ष है जो पूजापाठ करने वाले भिक्षुओं तथा भक्तों से सदा घिरा रहता है। परम्परागत विश्वास को यदि स्वीकार किया जाए तो संसार के प्राचीनतम वृक्षों में इसे गिना जा सकता है। विश्वास किया जाता है कि यह बुद्ध गया के उसी पवित्र बोधिवृक्ष की एक शाखा से 28 ईस्वी पूर्व उगाया गया था जिसके नीचे गौतम बुद्ध को दिव्य ज्ञान की प्राप्ति हुई थी। महावंश के अनुसार

श्रीलङ्का के सम्राट् देवानांप्रिय तिष्य ने सम्राट् अशोक से बोधिद्रुम की एक शाखा लङ्का में भेजने की प्रार्थना की थी। अशोक ने इस पवित्र वृक्ष की एक शाखा अपने पुत्र महेन्द्र और पुत्री संघमित्रा के साथ भेजी थी। इसी शाखा को अनुराधपुर में रोपा गया था। सिंहली में पीपल को बो कहते हैं। बौद्ध साहित्य के बोधिवृक्ष का संक्षेप में, श्रीलंका में बो ही रह गया। अमरावती (ज़िला गुण्टूर, आन्ध्र प्रदेश) बौद्ध स्थल में भगवान् बुद्ध को ज्ञान प्राप्ति के प्रतीक रूप में यह अश्वत्थ-देवालय छह-पहलुए स्तम्भ की सजावट के लिए ईस्वी पूर्व पहली शताब्दी में या ईस्वी पश्चात् पहली शताब्दी में बनाया गया था।

चित्र 7 द्रुम मन्दिर

कहा जाता है कि पीपल की आयु 2-3 हज़ार बरस तक भी पहुंच जाती है। सामान्य वृक्षों की तुलना में यह बहुत अधिक दीखती है। परन्तु कंगुतालों (साइकेड्स) की एक जाति *माक्रोज़ामिया* (*Macrozamia*)से यह बहुत कम है। शिकागो विश्वविद्यालय के प्राध्यापक चार्ल्स जे. चेम्बरलेन ने दुनिया के कंगुतालों का विशेष अध्ययन किया है। उनके अनुसार, औस्ट्रेलिया में सीमित यह जाति 12 से 15 हज़ार वर्ष के बीच तक आयु प्राप्त कर लेती है।

यादगार में

प्रसिद्ध घटनाओं की स्मृति को स्थायी बनाने के उद्देश्य से पीपल को रोपने के हमें अन्य उदाहरण भी मिल जाते हैं। महाराजा रणजीतसिंह और लौर्ड विलियम बेंटिंक के बीच एप्रिल 1838 में एक संधि पर हस्ताक्षर हुए थे। रोपड़ (पंजाब) के पास सतलुज नदी के तट पर जहां हस्ताक्षर करने का समारोह सम्पन्न हुआ था, वहां संधि की यादगार में पीपल का एक पौधा रोपा गया था। 123 वर्ष के बाद, 1961 की सरदियों की बारिश में 2 फ़रवरी को वह बाढ़ में बह गया था (हिन्दुस्तान टाइम्स, 3 फ़रवरी, 1961)।

अन्य देशों में पूजित

पीपल वृक्ष के समान समादृत एवं पूजनीय वृक्ष संसार में कम ही होंगे। इसके समीप पहुंचने पर तिब्बती लोग अपनी टोपी उतारकर सम्मान प्रदर्शित करते हैं और

शोलो शोलो का उच्चारण करते हैं। इसकी जड़ पर सफ़ेद पत्थर के छोटे-छोटे 2-4 टुकड़े रख देते हैं। नंगी जड़ों को लाल रंग से रंग देते हैं। भारत की भांति वहां भी ऐसी भावना है कि लालचङ् को काटने या नष्ट करने वाले को कुष्ठ फूट पड़ता है। मुक्तिनाथ प्रदेश में पीपल को शोल बो कहते हैं और उसको पूजते हैं। नेपाल में भी बंगलसिमा (पीपल) का बड़ा सम्मान किया जाता है। श्रीलंका, म्यांमार, कम्बोडिया आदि में भी यही भावना है; और इन देशों में इसे बोधिवृक्ष कहकर पूजा करते हैं।

जापान में पीपल को बोदाई ज्यु कहते हैं। बोदाई का अर्थ बोधि और ज्यु का अर्थ वृक्ष है। यह नाम भी बोधिवृक्ष के साथ गौतम बुद्ध के पवित्र सम्बन्ध को बताता है।

गया के पीपल वृक्ष को जापान और समस्त संसार के बौद्ध अब भी पवित्र मानते हैं। विदेश का प्रत्येक बौद्ध भारत आने पर गया में जाकर, बोधिवृक्ष के पत्तों को अपने साथ बुद्ध भगवान् के प्रसाद रूप में ले जाता है और अपने देश में इष्टमित्रों को यह प्रसाद भेंट करता है। जापान में बौद्धों के घरों में जो निजू मन्दिर होते हैं उनमें बोदाई ज्यु के पत्तों को भी प्रतिष्ठित कर देते हैं। जापान में पीपल के फलों की माला को पवित्र मानते हैं। वहां भी 108 मनकों की माला बनाते हैं।

गया के पवित्र बोधिवृक्ष से उगाये पौधों को जापान में उगाने के परीक्षण किये गए हैं। वहां की अतिशय शीतल जलवायु में ये पनप नहीं पाते।

वृक्षों का राजा

भगवान् बुद्ध ने एक जातक कथा में पीपल को वृक्षों का राजा बताया है। यह कथा उल्लू को राजा बनाने और कौओं द्वारा इसका विरोध करने के बारे में है। पद्मपुराण में इसे वृक्षराज कहा गया है। भगवद्गीता में श्रीकृष्ण ने इसे सब वृक्षों में श्रेष्ठ बताया है। पद्मपुराण में ब्रह्मा को पीपल का रूप बताया गया है। अथर्ववेद में कहा गया है कि यहां से तीसरे द्युलोक में देवताओं के बैठने का स्थान अश्वत्थ है। तैत्तिरीय ब्राह्मण में बताया है कि देवताओं से अलग होकर एक बार अग्नि देवता छिप गये और अश्व का रूप बनाकर वर्ष-भर अश्वत्थ में रहे थे। अश्व का स्थान होने से ही इसे अश्वत्थ कहते हैं। मन्दिर में मंगल कलश की स्थापना करते समय पूर्व दिशा में रखे कुम्भ में अश्वत्थ के पत्ते डालने का विधान है।

पीपल में देवताओं का निवास मानने का एक कारण यह भी रहा होगा कि इसके पत्ते हलकी हवा से प्रकम्पित हो जाते हैं। इस धारणा का समर्थन हमें जनसाधारण में प्रचलित इस विश्वास से मिलता है कि जब किसी व्यक्ति पर देवी या देवता प्रकट होता है तब उसकी देह पीपल के पत्तों के समान अस्थिर हो जाती है, वह कांपने लगता है और अपने विभिन्न अंगों का विविध प्रकार से विन्यास करने लगता है।

वैदिक काल में आबादी के बाहर पीपल, बरगद, गूलर और पिलखन के पेड़ों के

नीचे गन्धर्वों और अप्सराओं के डेरे रहते थे। बस्ती के लोगों से झगड़ा हो जाने से

चित्र 8 पीपल का वृक्ष

बस्ती वाले उन्हें कोसते हुए कहते हैं–'हे अप्सराओ व गंधर्वो ! तुम अपने उस निवास स्थान में उल्टे मुंह चले जाओ और चुपचाप वहीं पड़े रहो जहां पीपल, बड़, गूलर और पिलखन के पेड़ खड़े हैं और जहां मोर रहते हैं।'

पूजा के नियम और मंत्र

पूजा क्यों की जाय ? : मध्यकाल के धार्मिक साहित्य में हमें इस प्रकार के विचार मिलते हैं कि विष्णु भगवान् स्वयं पीपल का रूप धारण किये हुए हैं इसलिए पीपल की पूजा करने से ही विष्णु की पूजा हो जाती है। पुराणों के इन विचारों ने, सर्वसाधारण को इसकी पूजा के लिए प्रेरित किया।

स्मृत्यर्थसार के अनुसार प्रतिदिन सुबह-शाम पीपल की पूजा करनी चाहिए। इससे भिन्न समय में नहीं। पूजा मंत्र का अर्थ यह है–'आंख फड़कने, बांह फड़कने और बुरे स्वप्न दीखने को तथा मेरे शत्रुओं के उत्थान को, हे पीपल ! तू शीघ्र शान्त कर दे। हे पीप रूप भगवान् जनार्दन ! मुझे प्रसन्न कर दे। हे पीपल ! तुझे देखकर पाप नष्ट हो जाते हैं और तुझे देखकर लक्ष्मी आने लगती है, तेरी परिक्रमा लेने से आयु लम्बी होती है। हे अश्वत्थ ! तुझे नमस्कार है।'

प्रतिष्ठा करना

शार्ङ्गधर ने लिखा है कि जो व्यक्ति पीपल का एक पेड़ लगा देता है वह नरक में नहीं जाता। शार्ङ्गधर की सम्मति में इसे घर के दक्षिणी भाग में रोपना चाहिए। वराहमिहिर ने पीपल और बरगद को घरों के सामने समृद्धि तथा सुख-प्राप्ति के लिए बोने को लिखा है। मगध के माधव ने पीपल की सेवा करके उसे बढ़ाने का फल बताया है कि इससे बुरे कर्मों से बचा जाता है और परिणामत : नरक नहीं जाना पड़ता। अनेक बार अश्वत्थ-प्रतिष्ठा करने में बड़ा ख़र्चीला समारोह सम्पन्न होता है। ब्राह्मण लोग कहते हैं कि यह उत्सव रचाने वाले को भगवान् के अपार आशीर्वाद प्राप्त होते हैं। ब्राह्मण के यज्ञोपवीत-धारण के समान पीपल के चारों ओर भी पवित्र सूत्र लपेटा जाता है।

पीपल का विवाह

कभी-कभी पीपल का विवाह धूमधाम से रचाया जाता है, इसके युगल के लिए सामान्यतः एक नीम चुना जाता है और प्रायशः केला लिया जाता है। ब्राह्मणों में विवाह की जो प्रथाएं होती हैं, लगभग वही इस विलक्षण विवाह में सम्पन्न की जाती हैं। दक्षिण भारत में जहां-तहां छोटे ढूहों पर नीम और पीपल के वृक्ष साथ-साथ उगे दीख पड़ते हैं, यह मेल अकस्मात् नहीं हुआ, परन्तु यह एक वास्तविक विवाहोत्सव का परिणाम होता है। आब्बे जे. ए. द्युब्बा (1906) ने नीम और पीपल के एक विवाह का उल्लेख किया है। अठारहवीं शती के अन्तिम दशक में उस समारोह में 1,500 रुपये से अधिक ख़र्च हुआ था।

पूजने का फल

पद्मपुराण के अनुसार पीपल को देखकर जो उसे प्रणाम करता है वह दीर्घ आयुष्य प्राप्त करता है और उसके पास सब प्रकार की सम्पत्तियां बढ़ने लगती हैं। पीपल में सब तीर्थों का निवास है। इसके नीचे किये जाने वाले धर्म-कर्म निर्विघ्न समाप्त होते हैं। इस विश्वास के कारण ही हिन्दू अपने मुण्डन आदि संस्कार पीपल के नीचे कराते हैं। इसी से आप पीपल के वृक्ष को सदा धार्मिक चहल-पहल का स्थान पाते हैं। सार्वजनिक स्थानों में उगे हुए पीपल की उपादेयता का ध्यान रखते हुए महर्षि सुश्रुत ने देवस्थान, श्मशान, वापी और चौराहे में उगे हुए पीपल को चिकित्सा में काम लेने से मना किया था।

यह उपयोगी वृक्ष गरमियों में सूख न जाय, इस भावना से धर्म-गुरुओं ने गरमियों के आरम्भ में इसे सींचने को प्रोत्साहन देने के लिए नियम बनाये। उन्होंने लिखा-विष्णु का प्यारा मनुष्य धर्म, अर्थ, काम और मोक्ष का फल प्राप्त करने के लिए वैशाख मास में विष्णु के अश्वत्थ रूप को प्रतिदिन पानी दे। चुल्लू भर पानी से जो पीपल को सींचता है वह भी करोड़ों पापों से छुटकारा पाकर स्वर्ग को जाता है।

पीपल के विशाल वृक्ष के नीचे सैकड़ों यात्री आराम करते हैं। गांव के बाहर पीपल वृक्ष की ठण्डी छाया में आप प्रायः राहगीरों के घोड़े बंधे देखेंगे। घोड़ों के कारण ही इस वृक्ष को संस्कृत में अश्वत्थ (अश्व=घोड़ा, स्थ=ठहरना) कहते थे। यात्रियों के सुख के लिए लोगों ने पीपल की जड़ के चारों ओर सुन्दर शिलाएं लगवानी शुरू कर दीं। लोकहित के इस कार्य को ब्राह्मणों ने यह लिखकर प्रोत्साहित किया—पीपल की जड़ में जो शिलाएं लगवाता है उसे अश्वत्थ रूपी भगवान् कौन-सा पदार्थ नहीं देता ? अर्थात् उसकी सब मनोकामनाओं को पूरा कर देता है।

काटने का निषेध

पद्मपुराण में इन ज़ोरदार शब्दों में इसे काटने की मनाही की गई है—पीपल को राजवृक्ष और भगवान् का रूप कहा गया है। इसलिए इसे नष्ट करने वाले का रक्षक कोई नहीं है। पीपल को नष्ट करने वाले मूर्ख मनुष्य की किसी भी प्रायश्चित्त से शुद्धि नहीं हो सकती। इसकी छोटी-सी शाखा को भी जो काटता है वह करोड़ों ब्रह्महत्याओं का भागी बन जाता है। इन धारणाओं के कारण ही हिन्दू इसे नहीं काटते। मुहर्रम आदि के जुलूसों के अवसर पर राह में बाधा डालने वाले पीपलों को जब मुसलमानों ने काटना चाहा तब हमारे देश में अनेक बार बड़े-बड़े दंगे हुए और हिन्दुओं ने अपनी धार्मिक भावना को सुरक्षित रखने के लिए महान् बलिदान दिये। किसी मकान, कुएं की दीवार या किसी अन्य अनुपयुक्त स्थान पर यह जम गया हो तो किसी दूसरे धर्मावलम्बी को इसे उखाड़ने का काम सौंपा जाता है और तब उसे जड़ समेत अन्यत्र रोप दिया जाता है।

मकानों का दुश्मन

दूसरे वृक्षों पर और मकानों की दीवारों पर बीज प्रायः उग आते हैं। पीपल का पौधा बढ़ता हुआ दूसरे पौधे पर अपनी जड़ें मज़बूती से जमाता है। इस प्रकार धीरे-धीरे उस पेड़ पर हावी हो जाता है। इसे सामान्यतः पराश्रयी पौधा समझा जाता है। परन्तु वास्तविक अर्थ में पीपल और बरगद दोनों ही पराश्रयी नहीं हैं क्योंकि जब तक उनकी जड़ें ज़मीन में नहीं बैठ जातीं, वे वायु और वर्षा से पोषण ग्रहण करते हैं। पराश्रयी पौधों की तरह अपने पोषित पादप के रस से पोषण नहीं खींचते। मकान पर जब यह जीवन आरम्भ करता है तब चिनाई के बीच में जड़ घुसा लेता है और शीघ्र ही अपने आश्रयदाता का नाश कर देता है।

बड़े भोज के लिए खुला आमन्त्रण

सरदियों की समाप्ति पर तथा ग्रीष्मऋतु के शुरू होने पर थोड़े समय के लिए पीपल पत्र-विहीन रहता है। नये पत्ते फ़रवरी से एप्रिल तक निकलते हैं। फल एक आधान

(रिसेप्टेकल) है जिसके अन्दर ही सूक्ष्म फूल बन्द रहते हैं। फल जोड़ों में लगते हैं, मई-जून में पकते हैं। पकने पर लाल-जामनी रंग के तथा नरम हो जाते हैं। जब फल पक रहे होते हैं तब तड़के से ही वृक्ष पक्षियों की चहचहाट से व्याप्त रहता है। प्रकृति द्वारा आयोजित इस बड़े भोज के लिए उदारतापूर्वक दिये गए निमन्त्रण का पक्षी भरपूर लाभ उठाते हैं।

मोहक संगीत

पूर्णतः चिकने और चौड़े पत्तों के किनारे लहरदार होते हैं और इनके सिरे पर लम्बी, नोकीली पूंछ निकली होती है। पत्तों के ऊपर का पृष्ठ गहरा चमकीला-हरा और निचला हलके रंग का होता है। पतले-लम्बे डण्ठलों पर लटकते हुए पत्ते वायु की बहुत हलकी गति से भी नाचने लगते हैं। गहरे और हलके रंग के पृष्ठ बारी-बारी से अपने को प्रकाश में लाते रहते हैं। नृत्य के इस व्यवस्थित प्रदर्शन में लम्बी नोक पड़ोस के पत्तों पर कोमलता से टकराती हुई ताल देती है। असंख्य चर्मश नोकों के टकराने से उठती हुई मृदु ध्वनियां मिलकर ऐसी लगती हैं जैसे कि एक मोहक संगीत उठ रहा हो या रिमझिम करती हुई वर्षा की बौछार हो। दक्षिण के हिन्दू लोग इस शब्द की वीणा की ध्वनि से तुलना करते हैं। इसके साथ ही, फलों की चाह से तथा छाया का सुख लेने के उद्देश्य से आये रंग-बिरंगे पक्षियों की चहक से गरमियों की तपिश में भी पीपल सचमुच बड़ा आकर्षक बन जाता है। एप्रिल में पत्तों की चपलता को निहारना विशेष रूप से आनन्ददायक होता है जब लाल रंग के चमकीले नये पत्ते श्रीहीन मोटी शाखाओं पर बिखर गये होते हैं। पत्तों की चपलता सम्बन्धी विशेषता के कारण संस्कृत में पीपल को चलदल और चलपत्र भी कहते हैं। नृत्य की इस भाव-भंगिमा ने महर्षि वाल्मीकि को बहुत आकृष्ट किया था। उन्होंने लिखा है कि श्रीराम को तलाश करने भरद्वाज के आश्रम में जब भरत पहुंचे तब उनका स्वागत करने के लिए, भरद्वाज के तपःप्रभाव से पीपल के पेड़ नाच उठे।

पत्ते चिकने क्यों ?

अधिक आर्द्र जलवायु में उगने वाले पौधों को अपना जीवनक्रम ठीक से चलाने के लिए आवश्यक होता है कि वर्षा के पानी को वे पत्तों के पृष्ठ पर से जल्दी ही बहा दें जिससे पत्ते अपनी श्वास-प्रश्वास की प्रक्रिया को बारिश की झड़ी के बाद तुरन्त सामान्य रूप से ज़ारी कर सकें। पीपल क्योंकि मुख्यतः आर्द्र जलवायु में अधिक पैदा होता है इसलिए इसके पत्तों को भी उसी प्रकार का प्रबन्ध करना पड़ा है। चिकने पत्ते अपनी सतह पर पानी को टिकने नहीं देते। नोक भी इसमें सहायक सिद्ध होती है क्योंकि नोक से होता हुआ पानी झट नीचे गिर जाता है।

सिन्धुवासियों का पवित्र वृक्ष

पीपल का पत्ता सिन्धु निवासियों में स्वस्तिक के समान सुख-सम्पत्ति का सम्वर्धक एवं कल्याणकारी समझा जाता था। सिन्धुकालीन सभ्यता से सम्बद्ध स्थानों के उत्खनन में उपलब्ध सामग्री के चित्रों में पीपल के पत्ते विविध आकार-प्रकार के बनाये गये हैं।

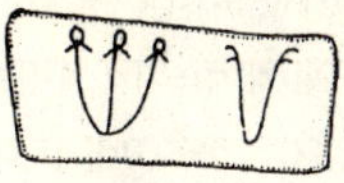

हड़प्पा की क्षुद्राकार मुद्राओं पर कहीं-कहीं इसका चित्र पाया जाता है। एक मुद्रा के एक ओर पीपल का पत्ता और दूसरी ओर दो चित्राक्षर हैं।

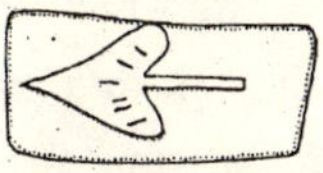

पवित्रता के कारण पीपल का पत्ता सिन्धु युग की कुम्भकला पर चित्रित किया गया था। हड़प्पा के क़ब्रिस्तान की एक क़ब्र में मुर्दे के साथ दफ़नाये गये मिट्टी के बर्तन पर पीपल के तीन पत्ते चित्रित हैं।

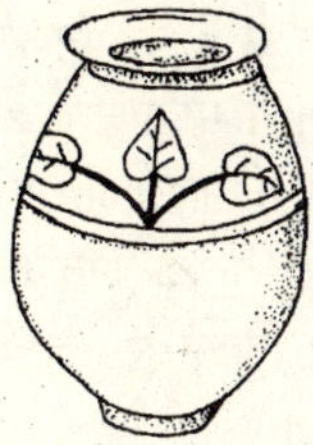

सिन्धुकालीन लोग पीपल के वृक्ष को पवित्र ही नहीं, शाश्वत ज्ञान देने वाला ब्रह्म-तरु भी मानते थे। इसीलिए यह सिन्धुकालीन मुद्राओं और कुम्भकला पर अधिक संख्या में मिलता है। हड़प्पा के क़ब्रिस्तान एच में दफ़नाये गये लोगों में भी इसके प्रति वैसी ही पूज्य भावना और निष्ठा थी क्योंकि इस क्षेत्र से मिले शव-भांडों तथा अन्य बर्तनों पर इसके बेशुमार चित्र पाये गये हैं।

सिन्धु युग में पीपल का सूर्य से सम्बन्ध मानते थे। सिन्धु मुद्राओं पर पीपल देवता को पीपल के दो-फांक तोरण के नीचे खड़ा दिखलाया है। तोरण से पीपल के पत्ते सूर्य की किरणों के समान बाहर की ओर निकल रहे हैं।

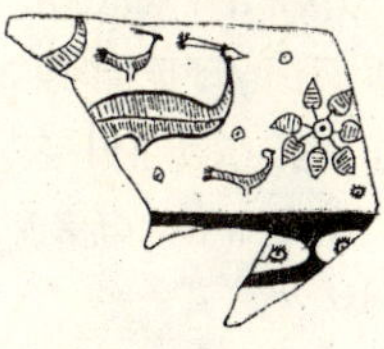

सिन्धु में चन्हुदड़ो के टीले की खुदाई में मिले अनेक ठीकरों पर बने हुए सूर्य बिम्बों पर किरणों की बजाय निखरते हुए पीपल के पत्ते हैं। इन बिम्बों को मोर बड़ी उत्कण्ठा से देख रहे हैं।

अनेक ठीकरों पर पीपल की शाखाओं पर खड़े मोर पत्तों पर ठोंगें मारते दिखाई दे रहे हैं। सम्भवतः ये वृक्ष के साथ चिपटे हुए हानिकर कीड़ों को खाकर इसकी रक्षा कर रहे हैं।

पीपल के पत्ते के रूप

पीपल की दो-फाड़ खड़ी शाखा के पत्ते हृदयाकार-वर्तुल और छोटी, तीखी नोक वाले हैं। इनका आधार दो पालियों वाला है। इनमें केवल एक मध्य

नाड़ी है जो पत्ते की पूरी लम्बाई में आधार में लगे वृन्त से निकलकर पत्ते के सिरे तक चली गई है। दो-फाड़ में दोनों ओर 3-3 पत्ते हैं।

दो-फाड़ के अन्दर खड़े पीपल देवता के एक अन्य चित्र में पत्ते पहले वाले चित्र से मिलते-जुलते हैं। लेकिन शाखा के दोनों तरफ़ 4-4 पत्ते हैं। पीपल की दो-फाड़ शाखा के तोरणाकार उलटे चित्र में बने पत्तों का आकार-प्रकार बदल गया है। एक चित्र में पत्तों की मध्य नाड़ी की जगह एक छोटी-सी रेखा बीचो-बीच बनाई गई है। दो-फाड़ में कुल 11 पत्ते हैं। तोरण वाले एक चित्र में शाखा पर कुल 5 पत्ते लगे हैं। इनका रूप पहले चित्र जैसा नहीं है। पत्तों में नाड़ी नहीं है। बीचो-बीच एक नन्हा पत्ता बनाया है। देवता के मुकुट में लगाने के लिए बनाई पीपल की शाखा के ऊपरी भाग में एक ही स्थान से 4 पत्ते निकले हैं। इनके वृन्त लम्बे हैं। इनके नाड़ी जाल में मुख्य नाड़ी से निकली 4-4 नाड़ियां हैं। बलूचिस्तान की कुम्भकलाओं पर चित्रित अलंकरणों में बनाई गई पीपल की शाखा के पत्ते वास्तविक पत्तों जैसे हैं। ये शाखा पर आमने-सामने निकले हैं। लम्बी नोक वाले और वृन्त-युक्त हैं। इनमें नाड़ी-जाल अधिक स्पष्ट है।

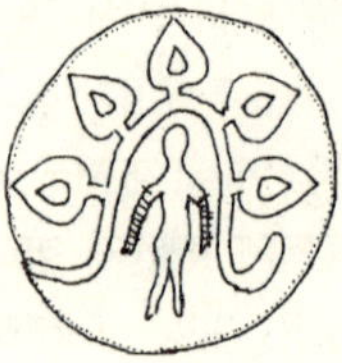

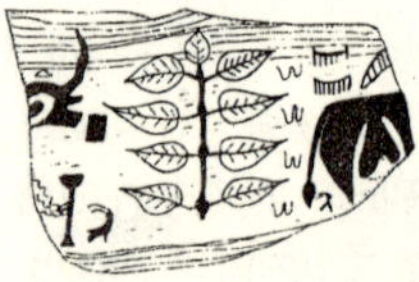

परम देवता पीपल में रहता था

पीपल अति प्राचीनकाल से परम पवित्र वृक्ष माना जाता है। भारत के महाविटपों में से यह एक है। इसका प्राचीन नाम अश्वत्थ है। उत्तर काल में इसे पिप्पल कहने लगे। इसी से हिन्दी नाम पीपल पड़ा है।

पीपल और बरगद को शिखण्डी या शिखण्डधारी वृक्ष कहते हैं। उत्तरकालीन संहिताओं के अनुसार इसमें गन्धर्व और अप्सराओं का निवास है। इसी कारण इसमें उनकी वंशियों तथा अन्य वाद्यों की ध्वनि आती है। पीपल में सृष्टि के रचयिता ब्रह्मा (प्रजापति) का निवास माना जाता है। इसलिए यह आदिज्ञान तथा ब्रह्मविद्या का स्रोत माना गया है। हिन्दू इसे काटते नहीं। इसके नीचे खड़े होकर झूठ नहीं बोलते।

पीपल सिन्धु निवासियों के सर्वोत्कृष्ट देवता का निवास होने से अति पवित्र और पूज्य वृक्ष था। निम्न कोटि के सभी देवता इसकी शाखा को देवद्रुम का प्रतीक समझकर शिखण्ड रूप से अपने सिरों पर धारण करते थे। ब्रह्मतरु होने के कारण पीपल ज्ञानतरु और सृष्टितरु भी समझा जाता था। सिन्धु निवासियों का दृढ़ विश्वास था कि जो इसके शाखा-शिखण्ड को सिर पर धारण करते थे वे यथार्थ ज्ञान के अधिकारी बन जाते थे।

इसे धारण करने का अधिकार केवल देवताओं तथा देवयोनि के जीवों को ही प्राप्त था जो मनुष्य के भाग्य-विधाता थे।

पीपल-अधिष्ठित देवता का सिन्धुकालीन देवगण में सर्वोच्च स्थान था। इस देवराज के आदेश में निम्नकोटि के अनेक देवता, उपदेवता तथा देवयोनि के प्राणी थे, जिनमें कुछ नररूप, कुछ पशुरूप और कुछ संकीर्ण जीव थे।

कुछ सिन्धु-मुद्राओं पर दो भागों में चीरी हुई पीपल की शाखा (दो-फांग) के अन्दर एक देव प्रतिमा को खड़ा दिखाया गया है। पत्ते टहनी के बाहरी भाग में लगे हुए दिखाये गये हैं जिससे पता चलता है कि शाखा को फाड़कर उसके अन्दर अधिष्ठित देवता प्रकट हो गया है। पीपल की टहनी U आकृति में मुड़ी हुई है। कुछ चित्रों में इसके सिरे ऊपर की ओर उठे हुए हैं और सिरों पर एक-एक पत्ता उग रहा है। एक चित्र में इसे गोल आधार पर टिका रखा है।

कुछ चित्रों में पीपल की शाखा उलटी बनाई गई है, इसकी पेंदी ऊपर और सिरे नीचे हैं। निचले सिरों पर पत्ते नहीं हैं। यह देवता के स्वागत में बनाया तोरण लगता है। एक चित्र के तोरण में 5 पत्ते हैं और एक में 11।

मोहनजोदड़ो की एक वर्गाकार मुद्रा में दाएं किनारे पर, ऊपर की ओर पीपल का पेड़ गोल आधार पर टिका है। इसके अन्दर देवता बाईं ओर मुंह किए खड़ा है। देवता के सिर पर त्रिशूलाकार शृङ्गमुकुट है जिसके नीचे सिर के पीछे कृत्रिम चोटी लटक रही है। यह चोटी शमी जाति के देवद्रुम की शाखा है। सामने देव-पुरोहित त्रिशूलाकार मुकुट और नक़ली चोटी पहने पीपल देवता से प्रार्थना कर रहा है। उसकी आसन मुद्रा उस संरक्षक यक्ष की-सी है जो प्रायः व्याघ्र-दानव की घात में शमी देवद्रुम के ऊपर बैठा हुआ पाया जाता है। उसकी कानखजूरे की शक्ल की बाहें प्रार्थना-मुद्रा में ऊपर की ओर उठी हैं। उसके बाएं घुटने के पास लकड़ी की चौकी पर देवता को समर्पित करने के लिए भेंट रखी है।

देव-पुरोहित के पीछे नुकीली नाक तथा कुटिल सींगों वाला, उल्लू-मुखी बकरा खड़ा है। यह साधारण बलि का बकरा (यज्ञ छाग) नहीं है, अपितु देवयोनि का पशु है जो

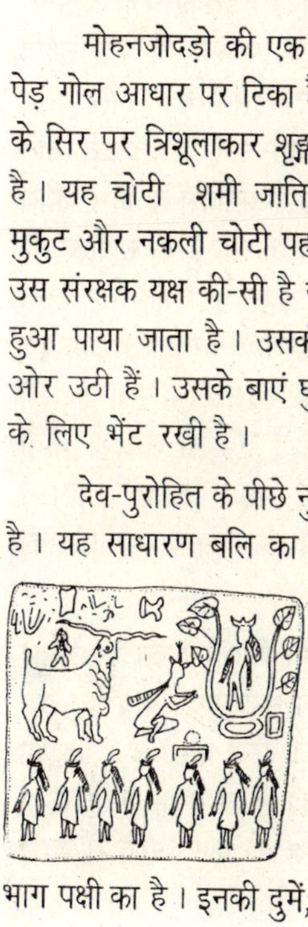

पुरोहित को पीपल-देवता के समक्ष ले जाने का माध्यम बना हुआ है। मुद्रा के निचले भाग में पीपल के अधिष्ठाता-देवता के सात देवदूत खड़े हैं।

सिन्धुकालीन लोग अपने देवताओं को अंशतः नर-रूप और अशतः विहंगम-रूप में कल्पना करते थे। इसीलिए इन देवदूतों का ऊपर का भाग मनुष्य का और नीचे का भाग पक्षी का है। इनकी दुमें, पतली टांगें और पैर पक्षियों जैसे हैं। ये नर-विहंग पक्षियों

के समान वायुमण्डल में निर्बाध विचरण कर सकते थे।

मुद्रा के ऊपरी किनारे के साथ 2 पंक्ति का चित्रांक्षरमय लेख है। शाखा के आधार के निकट एक और चित्राक्षर है जो सम्भवतः पीपल देवता के मन्दिर का प्रतीक है।

चन्हुदड़ो की खुदाई में हड़प्पा संस्कृति की पकी मिट्टी की एक मुद्रा छाप मिली है। इस पर बने चित्र में पीपल की शाखा के दायें-बायें दो देव-पुरोहित खड़े हैं। इन्होंने एक हाथ से पीपल की शाखा को थाम रखा है और उनका दूसरा हाथ कमर पर रखा है। शाखा के ऊपरी भाग में एक ही जगह से पीपल के 2-2 पत्ते निकलकर दायें-बायें फैल गए हैं। इनके नीचे महिषमुण्ड देवता के मुकुट में लगे भैंसे के सींग रखे हैं। शाखा की डण्डी का निचला भाग पत्र-विहीन है। इसे देवता की शिरोभूषा में खोंसा जाता था। शाखा के ऊपरी सिरे पर तुर्रा बना है। इसे देवता के मुकुट पर कलगी के समान धारण करते थे।

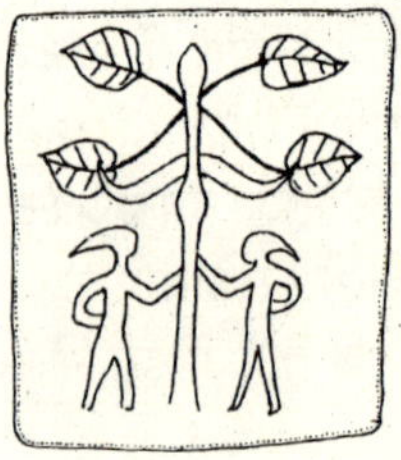

प्राचीनता और पूजा की दृष्टि से पीपल सारे संसार में बेजोड़ वृक्ष है। बहुत-से अन्य वृक्षों की तरह अब भी यह एक पवित्र वृक्ष माना जाता है। इसकी पूजा के साथ बहुत-से पर्वों का सम्बन्ध जोड़ा जाता है। किन्हीं विशेष दिनों में धन की देवी लक्ष्मी के निवास की कल्पना इसमें की जाती है। उस दिन हिन्दू लोग इसके चारों ओर मन्त्रों का उच्चारण करते हुए परिक्रमा करते जाते हैं और एक धागा तने पर लपेटते जाते हैं। एक अन्य उत्सव पर तने पर लाल सिंदूर लगाया जाता है। अमावस के दिन पीपल के वृक्ष की जड़ में स्त्रियां पानी डालती हैं, फूल चढ़ाकर पूजा करती हैं और रोली का लेप करती हैं। इसमें शनि देवता का निवास माना जाता है, शनि के प्रकोप को शान्त करने के उद्देश्य से हिन्दू महिलाएं शनिवार को भी इसकी पूजा करती हैं। सोमवती अमावस को पीपल की पूजा करने का विशेष महत्त्व समझा जाता है। उस दिन पूजा-पाठ के मन्त्रों के उच्चारण के साथ-साथ तने की परिक्रमा करते हुए वे सूत भी लपेटती जाती हैं। 100 बार परिक्रमा करने का विशेष फल कहा जाता है। बाण (सातवीं शती) ने दिखाया है कि तारापीड़ की पत्नी रानी विलासवती ने संतान की कामना से पीपल की प्रदक्षिणा की थी।

शनिश्चर देवता के प्रभाव से बचाने के लिए तान्त्रिक लोग पीपल के पत्ते पर अनार या लाल चन्दन की क़लम से उपाय अंकित करके बांह या गले में गण्डा बांध देते हैं। तय्ये के बुख़ार से छुटकारा दिलाने के लिए सयाने पीपल का टोना करते हैं। यह भी विश्वास है कि पीपल की दातुन करने से या उस पर धागा लपेटने से तय्या जाता रहता है। वैद्य जीवन में लोलिम्बराज ने बताया है कि पीपल के वृक्ष की पूजा करने से ज्वरों का निश्चित रूप से नाश होता है।

चन्द्रगुप्त मौर्य के प्रधानमंत्री आचार्य चाणक्य के समय पीपल की टहनियां टोने में काम आती थीं। यह विश्वास किया जाता था कि सुहांजने के पेड़ पर पैदा हुए पीपल की टहनियों को काटकर अंतःपुर में स्थान-स्थान पर रख दिया जाय तो सांपों और विषों का ख़तरा नहीं रहता।

सायण के समय पीपल का प्रयोग जादू-टोने (अभिचार) में बहुत अधिक होता था। अथर्ववेद के तीसरे काण्ड में दूसरे अनुवाक् का छठा सूक्त अश्वत्थ के संबंध में है। इस सूक्त के 8 मंत्रों को सायण ने अभिचार कर्म में प्रयोग किया है। खैर पेड़ के ऊपर उगे हुए पीपल को काटकर और मंत्रों से अभिमंत्रित करके वे उसके एक टुकड़े को बांध लेते थे। अभिचार करने वाला इस समय यह मंत्र बोलता था–'खैर के वृक्ष में उत्पन्न, पुरुषवृक्ष कहलाने वाले पीपल को मणि (गंडे) के रूप में धारण करता हूं। मैं जिनसे द्वेष करता हूं और जो मुझसे द्वेष करते हैं उन्हें यह मणि नष्ट कर दे। कांटों के द्वारा अनेक प्रकार से बाधा देने वाले वैबाधोपनामक खैर वृक्ष में पैदा हुए पीपल से बनी हुई हे मणि ! तू शत्रुओं का पूर्ण रूप से संहार कर दे। वृक्ष का संहार करने वाले इन्द्र के साथ और वरुण के साथ तेरी दोस्ती है। शत्रुसंहार की सार इस मणि को इंद्र आदि ने बांधा था। इस मणि के उपादान हे पीपल ! तू अर्णव उपनाम वाले अंतरिक्ष में खैर की खोल को भेदकर जिस प्रकार पैदा हो गया है उसी प्रकार तू हमारे उन सब शत्रुओं को पूर्ण रूप से नष्ट कर दे जिनसे हम द्वेष करते हैं और जो हमारे से द्वेष करते हैं। अपने दर्प से अन्य सजातीय वृक्षों को दबाता हुआ पीपल का पेड़ सांड की तरह बढ़ता है। हे पीपल ! तेरे से बनी हुई मणि को धारण करने वाले हम भी उसी तरह शत्रुओं का संहार करें। हे पीपल ! मैं जिनसे द्वेष करता हूं और जो मेरे से द्वेष करते हैं, उन मेरे शत्रुओं को पाप का देवता निवृत्ति किसी भी प्रकार न छुड़ाए जा सकने वाले मौत के जालों से बांध लेवे। हे पीपल ! वनस्पतियों पर चढ़ते हुए, उन्हें नीचा करते हुए तुम बढ़ते चलते हो। मेरे शत्रुओं के सिरों को भी तुम पूर्ण रूप से विदीर्ण करो, इनका तिरस्कार करो और उन्हें नष्ट कर दो। जिसमें नावें बांधी जाती हैं उस नदी के तट के वृक्षों से छिन्न हुई अथवा रस्सियों से छिन्न हुई नौका जैसे नदी के प्रवाह के साथ नीचे की ओर ही घसीटी जाती है उसी प्रकार मेरे दोनों प्रकार के शत्रु नदी के वेग के साथ नीचे बह जाएं। खैर के ऊपर पैदा हुए पीपल से प्रेरित शत्रु फिर नहीं लौट सकते। इन शत्रुओं को मैं अपने मनोबल से, मंत्रों के द्वारा अभिमंत्रित पीपल की छड़ी से नष्ट कर देता हूं।

सन्तान प्राप्ति की आशा से स्त्रियां इस पर भेंट चढ़ाती हैं। कई बार इसकी शाखाओं पर पानी का एक पात्र प्रेतों की तृप्ति के लिए लटका दिया जाता है। ये सब विश्वास निस्संदेह अति प्राचीन हैं। पीपल वृक्ष के साथ इनका संबंध पूर्व ऐतिहासिक काल से रहा होगा।

प्राप्ति-स्थान

पीपल दक्षिणी एशिया में बहुत अधिक उगता है। भारत और म्यांमार में सब जगह पाया जाता है और बोया भी जाता है। बहुत शुष्क प्रदेशों में यह कम मिलता है।

संतान के समान पालते हैं

शीतल और घनी छाया देने के कारण सड़कों के किनारे और गांवों में अब इसे बहुत रोपा जाने लगा है। दिल्ली की अनेक सड़कों पर पीपल लगाया गया है। पहले

चित्र 9 पीपल की फलदार शाखा

यह मुख्यतः धार्मिक उद्देश्यों से घरों, देवालयों तथा गांवों के आसपास बोया जाता था। अपनी प्रिय संतान की तरह इसकी पालना की जाती थी। स्कन्दपुराण (वैशाखमाहात्म्य, वैष्णवखण्ड) में लिखा भी है कि विज्ञ पुरुष इनको संतान मानते हैं—उत्तम शास्त्र का श्रवण, तीर्थयात्रा, सत्संग, जलदान, अन्नदान और पीपल का वृक्ष लगाना।

उत्पत्ति

पीपल को बीजों से उगाना अच्छा रहता है। पके फलों को ज़रा-सी सूखी रेत के साथ हथेली में मसलकर गमले में या रोपणी में बो दिया जाता है। बरगद के मुक़ाबले में शाखाओं द्वारा इसकी उत्पत्ति संतोषजनक नहीं होती। प्राकृतिक उत्पत्ति में बीज पक्षियों की बीठों तथा पशुओं के मलों में दूर-दूर जाकर गिर जाते हैं। पाचक रसों से बीज अप्रभावित रहते हैं। धूल में पड़े बीजों को हवा भी दूर उड़ा ले जाती है। इस तरह प्राकृतिक साधनों द्वारा इसका प्रसार बहुत दूरस्थ प्रदेशों में होता जाता है।

पार्वती का शाप

पद्मपुराण में पीपल और बरगद की उत्पत्ति इस प्रकार बताई है—एक बार शिव और पार्वती के रतिसुख में अग्निदेव ने व्याघात उत्पन्न किया। इस पर पार्वती ने क्रोध में यह कहते हुए सब देवों को वृक्ष बन जाने का शाप दिया कि रतिकर्म के सुख को तो पशु-पक्षी और कीट भी जानते हैं, और तुमने मेरे इस सुख को भंग किया। तब ब्रह्मा और विष्णु बोधिवृक्ष और वटवृक्ष के रूप में परिणत हो गए।

कामशास्त्र में स्त्री की योनि की तुलना पीपल के पत्ते से की जाती है। इसलिए कामी जन पीपल के पत्ते के संकेत से योनि की बात कहते हैं। नल ने वन-क्रीड़ा के समय ज़मीन पर पड़े पीपल के पत्ते को उठाकर देने के लिए दमयंती से कहा था तो वह लजा गई थी। दमयंती के अंगों का वर्णन करते हुए नल कहते हैं कि क्या इस सुन्दरी का कोई गुप्त अंग पीपल के पत्ते को इसलिए खोज रहा है कि वह उसे (पीपल के पत्ते को) जीत ले ! पीपल के पत्ते को उससे डर न हो तो वह अन्य वृक्षों के पत्तों की अपेक्षा भय से इतना क्यों कांप रहा है ?

विभिन्न भाषाओं में नाम

अंग्रेज़ी : पीपल (peepul), सेक्रेड फ़िग (sacred fig), पौपलर लीव्ड फ़िग ट्री (poplar leaved fig tree)।

अरबी : राज़्रतुल मुर्त्त अश।

कन्नड़ : अरली, अश्वत्थ, अरुलीमर।

गुजराती : जारी, पीपरो, पीपुल, पीपलो।

तमिल : अरासू, अश्वत्थ्म, राईचेट्टु, कुलर्जब्बिचेट्टु, अरस मरम।

तिब्बती : लाल चङ्।

तेलुगु : अश्वत्थ्मु, रविमनु।

बंगाली : अशाथव, अशोथगांछ।

मराठी : अश्वत्थ, पिपल।
मलयालम : अराचू, अरायाल, अश्वथम।
संस्कृत : अश्वत्थ, पिप्पल।
सिंहाली : बो।

संस्कृत में नाम और पर्याय

वनस्पतिनिघण्टुओं में पीपल के कुल 37 नाम आए हैं। धन्वन्तरिनिघण्टु (8वीं शती) में पीपल के 21, राजनिघण्टु (12वीं शती) में 20, मदनपालनिघण्टु (1374 सन्) में 9, कैयदेवनिघण्टु (1450 सन्) में 14 तथा भावप्रकाशनिघण्टु (1550 सन्) में 5 नाम और पर्याय आए हैं :

पिप्पलः केशवावासश्चलपत्रः पवित्रकः।
मङ्गल्यः श्यामलोऽश्वत्थो बोधिवृक्षो गजाशनः॥
श्रीमान् क्षीरद्रुमो विप्रः शुभदः श्यामलच्छदः।
पिप्पलो गुह्यपत्रस्तु सेव्यः सत्यः शुचिद्रुमः॥
चैत्यद्रुमो धर्मवृक्षः चन्द्रकरमिताह्वयः।

धन्वन्तरिनिघण्टु, आम्रादिवर्ग 5; 71-72.

अश्वत्थश्चाच्युतावासश्चलपत्रः पवित्रकः।
शुभदो बोधिवृक्षश्च याज्ञिको गजभक्षकः॥
श्रीमान् क्षीरद्रुमो विप्रो मङ्गल्यः श्यामलश्च सः।
पिप्पलो गुह्यपुष्पश्च सेव्यः सत्यः शुचिद्रुमः।
चैत्यद्रुमो धर्मवृक्षो ज्ञेयो विंशतिसंज्ञकः॥

राजनिघण्टु, आम्राद्रिवर्ग 11; 112-113.

पिप्पलः श्यामलोऽश्वत्थः क्षीरवृक्षो गजाशनः।
हरिवासश्चल दलो मंङ्गल्यो बोधिपादपः॥

मदनपालनिघण्टु, वटादिवर्ग 5; 3.

अश्वत्थः पिप्पलो बोधिः बोधिसत्त्वो गजाशनः।
शुचिश्चैत्यश्चलदलः श्यामलः स्वादुबीजकः॥
मंङ्गल्यः केशवावासो लक्ष्मीवान् क्षीरपादपः।

कैयदेवनिघण्टु, ओषधिवर्ग 1; 431-432.

बोधिद्रुः पिप्पलो अश्वत्थश्चलपत्रो गजाशनः।

भावप्रकाशनिघण्टु, वटादिवर्ग 5; 3.

इन श्लोकों के अन्तर्गत लिखे गए नाम-पर्यायों को नीचे तालिका में दिया जा रहा है जिससे पाठक सुगमता से उनका तुलनात्मक अध्ययन कर सकें :

धन्वन्तरिनिघण्टु (8वीं शती)	**राजनिघण्टु** (12वीं शती)	**मदनपालनिघण्टु** (1374 सन्)	**कैयदेवनिघण्टु** (1450 सन्)	**भावप्रकाशनिघण्टु** (1550 सन्)
	1 अच्युतावास			
1 अश्वत्थ	2 अश्वत्थ	1 अश्वत्थ	1 अश्वत्थ	1 अश्वत्थ
2 केशवावास			2 केशवावास	
3 क्षीरद्रुम	3 क्षीरद्रुम			
			3 क्षीरपादप	
				2 क्षीरवृक्ष
	4 गजभक्षक			
4 गजाशन		3 गजाशन	4 गजाशन	2 गजाशन
5 गुह्यपत्र				
	5 गुह्यपुष्प			
6 चन्द्रकर				
		4 चलदल	5 चलदल	
7 चलपत्र	6 चलपत्र			3 चलपत्र
			6 चैत्य	
8 चैत्यद्रुम	7 चैत्यद्रुम			
9 धर्मवृक्ष	8 धर्मवृक्ष			
10 पवित्रक	9 पवित्रक			
11 पिप्पल	10 पिप्पल	5 पिप्पल	7 पिप्पल	4 पिप्पल
			8 बोधि	
				5 बोधिद्रुः
		6 बोधिपादप		
12 बोधिवृक्ष	11 बोधिवृक्ष			
			9 बोधिसत्व	
13 मङ्गल्य	12 मङ्गल्य	7 मङ्गल्य	10 मङ्गल्य	
	13 याज्ञिक			
			11 लक्ष्मीवान्	
14 विप्र	14 विप्र			
			12 शुचि	
15 शुचिद्रुम	15 शुचिद्रुम			
16 शुभद	16 शुभद			
17 श्यामल	17 श्यामल	8 श्यामल	13 श्यामल	
18 श्यामलच्छद				

19 श्रीमान् 18 श्रीमान्
20 सत्य 19 सत्य
21 सेव्य 20 सेव्य

14 स्वादुबीजक

9 हरिवास

संस्कृत के नाम और पर्यायों के अर्थ

अच्युतावास : विष्णु (अच्युत) का जिसमें निवास (वास) है।
अश्वत्थ : जिस वृक्ष के नीचे घोड़ों (अश्व) पर सवार राही ठहरते हैं (स्थ=थ)।
केशवावास : विष्णु (केशव) का निवास (वास) जिस वृक्ष में है।
क्षीरद्रुम : दूध (क्षीर) वाला वृक्ष (द्रुम)।
क्षीरपादप : दूध (क्षीर) वाला वृक्ष (पादप)।
क्षीरवृक्ष : दूध (क्षीर) वाला वृक्ष।
गजभक्षक : हाथियों (गज) का चारा (भक्षक)।
गजाशन : हाथियों (गज) का भोजन (अशन)।
गुह्यपत्र : जिसके पत्ते (पत्र) आवरण में बन्द (गुह्य) रहते हैं।
गुह्यपुष्प : जिसके फूल छिपे रहते हैं।
चन्द्रकर : जिस वृक्ष के अंगों को काटने से सफ़ेद दूध (चन्द्र) निकलता है।
चलदल : चंचल (चल) पत्ते वाला (दल)।
चलपत्र : चंचल (चल) पत्तों वाला (पत्र)।
चैत्य : देवालयों (चैत्य) के आंगन में बोया जाने वाला।
चैत्यद्रुम : देवालयों (चैत्य) के साथ रोपा जाने वाला वृक्ष (द्रुम)।
धर्मवृक्ष : जिस पेड़ (वृक्ष) के नीचे धार्मिक (धर्म) कृत्य सम्पन्न किये जाते हैं।
पवित्रक : पुनीत वृक्ष।
पिप्पल : पीपल का वृक्ष और फल।
बोधि : ज्ञान कराने वाला, जिस वृक्ष के नीचे भगवान् बुद्ध को बोध हुआ था।
बोधिद्रु : ज्ञान कराने वाला (बोधि) वृक्ष (द्रु)।
बोधिपादप : ज्ञान कराने वाला (बोधि) वृक्ष (पादप)।
बोधिवृक्ष : ज्ञान कराने वाला (बोधि) पेड़ (वृक्ष)।
बोधिसत्त्व : भगवान् बुद्ध (बोधिसत्त्व) को जिसके नीचे बोध हुआ था।
मङ्गल्य : मंगल करने वाला।
याज्ञिक : यज्ञों में इसकी लकड़ी काम आती है।

लक्ष्मीवान् : धन-सम्पदा (लक्ष्मी) दिलाने वाला (वान्)।
विप्र : ब्राह्मणों के कर्मकाण्ड में इसकी लकड़ी से बने उपकरण काम आते हैं।
शुचि : पवित्र वृक्ष।
शुचिद्रुम : पवित्र (शुचि) वृक्ष (द्रुम)।
शुभद : कल्याण (शुभ) करने वाला (द)।
श्यामल : सांवला।
श्यामलच्छद : सांवले (श्यामल) पत्तों वाला (च्छद)।
श्रीमान् : लक्ष्मी (श्री) देने वाला (मान्)।
सत्य : जिस वृक्ष के नीचे सच (सत्य) बात कहने की शपथ ली जाती है।
सेव्य : जिसकी छाया सेवन करने योग्य है, जिसकी छाया में बैठना हितकर है।
स्वादुबीजक : स्वादिष्ट (स्वादु) फल वाला (बीजक)।
हरिवास : जिसमें विष्णु (हरि) का निवास (वास) है।

निघण्टुशास्त्र में प्रतिपादित गुण

पीपल मधुर, कसैला, रूक्ष, गुरु, देर से पचने वाला, शीतल, दाहशामक, रुधिर-स्राव बन्द करने वाला, कफ, पित्त और रक्त के रोगों को दूर करने वाला, व्रणरोपक और विषहर है। योनि को शुद्ध करके इसके रोगों को हटाता है। रंग को निखारता है। पकें फल हृदय के लिए हितकर हैं :

अश्वत्थोऽपि स्मृतस्तद्वद् रक्तपित्तकफापहः॥

धन्वन्तरिनिघण्टु, आम्रादिवर्ग 5; 73.

पिप्पलः सुमधुरस्तु कषायः शीतलश्च कफपित्तविनाशी।
रक्तदाहशमनः स हि सद्यो योनिदोषहरणः किल पक्वः॥
अश्वत्थवृक्षस्य फलानि पक्वान्यतीवहृद्यानि च शीतलानि।
कुर्वन्ति पित्तास्त्रविषार्त्तिदाहं विच्छर्दिशोषारुचिदोषनाशम्॥

राजनिघण्टु, आम्रादिवर्ग 11; 114-115.

पिप्पलो दुर्जयः शीतः पित्तश्लेष्मव्रणास्रजित्।

मदनपालनिघण्टु, वटादिवर्ग 5; 3.

अश्वत्थः शीतलो रूक्षः कषायो दुर्जरो गुरुः॥
व्रणपित्तकफास्रघ्नो वर्ण्यो योनिविशोधनः।

कैयदेवनिघण्टु, ओषधिवर्ग 1; 432-433.

**पिप्पलो दुर्जरः शीतः पित्तश्लेष्मव्रणास्रजित् ।
गुरुस्तुवरको रूक्षो वर्ण्यो योनिविशोधनः ॥**

भावप्रकाशनिघण्टु, वटादिवर्ग 6; 3.

रंगने और चमड़ा कमाने में

पत्तों को कूटकर पानी में पकाया जाय तो ललाई लिये हुए हलका भूरा रंग प्राप्त होता है। कुछ प्रक्रियाओं के साथ त्रसर (टसर), तूत (mulberry) रेशम और ऊनी धागों को इससे हलके आरक्त-पीतबभ्रु (reddish-fawn) रंग में रंगा जा सकता है। छाल में रञ्जक पदार्थ की मात्रा अल्प है। परन्तु, जहां हलकी छायाएं प्राप्त करना अभीष्ट हो या अन्य रञ्जक पदार्थों द्वारा दिये गए रंगों को थोड़ा-बहुत परिवर्तित करना हो तो यह उपयुक्त रंग सिद्ध हो सकता है। पक्का काला रंग तैयार करने के लिए बंगाल में इसकी छाल अन्य छालों के साथ मिलाकर बरती जाती है। जड़ के काढ़े में फिटकरी मिलाकर सूती कपड़ों को हलके गुलाबी रंग में रंगा जाता है। बौद्ध लोग पीपल की छाल से निकाले हुए रंग को ही कषाय रंग कहते हैं जिससे भिक्षुओं का चीवर रंगा जाता है।

चमड़ा बनाने के लिए

चर्म संस्कार में पत्ते काम आते हैं। छाल में 4 प्रतिशत टैनिन होता है और यह कभी-कभार चमड़ा तैयार करने तथा रंगने में इस्तेमाल कर ली जाती है। ड्रूरी ने लिखा है कि अरब लोग इस प्रयोजन के लिए छाल को बरतते हैं।

तन्तु

छाल से रेशे निकाले जाते हैं। म्यांमार में पुराने ज़माने में छाल से काग़ज़ बनाया जाता था जिसका उपयोग म्यांमार में बनाई जाने वाली ख़ास प्रकार की हरी छतरियों के निर्माण में किया जाता था। इसके तन्तुओं के रस्से भी बनाए जाते हैं। रासायनिक संघटन से पता चला है कि इसके रेशे में आर्द्रता 10.0 होती है। जलाने पर इसकी राख 6.9 प्राप्त होती है। क्षार में इसे 5 मिनट तक उबाला जाए तो कमी 22.6 आती है और 1 घंटा उबाला जाए तो 46.8 कमी आती है। इसमें सेलुलोज़ 41.2 प्रतिशत होता है। सेलुलोज़ की प्रतिशतकता बहुत कम होने से क्षार द्वारा शोधन करने पर भार में बहुत कमी आ जाती है, जिस कारण, रासायनिक दृष्टि से ये तन्तु निकम्मे कहे जा सकते हैं।

दूध

वृक्ष में से एक दूध (latex) निकलता है जिसमें 0.7 से 5.1 प्रतिशत कच्चा खर (caouchouc) होती है। इस दूध से पक्षियों को फंसाने का चिपचिपा द्रव्य बनाया जाता

है। उत्तर प्रदेश के बहेले इसे लीसा या ल्हासा कहते हैं। दक्षिण में यह शेलिम के नाम से ज्ञात है। इसे बनाने की विधि यह हैं 120 ग्राम अलसी के तेल को 250 ग्राम पीपल के दूध के साथ मिलाकर आग पर पकाएं, हिलाते रहें, 5 मिनट बाद उतार लें और ठंडा होने दें।

गहनों में

चिपचिपा, सफ़ेद दूध पड़ा रहने दिया जाए तो ज़मकर कठोर गोंद जैसा बन जाता है। इससे एक ऐसा पदार्थ तैयार किया जाता है जो गहनों की खोखली गुहाओं में भरने के काम आता है और संमुद्रण-लाक्षा (sealing wasc) के रूप में प्रयोग किया जाता है। सन्थाल लोग इस दूध को लोरी कहते हैं। मोटरगाड़ियों के टायरों में छोटे छिद्रों को भरने के लिए दूध का उपयोग किया जा सकता है। मध्य प्रदेश, बंगाल और असम में भारतीय लाक्षा-कीट का यह महत्त्वपूर्ण पोषिता-पादप (host-plant) अभिलिखित है। अहमदाबाद में सुनार लाल रंग के लिए पीपल की लाख बरतते हैं।

लकड़ी

पीपल की पीली या भूरी-सी सफ़ेद लकड़ी मामूली कठोर होती है। प्रति घन फुट लकड़ी का भार 13.50 से 20.25 किलोग्राम तक होता है। यह घटिया क़िस्म की लकड़ी है। इसकी रगें बहुत मोटी होती हैं जिससे रन्दे में सफ़ाई नहीं पकड़ती। कोई और लकड़ी न मिले तो गांव वाले इसकी कड़ियां, तख़्ते, चौखट, जंगले, बैलगाड़ी के कड़े और जुए भी बना लेते हैं। इस प्रयोजन के लिए पुराना और बहुत मोटा पेड़ लिया जाता है। इसके तख़्ते कभी-कभी सस्ते पैकिंग केसों को बनाने में काम आ जाते हैं। कहीं-कहीं इसके कठौते और कड़छियां बनाई जाती हैं। दियासलाई की डिब्बियों के लिए यह लकड़ी उपयुक्त कही जाती है। टिकाऊ न होने से यह झोंपड़ियों की बल्लियों, मकानों की शहतीरियों आदि किसी भी स्थायी उपयोग में प्रायः काम नहीं आती। संस्कृत का अश्वत्थ (अ+श्व+स्थ) नाम इस गुण को बहुत ख़ूबी से प्रकट करता है; इसका अर्थ है ऐसी लकड़ी जो कल तक भी नहीं टिकेगी (श्वोऽपि न स्थास्यति)। धार्मिक भावनाओं के कारण हिन्दू इसकी लकड़ी का कोई ऐसा पदार्थ नहीं बनाते जो पैरों के तले आता हो। इससे बनाई हुई चीज़ें ढकी हुई जगह रखी रहें तो यह कुछ टिकाऊ रहती है। पानी के अन्दर अच्छी टिकाऊ रहती है। कुएं के आधार में रखे जाने वाले नीमचकों (नींव-चक्रों) के निर्माण में यह काम आती है।

पवित्र समिधाएं, ईंधन

जलाने के अतिरिक्त अन्य कामों में लकड़ी प्रायः नहीं बरती जाती। स्मृतियों द्वारा प्रतिपादित हवन में पीपल की समिधाएं ली जाती हैं। आयुर्वेद की शिक्षा लेने के लिए

जब शिष्य गुरु के पास आता था तब अग्निहोत्र के समक्ष उसका उपनयन संस्कार किया जाता था। उस हवन में डाली जाने वाली समिधाओं में पीपल की समिधाएं भी ली जाती थीं। आर्य समाज के प्रवर्तक महर्षि दयानंद ने हिन्दुओं के धार्मिक संस्कारों के प्रसंग में किए जाने वाले होमों में पीपल को यज्ञ की समिधाओं के लिए उपयोगी बताया है। अग्निपुराण में नवग्रहों की पूजा के लिए जो विधान है उसमें पीपल की 108 या 28 समिधाओं को शहद, घी और दही में डुबोकर हवन किया जाता है। शान्ति-विजय के लिए किए जाने वाले ग्रहयज्ञ में भी ऐसा ही विधान है। पवित्र होने के कारण पीपल की लकड़ी को सनातन विचारों के हिन्दू अपनी रसोइयों में नहीं जलाते। जिन प्रदेशों में यह बहुत अधिक परिमाण में उपलब्ध होती है वहां इसे ईंधन के रूप में बरत तो लेते हैं परन्तु इसकी आंच पर दूध को गरम करना दोष मानते हैं। कछार में पीपल की लकड़ी का कोयला बनाते हैं। लकड़ी की राख का विश्लेषण यह है : पोटाशियम और सोडियम के घुलनशील संयोग (कम्पाउण्ड्स) 0.15, लोह, कैल्सियम आदि के फ़ौस्फ़ेट्स 2.52, कैल्सियम कार्बोनेट 1.96, मैग्नीशियम कार्बोनेट 1.07, सिलिका, रेत तथा अन्य अशुद्धियां 0.05; कुल राख 5.40।

कला में

पीपल के पत्तों के ऊपर सुन्दर दृश्यों और विशेषतः महापुरुषों तथा देवों को चित्रित करने की प्रथा बहुत प्रचलित हो गई है। रानी एलिज़ाबेथ जनवरी, 1961 में जब भारत की यात्रा पर आई थीं तब उनको पीपल के पत्ते पर उन्हीं का चित्र बनाकर एक कलाकार ने भेंट किया था जिसे रानी ने बहुत पसन्द किया था।

विगत युद्धकाल में जब काग़ज़ का अत्यन्त अभाव हो गया था तब सिनेमा वाले तथा अन्य व्यापारी भी पीपल के पत्तों के ऊपर अपने विज्ञापन छपवा कर वितरित करते थे। मुद्रण कार्य के लिए पीपल के ताज़े पत्ते ही काम आ जाते थे।

चित्रण के लिए जालीदार पत्ते काम आते हैं। इस प्रयोजन के लिए परिपक्व पत्ते लेकर उन्हें पानी में भिगो देते हैं। 8-10 दिनों में पत्तों के नाड़ी-जाल के मध्य का हरितांश गलकर निकल जाता है। गरमियों में यह प्रक्रिया शीघ्र होती है और सरदियों में विलम्ब से। जब नाड़ी-जाल बिलकुल स्वच्छ, सफ़ेद हो जाता है तब उसे निकालकर छाया में सुखा लेते हैं। फिर उस पर चित्र बनाते हैं। सम्भवतः पवित्र भावनाओं के कारण भारत-रत्न का पदक पीपल के पत्ते के डिज़ाइन के ऊपर बनाया गया है।

उत्तम चारा

पत्ते रेशम के कीड़ों का भोजन हैं। असम में गोरी रेशम के कीड़ों को पीपल के पत्ते खिलाये जाते हैं। छोटी शाखाओं और छाल को हाथी चाव से खाते हैं। भैंसों

और सामान्यतः सभी ढोरों, बकरियों और ऊंटों का अच्छा भोजन होने से पत्ते और शाखाएं चारे के लिए सब जगह इस्तेमाल होती हैं। इसे खिलाने से बकरी का दूध बढ़ जाता है।

पत्तों का औसत संघटन यह है : अपरिष्कृत प्रोटीन 13.99 प्रतिशत, ईथर एक्स्ट्रैक्ट 2.71 प्रतिशत, कच्चे रेशे 22.36 प्रतिशत, नत्रजन-मुक्त निस्सार (N-free extract) 46.02 प्रतिशत, कुल राख 15.06 प्रतिशत, कैल्सियम 4.64 प्रतिशत और फ़ौस्फ़ोरस 0.52 प्रतिशत।

घासों में विद्यमान प्रोटीन की मात्रा से पीपल के पत्तों में 2 से 3 गुणा अधिक प्रोटीन होता है और इस मात्रा की तुलना शिम्बी वर्ग (लेगुमिनोसी) के चारे वाले पौधों से भली भांति की जा सकती है। अन्य हरे रूक्षांश (roughage) की तुलना में इसका ईथर एक्स्ट्रैक्ट भी उच्च है। परन्तु उसका बड़ा भाग पर्णशाद (chlorophyll) और रंगाओं (pigments) से संरचित होता है। फलीदार (शिम्बी) चारे की अपेक्षा इन पत्तों में कैल्सियम 2 से 3 गुणा पाया जाता है। प्रकट रूप में पोषक द्रव्यों की इतनी प्रचुरता होने के बावजूद भी ये पत्ते साधारण खेती किये जाने वाले चारे से घटिया होते हैं क्योंकि अनुपात में इनकी पाच्यता कम है। प्रति 45 किलोग्राम (नमी रहित मानकर) पत्तों के पचनशील पोषक तत्त्व ये हैं : अपरिष्कृत प्रोटीन 7.00, ईथर निस्सार 1.19, अपरिष्कृत तन्तु 6.03, नत्रजन-मुक्त निस्सार 22.56, कुल पचनशील पोषक द्रव्य 38.27, मण्ड समाहृता (starch equivalent) 9.90, पोषण अनुपात 5.5।

बकरियों और ढोरों को खिलाने की परीक्षाएं बताती हैं कि पीपल के पत्ते खाने वाले पशुओं में नाइट्रोजन, कैल्सियम और फ़ौस्फ़ोरस का सन्तुलन ठीक था। फोक और सारस (concent rate) दोनों ही रूप में, इन पत्तों को आहार में शामिल किया जा सकता है।

पोषक आहार

ढोरों के लिए फल पोषक आहार हैं। सूखे फलों का विश्लेषण यह हैः आर्द्रता 9.9 प्रतिशत, एल्ब्युमिनौयड्स 7.9 प्रतिशत, स्निग्ध पदार्थ 5.3 प्रतिशत, कार्बोहाइड्रेट्स 3.49 प्रतिशत, रंजक पदार्थ 7.5 प्रतिशत, राख 8.3 प्रतिशत, सिलिका 1.85 प्रतिशत, फ़ौस्फ़ोरस 0.69 प्रतिशत।

अन्न संकट में तथा दुर्भिक्ष में पत्तों की नई कोंपलों को तथा फलों को ग़रीब लोग खाते हैं। कैम्पबेल ने दिखाया है कि संथाल लोग फलों को बाकायदा खाते हैं। वहां ये सरदियों में पकते हैं। नारायण मिश्र के अनुसार गोंड लोग पत्तों की सब्ज़ी बनाते हैं। पीपल की कोंपलों का साग चरक के समय खाया जाता था। यह कसेला साग शरीर

पर शीतल प्रभाव करता है। दस्त जब जलन के साथ आते हों तब रोगी को यह साग देना हितकर होता है।

नरहरि पण्डित ने पीपल के पके फलों को हृदय के लिए अतीव हितकर और शीतल बताया है। चरक (सूत्रस्थान 27; 164) ने पीपल के पके फल खटमिठे, कसैले, वायुकारक और भारी बताये हैं। इन फलों से बनाया हुआ एक आसव चरक (सूत्रस्थान 25; 49) के समय पीने का प्रचलन था।

वैदिक काल का महत्त्वपूर्ण वृक्ष

वैदिक साहित्य में उल्लेख मिलता है कि स्वर्गलोक में देवता अश्वत्थ की छाया में विश्राम करते थे। वैदिक काल में पीपल फल तापसियों का आहार थे। इन फलों का नाम पिप्पल था और जो लोग इन्हें खाकर निर्वाह करते थे उन्हें पिप्पलाद कहते थे। पिप्पलादों में बहुत मेधावी पुरुष हुए जिन्होंने मुख्यतः वेदों के अध्ययन में ही अपने को समर्पित कर दिया था।

अश्वत्थ वृक्ष का पुराने भारत में हमारे लोक-जीवन से घनिष्ठ सम्बन्ध रहा है। पीपल के फल जिन दिनों लगते हैं उस काल का नाम पाणिनी ने अश्वत्थ दिया है। आश्विन की पूर्णिमा को अश्वत्थ शायद इसलिए कहते थे कि तब पीपल के फल पक रहे होते थे। अश्वत्थक नामक एक ऋण का भी अभिलेख मिलता है। यह ऋण तब चुकाया जाता था जब अश्वत्थ (पीपल) के वृक्षों पर फल आ जाते थे।

पीपल की लकड़ी से बने बर्तनों का वैदिक काल में प्रयोग होता था। इसकी लकड़ी से बनाए जाने के कारण एक बर्तन का नाम अश्वत्थ ही था। यज्ञाग्नि प्रदीप्त करने की दो अरणियों में से ऊपर की अरणि अश्वत्थ की लकड़ी की बनाई जाती थी और नीचे की अरणि शमी की होती थी। पीपल के काष्ठ की चम्मच में घी लेकर अग्निहोत्रों में आहुति डाली जाती थी। यज्ञ का उपभृत नामक पात्र अश्वत्थ का बनाया जाता था।

चरक के समय शौकीन लोग चुरुटों में अनेक प्रकार की दवाएं रखकर धूम्रपान करते थे। चुरुटों में पिए जाने वाले नुसख़े में पीपल की छाल भी है।

मूत्र-संहति के रोग

मूत्र संग्रहणीय 10 ओषधियों में चरक ने पीपल को गिनाया है। इस गुण के कारण पूयमेह (गनोरिया) में छाल का प्रयोग किया जाता है। मूत्र और प्रजनन संहति के पैत्तिक रोगों में पीपल की छाल के काढ़े में शहद मिलाकर देना चाहिए। जिस मनुष्य का शुक्र क्षीण हो गया हो और छाती में ज़ख़्म पड़ गए हों, उसे पीपल की छाल के काढ़े में पके दूध को जमाकर निकाले घी में चावल पकाकर खिलाने चाहिए। पीपल के 6 ग्राम बीजों को हिरण के

सींग के दण्ड से दौरी में घोट लें। लस्सी का छींटा देने से ये जल्दी बारीक हो जाते हैं। इसमें शहद मिलाकर लस्सी के साथ पीने से सभी प्रकार के प्रमेहों में लाभ होता है। पेशाब नीले रंग का आता हो तो रोगी को पीपल की जड़ की छाल का काढ़ा पिलाते हैं।

प्रजनन अंगों के रोग

पीपल की कोंपलों को दूध में पकाकर रुचि के अनुसार मीठा मिला लें। प्रातःकाल का यह बढ़िया, शीतल, पोषक पेय है। अथर्ववेद के एक वर्णन के अनुसार शमी के ऊपर उगे हुए पीपल का प्रयोग पुंसवन संस्कार में किया जाता था और इससे पुत्र की प्राप्ति होती थी। सुश्रुत कहते हैं कि पीपल के फल, मूल की छाल और कोंपल को दूध में पकाकर छान लें। शहद और चीनी से मीठा करके पीने से कुलिंग के समान पुंस्त्व शक्ति बढ़ जाती है। यूनानी हकीम जड़ की छाल को वाजीकरण और कटिशूल में उपयोगी मानते हैं। जिन स्त्रियों के बच्चे जीवित नहीं रहते और जिन स्त्रियों का दूध दूषित होता है उन्हें पीपल की दाढ़ी घोटकर पिलाते हैं। बहुत कम पीपल-वृक्षों पर दाढ़ी निकलती है, इसलिए वैद्यों में इसकी मांग रहती है। पीपल के ऊपर उगे हुए वन्दे को दूध में पकाकर स्त्री को पिलाया जाय तो गर्भ ठहरने में सहायता मिलती है। फलों को सुखाकर चूर्ण बना लें। 14 दिन तक पानी के साथ इसकी फंकी ली जाए तो गर्भ ठहरने की सम्भावनाएं बढ़ जाती हैं। योनि के अनेक प्रकार के रोगों में योनि का शोधन करने के लिए पीपल की छाल के काढ़े से योनि का प्रक्षालन किया जाता है।

पेट के रोग

जड़ की छाल के काढ़े में नमक और गुड़ मिलाकर पीने से दुःसह कुक्षिशूल मिट जाता है। पीपल की सूखी छाल को जलाकर पानी में बुझा लें। इस पानी को छानकर पीने से उलटियों व उबकाइयों का आना रुक जाता है और प्यास शान्त हो जाती है।

रोग-निवारक वस्ति (एनीमा) में महर्षि चरक छाल का प्रयोग करते हैं। इस प्रयोजन के लिए छाल को पानी में पकाकर छान लेते हैं। इस काढ़े में ज़रा-सा शहद, तेल तथा नमक मिलाकर कफ के रोगी को एनीमा देते हैं। काढ़ा हलका गरम रहना चाहिए और रोगी को इसे कुछ देर तक अन्दर रोके रखना चाहिए। पित्त के रोगी को यह एनीमा तो ठण्डा करके दिया जाता है तथा इसमें शहद और घी मिला लिया जाता है।

स्वर्ण पुञ्ज गोलाणु (staphylococcus aureus) और सामान्य आन्त्रवेत्राणु (escherichia coli) के विरुद्ध छाल के जलीय निस्सार को रोगाणुनाशक पाया गया है।

पैत्तिक ग्रहणी (sprue) में चरक चन्दनादि घृत का सेवन कराते हैं; इस निर्मिति में पीपल भी एक घटक है। पीपल के अंकुरों के साथ पतली खिचड़ी बनाकर दस्तों

को रोकने के लिए खिलाना चाहिए। आम (chyme) के पच जाने पर रोगी को छाल के काढ़े से पकाया हुआ दूध देना चाहिए। दस्त पीले-लाल रंग के आ रहे हों तथा जलन के साथ आते हों तब रोगी को कोमल पत्तों का साग देना हितकर होता है। यह स्रावों को रोकता है। पीपल के अंकुरों को दूध में पकाकर छान लें। पेचिश (डिसेण्ट्री), गुदा का बाहर निकलना, रक्तस्राव और बुख़ार में इसका एनीमा देने से लाभ होता है।

खांसी, दमा, बुख़ार, चेचक

शीतल गुण के कारण चरक ने पीपल को दाहज्वर में उपयोगी पाया है। छाल को पूर्णतः जलाने से प्राप्त राख को बारीक कपड़े में छानकर चेचक के रोगी के बिस्तर पर बिछाते हैं। सारे शरीर पर जब दाने निकले हुए हों तो रोगी को सामान्य बिछौना भी कष्टकर होता है। इस राख के गद्दे से बिछौना गुदगुदा बन जाता है। सुखाये हुए फलों के चूर्ण को पानी के साथ दमे में खिलाया जाता है और खांसी में शहद के साथ चटाया जाता है।

ख़ून रोकने के लिए

रक्तपित्त की शान्ति के लिए पीपल छाल को घिसकर लेप करते हैं, इसके काढ़े से रोगी को स्नान कराते हैं और टब में काढ़ा भरकर उसमें रोगी को बिठाते हैं। इसके काढ़े में घी और तेल को पकाकर रक्तपित्ती को प्रयोग कराते हैं। पीपल के अंकुरों को कुचलकर गरम जल में 24 घंटे रख छोड़ें। उस पानी को घी में डालकर पका लें। शरीर के ऊपर या नीचे के मार्गों से ख़ून जाता हो तो इस घी में चौथाई शहद तथा चौथाई भाग चीनी मिलाकर रोगी को चटाना चाहिए।

गुदा के रोग

सूखी छाल के चूर्ण को नलिका के अग्र भाग में रखकर गुदा के अंदर फूंक देते हैं जिससे यह भगन्दर के ज़ख़्मों तक पहुंच जाय। यह भगन्दर को ठीक करता है और गुदा के अंदर विद्यमान सूज़न को भी कम करता है।

गठिया, सूजन, विसर्प

पीपल की छाल के काढ़े में शहद मिलाकर पीने से अति उग्र गठिया (वातरक्त) भी ठीक हो जाता है। यूनानी चिकित्सा में छाल का प्रयोग गले की ग्रंथिमय सूजनों के निवारण के लिए किया जाता है। चरक और वाग्भट छाल को बारीक पीसकर घी मिलाकर शोफ़ (oedema) पर लेप करते हैं। छाल को पीसकर 100 बार धोये हुए घी में मिलाकर विसर्प (एरिसिपलस) में लेप करना चाहिए। कोमल पत्तों और छाल के सूक्ष्म कल्क को

घी में मिलाकर लेप करना भी हितकर होता है। छाल का घी के साथ बनाया लेप लगाने से विसर्प की जलन शान्त होती है और लालिमा मिट ज़ाती है।

फोड़े, ज़ख़्म

पीपल की छाल को सिल पर घिसकर निकासे पर लेप करते हैं। यह उसे पकाने या बैठने में सहायता करता है। इस प्रयोजन के लिए पत्तों को गरम करके भी फोड़ों पर बांधते हैं।

पीपल की लाख ज़ख़्मों का इलाज है। एक वैदिक ऋषि कहते हैं—'पीपल के वृक्ष से निकलने वाली हे लाख! तू घाव को शुद्ध करके उसे भर देती है। ओ लाख! हमारे पास आ।' पीपल के काढ़े से ज़ख़्मों को धोया जाए तो वे जल्दी भर जाते हैं। ताज़े पत्तों को पीसकर व्रणों पर लेप करने से वे जल्दी ठीक हो जाते हैं। व्रणों को साफ़ करके कोमल पत्तों को उन पर बांध दिया जाता है। ज़ख़्मों के ऊपर खाल न आ रही हो तो छाल के बारीक चूर्ण को छिड़कने से जल्दी ही त्वचा आने लगती है। जल जाने से फफोले या ज़ख़्म बन गए हों तो उन पर पीपल की सूखी छाल का चूर्ण बुरकना चाहिए। बिवाई में तथा त्वचा के फट जाने पर पीपल का दूध लगाने से लाभ होता है। हड्डी टूटने पर छाल को बारीक पीसकर बांधना चाहिए। खुजली के रोगी को छाल का काढ़ा पिलाया जाता है।

मुख और कान के रोग

श्रीलङ्का में छाल का प्रयोग मुख के रोगों में किया जाता है। छाल के काढ़े या फाण्ट से कुल्ले करने से मसूड़े मज़बूत होते हैं और दांत के दर्द में आराम मिलता है। बच्चों के मुखपाक में छाल तथा कोमल पत्तों को ख़ूब बारीक पीसकर शहद के साथ मुख के अन्दर लेप करते हैं। कोमल पत्तों को पीसकर तिल के तेल में हलकी आग पर पका लें। कान दुखने पर इसे सुहाता गरम करके कान में डालते हैं। कान के रोगों में वाग्भट ने पीपल का यह प्रयोग बताया है—कोमल पत्तों पर तेल चुपड़कर ज़रा सेंधा नमक लगा दें। एक हाण्डी में भर उसके ढक्कन को गीले आटे से ऐसा बन्द करें कि छिद्र न रहें। कोयले की आग में इसे इतनी देर तक रखें कि पत्ते गल जाएं। इन्हें निचोड़कर रस निकाल लें। कान के रोगों में इसे कोसा-कोसा डालने से आराम मिलता है।

सर्प विष

महर्षि चरक समझते थे कि पीपल के पेड़ के नीचे यदि किसी को सांप काट खाए तो वह बच नहीं सकता, इसलिए वे ऐसे रोगी का इलाज ही नहीं करते थे। प्रतिविष (एण्टिविनीन) के आविष्कार के बाद सर्पदंश से मौतों की सम्भावनाएं बहुत कम हो गई हैं।

पीपल की टहनी से लोग सांप का विष झाड़ते हैं। डण्ठल समेत ताज़े तोड़े हुए पत्तों के डण्ठल कान में डालने से विश्वास किया जाता है कि सांप का विष उतर जाता है। वैज्ञानिक पद्धति से सर्पविष और मनुष्य पर उसके कार्यों का अध्ययन करने वाले अनुसंधानकर्त्ता बताते हैं कि सर्पविष जैसे भयंकर और आशुघाती विष की चिकित्सा के लिए इन उपायों पर निर्भर करना ख़तरे से खाली नहीं है। म्हस्कर और कायस् (1930) ने दिखाया है कि अपने परीक्षणों में उन्होंने कुत्तों के शरीर में सूई द्वारा फनियर और दबोइया (रसल्स वाइपर) का विष डालकर पीपल की छाल से चिकित्सा करने के प्रयत्न किये थे। परन्तु, इन दोनों प्रकार के विषों को उदासीन करने, रोकने या उतारने में पीपल कारगर नहीं पाया गया।

हाथियों के रोग

हाथी को दिये जाने वाले एनीमा (वस्तियों) में चरक ने पीपल को भी उपयोगी पाया है। पालकाप्य के हस्ति-वैद्यक ग्रन्थ के अनुसार हाथी को हृदय का रोग हो जाय तो पीपल की छाल का काढ़ा देने से ठीक हो जाता है।

पांच

बकायन

मेलिआ आज़ेदाराक लिनिअस

Melia azedarach Linn.

कुल मेलिआसी Meliaceae

पौधे का स्वरूप : सुगन्ध और छाया के लिए संसार के गरम भागों में सर्वत्र बहुत विस्तृत रूप से बोया जा रहा है। मध्यम आकार का, 12 मीटर ऊंचा और सामान्यतः

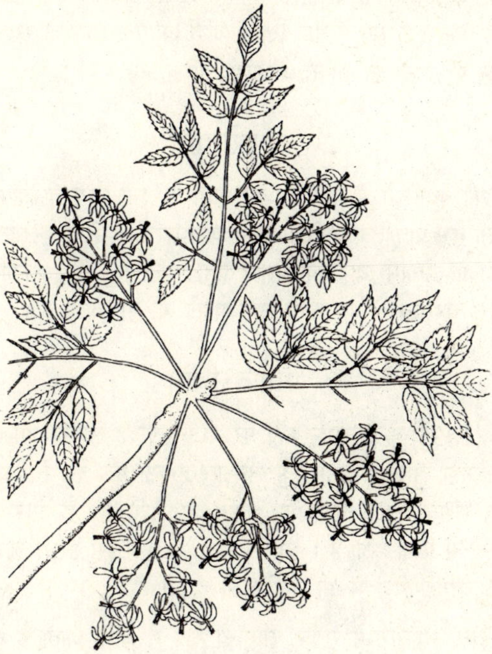

चित्र 10 बकायन की पुष्पित शाख़ा

इससे भी कम ऊंचा, बहुत शोभावान् वृक्ष है। तना छोटा, सीधा, 1.80 से 2.10 सेण्टीमीटर घेरे वाला, शाखाएं फैलती हुईं, एक बड़ा, चौड़ा मुकुट बनाती हैं। मलय प्रायद्वीप में

बहुत छोटे आकार पर ही फूलने लगता है और बड़े आकार में पनपता हुआ नहीं देखा गया। छाल 1 सेण्टीमीटर मोटी, जिसका अन्दर का भाग कठोर, भूरा-लाल, बाहर का भाग हलका गहरा-मटमैला होता है। लकड़ी में बाहर के 3-4 वलय में प्रायः मृदुकाष्ठ (सेपवुड) होती है, जिसका रंग पीला-सा रहता है। अन्तःकाष्ठ भूरी-सी सफ़ेद या लाल-सी होती है। रेशे मोटे होते हैं।

दिसम्बर से मार्च-एप्रिल तक वृक्ष सामान्यतः पत्रविहीन रहता है। मार्च से मई तक सुन्दर फूलों और पत्तों से भरा हुआ यह अत्यन्त शोभावान् दीखता है। पीले फलों के गुच्छे पतझड़ में पकते हैं और तब तक पत्ते झड़ते रहते हैं। ये वृक्ष पर ही लटके रहते हैं। इस अवस्था में वृक्ष की अद्भुत शक्ल दीखती है। फल 1 सेण्टीमीटर लम्बा, पकने पर पीला, पहले चिकना बाद में झुर्रीदार हो जाता है। गूदा कुछ सूखा होता है। गुठली बहुत सख़्त, सामान्यतः इसमें 5 कोष तथा 5 बीज होते हैं।

परीक्षाएं बताती हैं कि बीजों की जीवनी शक्ति लगभग एक साल तक ठीक बनी रहती है। हां, एक उदाहरण में यह देखा गया है कि एक साल के रखे बीजों की तुलना में ताज़े बीजों में उगने की शक्ति 4 गुणा अधिक थी।

अंकुरोत्पत्ति

नर्सरी की क्यारियों में फल बो कर पानी दे दिया जाय तो अंकुरोत्पत्ति 2 से 3 सप्ताह में होती है। प्राकृतिक अवस्थाओं में बीज बरसात में या बरसात से पहले ज़मीन पर गिरता है जो आगामी वर्ष तक प्रसुप्त पड़ा रहता है। यदि काफ़ी बारिश हो जाय तो अंकुरोत्पत्ति बरसात में या कभी-कभी पहले भी हो जाती है।

प्राप्ति-स्थान

बर्किल (1935) के अनुसार कहीं पर भी निस्सन्देह रूप से जंगली नहीं है। रौबर्ट बेण्टले और हेनरी ट्रीमेन (1880) के अनुसार इसका मूल देश निश्चित नहीं कहा जा सकता, परन्तु संभवतः यह चीन और भारत का आदिवासी है और अब भूमण्डल के कुछ गरम भागों में फैला हुआ है। हेनरी ट्रीमेन (1893) इसे उत्तरी भारत, चीन, पर्शिया और संभवतः वेस्टइण्डीज में भी आदिवासी बताते हैं।

भारत तथा म्यांमार में सर्वत्र, सामान्य रूप से बोया जाता है और प्राकृत बना लिया गया है। पंजाब (अविभक्त) में यह नीम का स्थान ले लेता है। पंजाब के पूर्वीय भागों में कम और मध्य तथा पश्चिम में अधिक होता है।

विश्वास किया जाता है कि लोअर हिमालय और शिवालक प्रदेश में 610 से 914 मीटर की ऊंचाई तक यह देशीय है। सामान्यतः यह बोया हुआ वृक्ष मिलता है जो हिमालय

में 1,768 मीटर तक पहुंच गया है। नीम की अपेक्षा शीत अधिक सहन कर लेता है। बुशहर में 2,743 मीटर तक उगता है। बिलोचिस्तान और कश्मीर में जेहलम की घाटी की निसर्ग उपज समझा जाता है। बिलोचिस्तान में बकायन के झुण्ड जंगली पाये गये हैं। पश्चिम कश्मीर और हज़ारा में देशीय है।

महाराष्ट्र में सर्वत्र बोया जाता है। कोंकण और दक्खन के आसपास, गांवों में यह साधारण रूप से मिलने वाला वृक्ष है। वाट (1891) के अनुसार मुसलमान इसको दक्षिण से लाये थे।

श्रीलङ्का में प्रायः बोया जाता है। प्रोम और आवा तथा इनके पास-पड़ोस के गांवों में प्रकट रूप में केवल उगाया हुआ मिलता है। पड़ोस के कम्बोडिया प्रान्तों में जंगली है। मलय प्रायद्वीप में बगीचों में बोया जाता है। बगीचों के बाहर मुश्किल से ही मिलेगा। शुन चिंगली (1935) के अनुसार चीन में सर्वत्र होपेई से दक्षिण की ओर यूनान और क्वांगतुंग तक पाया जाता है। 610 मीटर की ऊंचाई तक मिल जाता है। अफ़ग़ानिस्तान, पश्चिमी एशिया, अफ्रीका, दक्षिण यूरोप, वेस्टइण्डीज, अमेरिका के दक्षिणी राज्य, औस्ट्रेलिया, चीन और भारतीय द्वीप-समूहों में सामान्यतः बोया जाता है (ब्रैण्डिस, 1874)।

विभिन्न भाषाओं और स्थानों में नाम

अंग्रेज़ी : पर्शियन लीलैक (Persian lilac), बीड ट्री (bead tree)।
असमिया : थामगा।
कन्नड़ : आरेबेवु, हुटचुबेवु।
ख़ासी : दियांग-जह-रसांग।
गुजराती : बाकम लिम्बोदो।
जौनसार : डेक्नोइ।
तमिल : मलाई वेम्बु।
तेलुगु : तुराका वेपा।
नेपाली : बकैना।
पंजाबी : दरेक।
बंगला : महानिम, घोड़ानीम।
मराठी : पेजरी, पादराई।
मलयालम : करिन वेम्बु, सिमा वेप्पु।
संस्कृत : महानिम्ब।
हिन्दी : बकायन, दरेक, देक।

संस्कृत में नाम और पर्याय

वनस्पति निघण्टुओं में बकायन के कुल 35 नाम आये हैं। धन्वन्तरिनिघण्टु (8वीं शती) में बकायन के 8, राजनिघण्टु (12वीं शती) में 16, मदनपालनिघण्टु (1374 सन्) में 9, कैयदेवनिघण्टु (1450 सन्) में 13 और भावप्रकाशनिघण्टु (1550 सन्) में 8 नाम और पर्याय निम्नलिखित श्लोकों में आये हैं :

महानिम्बः स्मृतोद्रेकी कार्मुको विषमुष्टिकः।
केशमुष्टिर्निम्बरको रम्यकोऽक्षीर एवं च॥

धन्वन्तरिनिघण्टु, गुडूच्यादिवर्ग 1; 31.

महानिम्बो मदोद्रेकः कार्मुकः केशमुष्टिकः।
काकाण्डो रम्यकोऽक्षीरो महातिक्तो हिमद्रुमः॥
कैडर्य्योऽन्यो महानिम्बो रामणो रमणस्तथा।
गिरिनिम्बो महारिष्टः शुक्लशालः कफाह्वयः॥

राजनिघण्टु, प्रभद्रादिवर्ग 9; 11, 13.

महानिम्बो निम्बकरः कामुको विषमुष्टिकः।
रम्यको गिरिकोऽद्रेकः क्षारः स्यात् केशमुष्टिकः॥

मदनपालनिघण्टु, हरीतक्यादिवर्ग 1; 141.

अपरस्तु महानिम्बो गिरिकः शुकपालकः॥
रोमको रम्यको द्रेक्को निम्बको विषमुष्टिकः।
कार्मुको मालकः क्षीरः शाकशालोऽक्षिपीलुकः॥

कैयदेवनिघण्टु, ओषधिवर्ग 1; 886-887.

महानिम्बः स्मृतो द्रेका रम्यको विषमुष्टिकः।
केशमुष्टिर्निम्बकश्च कार्मुको जीव इत्यपि॥

भावप्रकाशनिघण्टु, गुडूच्यादिवर्ग 3; 97.

इन श्लोकों के अन्तर्गत लिखे गए नाम-पर्यायों को नीचे तालिका में दिया जा रहा है जिससे पाठक सुगमता से उनका तुलनात्मक अध्ययन कर सकें :

धन्वन्तरिनिघण्टु (8वीं शती)	**राजनिघण्टु** (12वीं शती)	**मदनपालनिघण्टु** (1374 सन्)	**कैयदेव निघण्टु** (1450 सन्)	**भावप्रकाशनिघण्टु** (1550 सन्)
			1 अक्षिपीलुक	
1 अक्षीर	1 अक्षीर			
		1 अद्रेक		

2 उद्रेकी				
	2 कफाह्वय			
	3 काकाण्ड			
		2 कामुक		
3 कार्मुक	4 कार्मुक		2 कार्मुक	1 कार्मुक
4 केशमुष्टि				2 केशमुष्टि
	5 केशमुष्टिक	3 केशमुष्टिक		
	6 कैडर्य्य			
		4 क्षार		
			3 क्षीर	
		5 गिरिक	4 गिरिक	
	7 गिरिनिम्ब			
				3 जीव
				4 द्रेका
			5 द्रेक्क	
			6 निम्बक	5 निम्बक
		6 निम्बकर		
5 निम्बरक				
	8 मदोद्रेक			
	9 महातिक्त			
6 महानिम्ब	10 महानिम्ब	7 महानिम्ब	7 महानिम्ब	6 महानिम्ब
	11 महारिष्ट			
		8 मालक		
	12 रमण			
7 रम्यक	13 रम्यक	8 रम्यक	9 रम्यक	7 रम्यक
	14 रामण			
			10 रोमक	
8 विषमुष्टिक		9 विषमुष्टिक	11 विषमुष्टिक	8 विषमुष्टिक
			12 शाकशाल	
			13 शुकपालक	
	15 शुक्लछाल			
	16 हिमद्रुम			

संस्कृत के नाम और पर्यायों के अर्थ

अक्षीर : जिसका गोंद (क्षीर) विशेष काम का न हो (अ)।

अद्रेक : द्रेक।

उद्रेकी : बहुत सुन्दर फूलों वाला वृक्ष।
कफाह्वय : श्लेष्मा (कफ) को नष्ट करने वाला (आह्वय)।
कांकाण्ड" : हरे फलों का चिकना पृष्ठ मानो कौए (काक) के अण्डे (अण्ड) के समान है।
कामुक : सुन्दर, सुगन्धित फूल कामियों (कामुक) को प्रिय है।
कार्मुक : धनुष।
केशमुष्टि : जिसकी गुठली की माला बालों के जूड़े (केशमुष्टि) को सजाने के काम आती है।
केशमुष्टिक : दे. केशमुष्टि।
क्षीर : गोंद वाला वृक्ष।
गिरिक : पहाड़ों पर मिलने वाला।
गिरिनिम्ब : पहाड़ों (गिरि) पर पाया जाने वाला नीम (निम्ब)।
जीव : जिलाने वाला वृक्ष।
द्रेका : यह पंजाबी नाम संस्कृत से लिया गया है।
द्रेक्क : यह पंजाबी नाम संस्कृत से लिया गया है।
निम्बक : नीम जैसा वृक्ष।
निम्बकर : नीम जैसा वृक्ष।
निम्बरक : नीम जैसा वृक्ष।
मदोद्रेक : जिसमें नशा (मद) पैदा करने का गुण अधिक (उद्रेक) हो।
महातिक्त : ख़ूब (महा) कड़वा (तिक्त)।
महानिम्ब : नीम (निम्ब) की अपेक्षा अधिक ऊंची (महा) जगह पर उगने वाला वृक्ष।
महारिष्ट : नीम (अरिष्ट) की अपेक्षा अधिक (महा) ऊंची जगह पर उग आने वाला वृक्ष।
मालक : बीज की मालाएं (मालक) बनती हैं।
रमण : सुन्दर वृक्ष।
रम्यक : रमणीय।
रामण : सुन्दर वृक्ष।
विषमुष्टिक : विषैले (विष) बीज जैसे ज़हर की मुट्ठी (मुष्टि) हो।
शुकपालक : तोतों (शुक) को पालने वाला (पालक) इसकी कोटरों में तोतों के अण्डे-बच्चे होते हैं।
शुक्लशाल : छाल में एक पीला-सा सफ़ेद (शुक्ल) रेज़िन होता है।
हिमद्रुम : हिमालय (हिम) में पाया जाने वाला वृक्ष (द्रुम)।

निघण्टुशास्त्र में प्रतिपादित गुण

बकायन तिक्त, कटु, कसैला, रूक्ष, ग्राही, लघु, शीतल है। यह विषमज्वरहर, तापहर, कृमिघ्न है। कफ-पित्त, रक्त के विकारों और त्वचा के रोगों को दूर करता है। वमन और हैज़े में हितकर है। सिर चकराना, अम्ल-पित्त, वायुगोला, प्रमेह, श्वास के रोग तथा बवासीर में और चूहे के विष को निकालने के लिए दिया जाता है। भूत-पिशाचों के उपद्रव को रोकता है। शरीर में गये हुए विषों को नष्ट करता है। सूखा रोग में दिया जाता है :

महानिम्बो रसे तिक्तः शीतः पित्तकफापहः।
कुष्ठरक्तविनाशी च विषूची हन्ति शीतलः॥

धन्वन्तरिनिघण्टु, गुडूच्यादिवर्ग 1; 32.

महानिम्बस्तु शिशिरः कषायः कटुतिक्तकः।
अस्रदाहबलासघ्नो विषमज्वरनाशनः॥
कैडर्य्यः कटुकस्तिक्तः कषायः शीतलो लघुः।
सन्तापशोषकुष्ठास्र-ग्कृमिभूतविषापहः॥

राजनिघण्टु, प्रभद्रादिवर्ग 9;14.

महानिम्बो हिमो रूक्षस्तिक्तो ग्राही कषायकः।
कफपित्तकृमिच्छर्दिकुष्ठहृल्लासरक्तजित्॥

मदनपालनिघण्टु, हरीतक्यादिवर्ग 1; 142.

महानिम्बो हिमो रूक्षो ग्राही तिक्तः कषायकः।
निहन्ति कफपित्तास्रकुष्ठकोठवमिकृमीन्॥

कैयदेवनिघण्टु, ओषधिवर्ग 1; 888.

महानिम्बो हिमो रूक्षस्तिक्तो ग्राही कषायकः॥
कफपित्तभ्रमच्छर्दिकुष्ठहृल्लासरक्तजित्।
प्रमेहश्वासगुल्मार्शोमूषिकाविषनाशनः॥

भावप्रकाशनिघण्टु, गुडूच्यादिवर्ग 3; 98-99.

उपयोग

कुछ देशों में यह कौफ़ी के बगीचों में, छाया वृक्ष के रूप में बोया जाने लगा है (बर्किल)। बुलबुल के अतिरिक्त कोई भी पक्षी या जानवर फलों को नहीं खाता। गुठली का उपयोग मनकों के रूप में बहुधा किया जाता है। बींधकर बनाई मालाओं को कण्ठहार के रूप में पहनते हैं और घरों के दरवाज़ों पर टांगते हैं।

एल्कोहल के व्यापारिक स्रोत के लिए फलों का प्रयोग करने का सुझाव दिया जाता है। वास्तव में उत्तरी संयुक्त राज्य (युनाइटेड स्टेट्स) में गृहयुद्ध के समय ये स्रावण

चित्र 11 बकायन की फलदार शाखा

(डिस्टिलेशन) के लिए प्रयुक्त किये गये थे। अनुमान लगाया गया है कि सूखे भार का 10 प्रतिशत एल्कोहल प्राप्त किया जा सकता है (क्यू बुलेटिन, 1925, पृष्ठ 195)। अस्वस्थ पेड़ों से गोंद निकलती है। भूरी-सी इस गोंद का उपयोग बहुत कम है।

गुण

शीतल, रूक्ष, ग्राही, कड़वा और नरहरि के अनुसार चरपरा भी है। कफ तथा कफपित्त के दोषों को नष्ट करता है। निम्नलिखित रोगों में लाभदायक है – छपाकी तथा त्वचा के ऐसे रोग जिनमें त्वचा पर चकत्ते पड़ जाते हैं और कोढ़ आदि त्वचा के रोग, ख़ून बहना आदि रक्त के रोग, मतली, सिर चकराना, उलटी आना, पेट में कीड़े, हैज़ा, वायु गोला, बवासीर, पेशाब के रोग, सांस के रोग, मलेरिया बुख़ार, हाथ-पैरों तथा अंगों की जलन। कृमियों को मारने, चूहे के विष को नष्ट करने और ज़ख़्मों को ठीक करने के गुण भी इसमें हैं।

यूनानी चिकित्सा में

अरब और पर्शियन बकायन को चिरकाल से प्रयोग कर रहे थे। वे इसके गुणों का ज्ञान अपने साथ भारत में लाये थे। वे जड़ की छाल, फल, फूल और पत्तों को गरम और ख़ुश्क समझते हैं (बसु और कीर्तिकर, 1936)।

यूनानी चिकित्सा में पत्ते और बीज कड़वे तथा कफनिस्सारक समझे जाते हैं, प्लीहा-वृद्धि और हृदय के रोगों में इस्तेमाल होते हैं, ये वामक और रक्तवाहिनी संकोचक हैं, नकसीर को रोकते हैं, दांतों को दृढ़ करते हैं, शोथ को हटाते हैं, खुजली और त्वचा के सूखे चकत्तों तथा दानों को ठीक करते हैं। फूल और पत्ते मूत्रल और आर्तवप्रवर्तक हैं, वातिक सिरदर्द को दूर करते हैं तथा ठण्डी सोज़ों को उतारते हैं। अरब और पर्शियन पत्तों के रस को पेट के कृमियों को मारने के लिए और आर्तवप्रवर्तन के लिए अन्तःप्रयोग में देते हैं।

चिकित्सा में प्रयोग

नीम की तरह यह चिकित्सोपयोगी है परन्तु उसकी अपेक्षा बहुत कम पैमाने पर और भिन्न तरीक़े से काम आता है (बर्किल,1935)। प्रतीत होता है कि इस पौधे में औषधीय गुण महत्त्वपूर्ण हैं परन्तु भारत में इस पर ध्यान नहीं दिया गया और प्रसिद्ध नीम वृक्ष की तुलना में इसके गुण उपेक्षित रहे हैं (पौयज़न्स प्लाण्ट्स औफ़ इण्डिया, 1949)।

छाल

तने और जड़ की छाल दोनों ही चिकित्सा में उपयोगी हैं। अन्दर की छाल, जिसमें एक पीली-सी सफ़ेद रेज़िन होती है, कहा जाता है कि यह अत्यन्त कड़वी और मतली लाने वाली होती है। संकोच करने का गुण इसमें नहीं होता। बाहर की छाल बहुत संकोचक होती है (पौयज़न्स प्लाण्ट्स औफ़ इण्डिया)। जेकब्स ने बताया है कि मार्च-एप्रिल में जब रस ऊपर जा रहा होता है तब उस समय ली गई छाल से बनाये योगों का अप्रिय प्रभाव होता है; मादकता, पुतली का फैलना आदि लक्षण प्रकट हो सकते हैं, परन्तु ये लक्षण शरीर को हानि पहुंचाए बिना ही दूर हो जाते हैं।

रौबर्ट बेण्ट्ले और हेनरी ट्रीमेन (1880) ने बताया है कि सुखाने से छाल के बहुत से गुण नष्ट हो जाते हैं इसीलिए अमेरिका के बाज़ारों में यह कम मिलती है। दक्षिणी रियासतों के कुछ ज़िलों में बकायन बहुत उपयोगी समझी जाती है। जड़ की छाल युनाइटेड स्टेट्स फ़ार्माकोपिया की सेकेण्डरी लिस्ट में अधिकृत है।

पेट के कीड़े

बर्किल (1935) के अनुसार जावा में वृक्ष का उपयोग मुख्यतः उदरकृमिहर के रूप में है। मलेशिया में यह वृक्ष बहुत कम काम में लाया जाता है। टांगकिंग और लारी यूनियन में हरे पत्ते कृमिनाशक समझे जाते हैं। पानी का फाण्ट भारत में पाचन-संस्थान से कीड़ों को निकालने के लिए इस्तेमाल होता है। संयुक्त राज्य अमेरिका और मैक्सिको में जड़ की छाल का काढ़ा गोल-कृमियों को निकालने के लिए प्रयोग किया जाता है।

अमेरिका में बहुत-सी निर्मितियों में बकायन प्रयुक्त होती है। आंतों में रहने वाले धागे सदृश कृमियों, चपटे-कृमियों तथा पेट के दूसरे कीड़ों को मारने के लिए ह्विस्की में सूखे फल मिलाकर प्रयोग किया जाता है। अमेरिका के दक्षिणी राज्यों में उदरकृमिहर के लिए छाल को काढ़े के रूप में देना सामान्यतः अधिक पसन्द किया जाता है। 225 ग्राम ताज़ी छाल को 1 लीटर पानी में उबालते हैं। बच्चे के लिए मात्रा 1 चम्मच भर है। प्रति 2 या 3 घंटे बाद, तब तक दिया जाता है जब तक कि यह आमाशय या आंतों पर प्रभाव नहीं कर देता। दूसरा तरीक़ा यह है कि लगातार क़ई दिन तक सुबह-शाम एक मात्रा दी जाती है और तब एक क्रियाशील विरेचक देते हैं। ताज़ी छाल और फल कीड़ों को निकालने के लिए अधिक बढ़िया समझे जाते हैं (यूनाइटेड स्टेट्स डिस्पेन्सरी, 24वां संस्करण, 1947)।

प्रभावकारी उदरकृमिहर समझा जाने के कारण अमेरिका के दक्षिणी राज्यों में यह बच्चों के उन ज्वरों में भी लाभदायक कहा जाता है जिन ज्वरों के बारे में यह ख़याल किया जाता है कि ये उदरकृमियों के कारण हैं परन्तु उदरकृमियों की उपस्थिति का निश्चय नहीं होता। इसे देने का सबसे अच्छा रूप काढ़ा है (रौबर्ट बेण्ट्ले और हेनरी ट्रीमेन, 1880)।

विषैलापन

संसार के कुछ भागों में फलों को खाने से मनुष्यों और प्राणियों पर विष के प्रभाव की रिपोर्ट मिली है। वाट (1891) ने बर्टन ब्राउन (पंजाब पौयज़न्स) द्वारा उल्लिखित एक यूरोपियन लड़की का उदाहरण लिखा है जो कुछ फल खाने पर बेहोश हो गई थी और बाद में मर गई थी। ये लिखते हैं कि 6 से 8 फल मतली, ऐंठन और हैज़े के लक्षण पैदा कर देते हैं और तब मृत्यु हो जाती है। रांची के भारतीय मेण्टल हौस्पिटल से इसके द्वारा विषाक्त हुए रोगियों की रिपोर्ट मिली है जहां इन फलों को खाने से कुछ रोगियों में तीव्र उदरशूल, वेदना, अतिसार और वमन होने लगे थे। ज्ञात होता है कि जावा में जान लेने के इरादे से इसका विषप्रयोग (क्रिमिनल पौयज़निंग) हुआ है। बकायन के विष-लक्षणों को दूर करने के लिए किसी विषघ्न का ज्ञान नहीं है। इसलिए इसकी केवल लाक्षणिक चिकित्सा ही की जा सकती है।

पशुओं पर विषप्रभाव

जानवरों पर इस पौधे का विषैला असर बहुत भिन्न-भिन्न है। वाट (1891) के अनुसार बकरियां और भेड़ें केवल अप्रभावित ही नहीं रहतीं अपितु फलों को लालच से खाती हैं। बर्किल (1935) के अनुसार भी भेड़ें हानिकर प्रभाव के बिना खा लेती हैं। इसी तरह वाट और ब्रेयर-ब्राण्डविक ने विषैलेपन के सम्बन्ध में उल्लेख किया है कि ओण्डेस्टैपूर्ट स्थित पशु अन्वेषण प्रयोगशाला द्वारा जानवरों को फल खिलाये जाने के परीक्षण नकारात्मक परिणाम बताते हैं। दूसरे अन्वेषकों के परीक्षणों से यह बात पुष्ट नहीं होती। स्टीन ने पाया है कि बीज भेड़ों में आमाशय-आन्त्र की शोथ और सूअरों, ख़रगोशों तथा गिनिपिगों में पक्षाघात पैदा कर देते हैं। स्टीन ने बाद में दिखाया है कि फलों से सूअर बहुत जल्दी विषाक्त हो जाते हैं और भेड़ों की अपेक्षा बकरियां कुछ कम विषाक्त होती हैं। मस्कोबी बतख़ें बड़ी मात्राएं खिलाने पर भी नहीं मारी जा सकतीं परन्तु मुर्ग़ियां सुगमता से विषाक्त हो जाती हैं। कुत्ते फलों को खाने के बाद वमन कर देते हैं और नियमित विष-लक्षण नहीं पैदा होने देते।

लकड़ी अच्छी है

किसी एक स्थान से काफ़ी मात्रा में लकड़ी बाज़ार में नहीं आती। म्यांमार के सागौन से इसमें लगभग आधी दृढ़ता है। तुन के बराबर है। पुराने वृक्षों की लकड़ी पर प्रायः सुन्दर निशान होते हैं। पेनिन्सुला में यह फ़र्निचर में काम आती है। फ़र्निचर के लिए यह अच्छी समझी जाती है, परन्तु एस. कुर्ज़ (1877) (फ़ौरेस्ट फ़्लोरा औफ़ ब्रिटिश बर्मा) के अनुसार यह फट जाती है। इसके विपरीत छांगामांगा (इण्डियन फ़ौरेस्ट रिकौर्ड, 9, भाग 1, 40) के परीक्षण बताते हैं कि बकायन की लकड़ी अपवाद रूप से अच्छी सूखती है जिसमें किसी विशेष प्रकार का नुक्स नहीं पैदा होता। एल. बी. हौलेण्ड कहते हैं कि पंजाब की सब लकड़ियों की अपेक्षा यह दीमकों के आक्रमण का अच्छा मुक़ाबला कर लेती है। प्रति घन फुट (0.028 घन मीटर) का भार केवल 13.5 किलोग्राम होता है। बिना सुखाई लकड़ी का भार 17.3 किलोग्राम होता है। आरे से सुमगता से चिर जाती है। ख़राद पर सुगमता से ख़रादी जा सकती है। सियालकोट की बड़ी फ़र्में खेलने के सामान, टैनिस रैकेट के हत्थों के स्लिप्स आदि इससे बनाती हैं। देहरादून की इकोनोमिक वर्कशौप में लट्ठों की चादरें उतारकर मज़बूत प्लाई बोर्ड बनाये गये हैं जिन पर अच्छी पौलिश आती है। ये बोर्ड बहुत पसन्द किये गये हैं।

अब तक यह कम मांग वाला वृक्ष रहा है। लकड़ी कभी भी बड़े पैमाने पर बाज़ार में नहीं रखी गई। परन्तु, क्योंकि इसका भविष्य बहुत अच्छा है इसलिए इसकी उपज की ओर ध्यान दिया जाना चाहिए (कमर्शियल टिम्बर्स औफ़ इण्डिया, पीयर्सन एण्ड ब्राउन, 1932)।

छह

बरगद

फ़ीकुस बेंगालेन्सिस लिनिअस
Ficus bengalensis Linn.
कुल मोरासी Moraceae

पौधे का स्वरूप : हमारे देश में बरगद का सबसे प्राचीन नाम न्यग्रोध है। बाद में इस पेड़ का नाम वट भी पड़ गया था। ऋग्वेद और सामवेद में न्यग्रोध और वट दोनों ही शब्द नहीं आये। इन दोनों संहिताओं में बड़ का वर्णन नहीं है। यजुर्वेद, अथर्ववेद में वट शब्द नहीं मिलता। न्यग्रोध नाम से इन दोनों संहिताओं में बरगद का उल्लेख मिलता है। इसी तरह इनके बाद के साहित्य शतपथ (800 ईस्वी पूर्व), ऐतरेय (800 ईस्वी पूर्व) आदि ब्राह्मण-ग्रन्थों में; कात्यायन श्रौत सूत्र आदि सौत्र-ग्रन्थों में भी इसका न्यग्रोध के नाम से उल्लेख हुआ है। अब तक इस वृक्ष को वट के नाम से नहीं जानागया था।

वाल्मीकि के समय (400 ईस्वी पूर्व) इस वृक्ष को कहीं-कहीं वट कहने लगे थे क्योंकि आदि कवि ने रामायण में इस वृक्ष के लिए वट नाम भी दिया है। यह ठीक प्रतीत होता है कि वाल्मीकि ने अधिक स्थलों पर न्यग्रोध नाम ही लिखा है।

विलियम मोनियर के अनुसार शायद वृत का प्राकृत रूप वट है। वृत का अर्थ घिरा हुआ है। हो सकता है कि वृत का अपभ्रंश वट हो, परन्तु वट (वेष्टने) धातु का अर्थ भी घेरना है।

ईस्वी पूर्व पहली शती में चरक के समय में वट नाम अच्छी तरह व्यवहार में आ चुका था। चरकसंहिता में न्यग्रोध और वट दोनों नामों से बरगद के चिकित्सा सम्बन्धी उपयोगों का वर्णन है। इस संहिता में न्यग्रोध शब्द 20 बार और वट 15 बार आया है।

ईसा की प्रारम्भिक शताब्दियों में रचे गये काव्य-ग्रन्थों में यद्यपि दोनों नाम मिलते हैं, परन्तु कवियों का झुकाव सम्भवतः न्यग्रोध नाम की ओर अधिक था। न्यग्रोध की तुलना में वट शब्द अधिक कठोर ध्वनि देता है। साहित्यिक कृतियों के लिए कवियों द्वारा कोमल शब्द के प्रति पक्षपात स्वाभाविक समझा जा सकता है। कविवर भट्ट नारायण (600 ईस्वी पश्चात्) ने वेणीसंहार के चौथे और पांचवें, दोनों अंगों में न्यग्रोध नाम दिया है, वट नहीं।

मध्य तथा उत्तरकालीन उपनिषदों में से अग्रलिखित उपनिषदों में इस वृक्ष का वट नाम से उल्लेख हुआ–कृष्णोपनिषद्, तारोपनिषद्, सिंहोत्तरतापिन्युपनिषद्, रामरहस्योपनिषद्, रामपूर्वतापिन्युपनिषद्, दत्तात्रेयोपनिषद्, महोपनिषद्, शिवोपनिषद्, सामरहस्योपनिषद्, सर्वसारोपनिषद्, नृसिंहोत्तरतापिन्युपनिषद्, दक्षिणामूर्ति उपनिषद् और मैत्री उपनिषद् । इनमें तथा अन्य उपनिषदों में भी न्यग्रोध नाम प्राय : नहीं मिलता । छान्दोग्योपनिषद् और दक्षिणामूर्ति उपनिषद् में 1-2 स्थलों पर न्यग्रोध शब्द का प्रयोग हुआ है । उपनिषदों में सब मिलाकर लगभग 17 बार वट शब्द आया है और न्यग्रोध केवल 2-3 बार । यह तथ्य संकेत करता है कि संस्कृत साहित्य में से अब न्यग्रोध शब्द प्रायः निकल गया था ।

संस्कृत में 41 नाम

शब्द सिन्धु और जामनगर के चरक आदि चिकित्सा संग्रह ग्रन्थों में बड़ के सब मिलाकर 41 नाम संगृहीत हैं । पृष्ठ 116-17 की तालिका में यह दिखाया गया है कि ये नाम मूलतः किन-किन ग्रन्थों में आए हैं । अन्तिम स्कन्ध (कौलम) में वे नाम रखे गए हैं, जिनके सम्बन्ध में हम यह पता नहीं कर सके कि वे नाम मूलतः किस ग्रन्थ में आए हैं ।

संस्कृत के नामों के अर्थ

परिचयज्ञापक नाम : वट (दूसरे पर लिपट जाने वाला; वटति वेष्टयति मूलेन वृक्षान्तरम्); क्षीरी (दूध वाला पेड़); जटाल (जटाओं वाला); बहुपाद (जिसके बहुत-से पैर–जटाएं होती हैं); रक्तपदा (नई जटाएं लाल होती हैं); अवरोही (जटाओं के द्वारा नीचे की ओर बढ़ने वाला); मण्डली (शाखाओं के विस्तार से एक बड़ी परिधि बनाने वाला); विटपी (शाखाओं और पत्तों के बड़े घेरे वाला वृक्ष); महाछाय (बड़ी छाया देने वाला); न्यग्रोध (धूप और बारिश को अपने नीचे गिरने से रोकने वाला; न्यक् अधो देशे रोधनात्); यक्षतरु, यक्षावास, यक्षावासक (यक्षों का आवास–घर); वैश्रवणावास (कुबेर का घर); ध्रुव (स्थिर, सैकड़ों वर्षों तक बना रहने वाला); वनस्पति (वन का राजा); नील (पत्ते गूढ़े-हरे या नीले-काले होते हैं); शृंगी, शुंगी (नये पत्ते–शृंग–सींग जैसी नोकीली कलिकाओं में लिपटे हुए प्रकट होते हैं); रोहिण, रक्तफल (लाल फल वाला) ।

उत्पत्तिबोधक नाम

स्कन्धज, स्कन्धरूह (बड़ी शाखाओं से पैदा हो जाने वाला); शिफारूह (छोटी शाखाओं से उग आने वाला); पादरोही, पदारोही (पैरों–जटाओं के द्वारा उगने वाला); दान्त (जटाओं की विशेष परिचर्या करके इसकी वृद्धि और उत्पत्ति को सधाया जा सकता है) ।

प्राप्ति-स्थान

भारत के पर्वतीय जंगलों में सब जगह फैला हुआ है। जंगल-प्रदेशों में ख़ूब मिलने वाले वृक्षों में चरक ने बड़ गिनाया है (चरक संहिता, कल्पस्थान 1; 8)। हिमालय के निचले भूखण्ड में और भारतीय प्रायद्वीप में देशीय है। भारत और पाकिस्तान में प्रायः सर्वत्र बोया हुआ या स्वयं उगा हुआ मिल जाता है।

सोम से प्रादुर्भाव

ब्राह्मण-ग्रन्थों में न्यग्रोध का प्रादुर्भाव इस प्रकार बताया है कि प्राचीन काल में देवताओं ने कुरुक्षेत्र के ऊपर यज्ञ करके स्वर्गलोक की प्राप्ति की थी। उस यज्ञ-देश में देवों ने सोमचमस को नीचे की ओर मुख करके स्थापित कर दिया। यह सोमचमस ही न्यग्रोध बन गया।

न्यग्रोधश्च्वमसैरिति। यत्र वै देवा यज्ञेनायजन्त त एतांश्चमसान्यौब्जं-स्तेन्न्यञ्चोऽरोहंस्तस्मान्यञ्चो न्यग्रोधा रोहन्ति।

शतपथब्राह्मण, 13, 2, 7, 3.

संस्कृत में अधोमुख करके स्थापित करने को न्युब्ज कहते हैं। इसलिए, इस तरह उद्‌भूत वृक्ष को न्युब्ज कहने लगे। आचार्य सायण के समय (1400 ईस्वी पश्चात्) में भी कुरुक्षेत्र में न्यग्रोध को न्युब्ज कहते थे। ऐतरेय ब्राह्मण के अनुसार भूमि पर न्यग्रोध के वृक्ष सबसे पहले कुरुक्षेत्र में उत्पन्न हुए। उनसे ही सब जगह न्यग्रोध फैला है :

यतो वा अधिदेवा यज्ञेनेष्टु वा स्वर्ग लोकमान्यंस्तत्रै तांश्चमसान्न्युब्जंस्ते न्यग्रोधा अभवन्न्युब्जा इति हाय्येनानेतर्ह्याचक्षतेकुरुक्षेत्रे ते ह प्रथमज न्यग्रोधानां तेभ्यो हान्येऽधिजाताः।

ऐतरेयब्राह्मण, खण्ड 4, अध्याय 35; 30.

वे चमस क्योंकि न्यञ्च (अधोमुख) होकर प्रादुर्भूत हुए इस कारण 'न्यग् रोहति' इस व्युत्पत्ति से इसे न्यग्रोह कहने लगे। बोलचाल में ह का ध बन जाने से न्यग्रोध शब्द बन गया :

ते यन्न्यञ्चोऽरोहंस्तस्मान्यङ् रोहति न्यग्रोहो-न्यग्रोहो वै नाम तन्न्यग्रोहं सन्तं न्यग्रोध इत्याचक्षते परोक्षेण परोक्षप्रिया इव हि देवाः।

ऐतरेयब्राह्मण, खण्ड 4, अध्याय 3; 30.

नीचे की ओर मुख करके रखे गए चमसों के वट वृक्षों के रूप में परिणत हो जाने पर चमसों में विद्यमान रस नीचे की ओर जाने लगा। वह रस विशेष अवरोह (जटाएं) बन गए और जो रस ऊपर चढ़ा वह फल बन गए। ये फल सोमरस के ही रूपान्तर हैं :

तेषां यश्चमसानां रसोऽवाङैत्तेऽवरोधा अभवन्नथ य ऊर्ध्वस्तानि फलानि।

ऐतरेयब्राह्मण, खण्ड 5, अध्याय 35; 31.

शतपथ ब्राह्मण के आलंकारिक वर्णन में इन्द्र की हड्डियों से गिरी स्वधा द्वारा न्यग्रोध की उत्पत्ति लिखी है :

अस्थिभ्य एवास्य स्वधाऽस्रवत्स न्यग्रोधोऽभवत्।

शतपथब्राह्मण, 12, 3, 2, 7; 9.

विविध भाषाओं और स्थानों में नाम

अंग्रेज़ी : बनियन ट्री (banian tree)।

अरबी : कतिरुल् अश्जार।

इण्डोनेशिया : सई।

कन्नड़ : अला, अलादामारा, वट, गोड़िमर, गोणिमर, बसरिमर (मर-वृक्ष)।

गुजराती : वड, वादलो, वोर।

तमिल : आलमरम्, अरसिमरम्।

तेलुगु : मार्रि, पेद्दामार्रि, वटी।

पंजाबी : बोड़, बोहड़।

पाली : नग्गोह, वडरुक्ख।

पुर्तगाली : (de Raiz, Albero de laiz) दोनों शब्दों का अर्थ है जड़ों वाला वृक्ष।

फ़ारसी : दरख़्ते रेशा, दरख़्तेरीश।

बंगाली : बर, बड़गाछ वोट।

मराठी : वड, वडा, वर।

मलयालम : अला, वाटाम, आलवृक्षम्, आलमरम्।

रूसी : फ़ीगोवोए, देरेवो।

संस्कृत में नाम और पर्याय

वनस्पति निघण्टुओं में बरगद के 29 नाम आये हैं। धन्वन्तरिनिघण्टु (8वीं शती) में बरगद के 10, राजनिघण्टु (12वीं शती) में 19, मदनपालनिघण्टु (1374 सन्) में 10, कैयदेवनिघण्टु (1450 सन्) में 11 और भावप्रकाशनिघण्टु (1550 सन्) में 11 नाम और पर्याय निम्नलिखित श्लोकों में आये हैं :

वटो रक्तफलः शृङ्गी न्यग्रोधः स्कन्धजो ध्रुवः ।
क्षीरी वैष्णवणावासो बहुपादो वनस्पतिः ॥

धन्वन्तरिनिघण्टु, आम्रादिवर्ग 5; 69.

स्यादथ वटो जटालो न्यग्रोधो रोहिणोऽवरोही च।
विटपी रक्तफलश्च स्कन्धरुहो मण्डली महाच्छायः॥
शृङ्गी यक्षावासो यक्षतरुः पादरोहिणा नीलः।
क्षीरी शिफारुहः स्याद्बहुपादः स तु वनस्पतिर्नवभूः॥

राजनिघण्टु, आम्रादिवर्ग 11;116-117.

वटो रक्तपदा क्षीरी बहुपादो वनस्पतिः।
यक्षावासः पदारोही न्यग्रोधः स्कन्धजो ध्रुवः॥

मदनपालनिघण्टु, वटादिवर्ग 5; 2.

वटः क्षीरी रक्तफलो न्यग्रोधो यक्षवासकः।
बहुपादः पादरोही शृङ्गी दान्तो वनस्पतिः॥
स्कन्धजनोऽस्य फलं प्रोक्तं नैयग्रोधं च काञ्चनम्।

कैयदेवनिघण्टु, ओषधिवर्ग 1; 422-423.

वटो रक्तफलः शृङ्गी न्यग्रोधः स्कन्धजो ध्रुवः।
क्षीरी वैश्रवणो वासो बहुपादो वनस्पतिः॥

भावप्रकाशनिघण्टु, वटादिवर्ग 5; 1.

इन श्लोकों के अन्तर्गत लिखे गए नाम-पर्यायों को नीचे तालिका में दिया जा रहा है जिससे पाठक सुगमता से उनका तुलनात्मक अध्ययन कर सकें :

धन्वन्तरिनिघण्टु (8वीं शती)	राजनिघण्टु (12वीं शती)	मदनपालनिघण्टु (1374 सन्)	कैयदेवनिघण्टु (1450 सन्)	भावप्रकाशनिघण्टु (1550 सन्)
	1 अवरोही			
1 क्षीरी	2 क्षीरी	1 क्षीरी	1 क्षीरी	1 क्षीरी
	3 जटाल			
			2 दान्त	
2 ध्रुव		2 ध्रुव		2 ध्रुव
	4 नील			
3 न्यग्रोध	5 न्यग्रोध	3 न्यग्रोध	3 न्यग्रोध	3 न्यग्रोध
		4 पदारोही		
	6 पादरोहिण			
			4 पादरोही	

4 बहुपाद	7 बहुपाद	5 बहुपाद	5 बहुपाद	4 बहुपाद
	8 मण्डली			
	9 महाच्छाय			
	10 यक्षतरु			
			6 यक्षवासक	
	11 यक्षावास	6 यक्षावास		
		7 रक्तपदा		
5 रक्तफल	12 रक्तफल		7 रक्तफल	5 रक्तफल
	13 रोहिण			
6 वट	14 वट	8 वट	8 वट	6 वट
7 वनस्पति	15 वनस्पति	9 वनस्पति	9 वनस्पति	7 वनस्पति
				8 वास
	16 विटपी			
				9 वैश्रवण
8 वैष्णवणावास				
	17 शिफारुह			
9 शृङ्गी	18 शृङ्गी		10 शृङ्गी	10 शृङ्गी
10 स्कन्धज		10 स्कन्धज	11 स्कन्धज	11 स्कन्धज
	19 स्कन्धरूह			

संस्कृत के नाम और पर्यायों के अर्थ

अवरोही : जटाओं के द्वारा नीचे की ओर बढ़ने वाला।

क्षीरी : दूध वाला पेड़।

जटाल : जटाओं वाला।

दान्त : जटाओं की विशेष परिचर्या करके इसकी वृद्धि और उत्पत्ति को सधाया जा सकता है।

ध्रुव : स्थिर, सैकड़ों वर्षों तक बना रहने वाला।

नील : पत्ते गूढ़े-हरे या नीले-काले होते हैं।

न्यग्रोध : धूप और बारिश को अपने नीचे गिरने से रोकने वाला; न्यक् अधो देशे रोधनात्।

पदारोही : पैरों–जटाओं–के द्वारा उगने वाला।

पादरोहिण : पैरों–जटाओं–के द्वारा उगने वाला।

पादरोही : पैरों–जटाओं–के द्वारा उगने वाला।

बहुपाद : जिसके बहुत-से पैर–जटाएं होती हैं।

मण्डली : शाखाओं के विस्तार से एक बड़ी परिधि बनाने वाला।
महाच्छाय : बड़ी छाया देने वाला।
यक्षतरु : यक्षों का आवास-घर।
यक्षवासक : यक्षों का आवास-घर।
यक्षावास : यक्षों का आवास-घर।
रक्तपदा : नई जटाएं लाल होती हैं।
रक्तफल : लाल (रक्त) फल वाला।
रोहिण : लाल फल वाला।
वट : दूसरे पर लिपट जाने वाला; वटति वेष्टयति मूलेन वृक्षान्तरम्।
वनस्पति : वन का राजा।
वास : जिसके नीचे साधु-सन्तों का डेरा होता है।
विटपी : शाखाओं और पत्तों के बड़े घेरे वाला वृक्ष।
वैश्रवण : कुबेर का आश्रय।
वैष्णवणावास : कुबेर का घर।
शिफारुह : छोटी शाखाओं से उग आने वाला।
शृङ्गी : नये पत्ते--शृंग=सींग जैसी नोकीली कलिकाओं में लिपटे हुए प्रकट होते हैं।
स्कन्धज : बड़ी शाखाओं से पैदा हो जाने वाला।
स्कन्धरूह : बड़ी शाखाओं से पैदा हो जाने वाला।
हिन्दी : बड़।

सामान्य परिचय

मोरासी (Moraceae) नामक कुल में बड़ एक बड़ा, फैलने वाला, पतनशील पत्तों वाला (deciduous) वृक्ष है। प्रायः 30 मीटर या इससे अधिक ऊंचा पहुंच जाता है। उत्तर भारत की अपेक्षा बंगाल में इसकी जटाओं तथा शाखाओं की अधिक वृद्धि होती है। परन्तु उत्तर भारत में व सूखे स्थानों पर तने की मोटाई अधिक होती है। तना प्रायः 7-9 मीटर तक मोटा हो जाता है। प्रतीत होता है कि जंगल में यह इतना अधिक नहीं फैलता, जितना खुले में।

पत्ते बड़े, चर्म सदृश, गूढ़े स्निग्ध-हरित, लम्बाई में 10 से 20 सेण्टीमीटर और चौड़ाई में 5 से 13 सेंटीमीटर तक होते हैं। ये छोटे, दृढ़ डण्ठलों के साथ लगे रहते हैं। प्रायः सब प्रोदुम्बर (fig) वृक्षों की तरह बड़ में भी 2 शल्क (scales) होते हैं जो पत्र-कलिका को ढकते हैं। पत्ते की वृद्धि के साथ शल्क गिर जाते हैं और पत्ते के डण्ठल के आधार पर शाखा के चारों ओर छल्ले जैसा एक निशान छोड़ जाते हैं। नए पत्ते सामान्यतयः

फ़रवरी और मार्च में प्रकट होते हैं, परन्तु कभी-कभी सितम्बर और अक्तूबर में भी निकलते रहते हैं। नए पत्तों में एक आकर्षक आरक्त (reddish) आभा होती है।

चित्र 12 बरगद की जटाओं से बने काण्डों का एक भाग

शुष्क प्रदेशों में यह वृक्ष थोड़े समय के लिए गरमियों में पत्र-रहित हो जाता है, परन्तु सामान्यतः यह सदा हरा रहने वाला वृक्ष है।

फल

फ़रवरी और मई के बीच में फल पककर दीप्त (bright) रक्त हो जाते हैं। हरिद्वार में कुछ पेड़ों पर मैंने सितम्बर तक भी चमकीले-लाल फल लगे देखे हैं। वैसे इस प्रदेश में इन दिनों बरगद के अधिक वृक्ष फलहीन रहते हैं। कभी-कभी पीले रंग के फल भी

देखे जाते हैं। पक्षी, चमगादड़ और हिरण आदि वन्य–पशुओं की मुंहमांगी दावत का यह सुनहरा अवसर होता है। कुछ वृक्षों पर तो दिसम्बर तक भी फल मिल जाते हैं।

वृक्ष की बड़ी काया की तुलना में फल बहुत छोटे होते हैं। संस्कृत के एक कवि ने इस पर मज़ेदार व्यंग्य कसा है—'ख़ूब फैले हुए ओ बरगद! तेरी बड़ी शाखाओं पर सैकड़ों पक्षी आश्रय लेते हैं और वृक्षों का तू सरदार है। मन में कुढ़े ना तो ज़रा-सी बात कह दूं! झोंपड़ी की छत पर ही फैल जाने वाली, छोटे-से घेरे वाली पेठे की बेल अपने फलों से तेरे फलों पर हंसती हैं :

विस्तीर्णो दीर्घशाखाश्रितशकुनिशतः शाखिनामग्रणिस्त्वं,
न्यग्रोधक्रोधमन्तः प्रकटयसि न चेद्वच्मि किञ्चित्तदल्पम्।
जल्पोऽप्येष त्रपाकृत्प्रलघुपरिकरा कापि कूष्माण्डवल्ली,
पल्लीपृष्ठप्रतिष्ठा हसति हि फलेन त्वत्फलानां किंमन्यत्॥

सुभाषितरत्नभाण्डागार।

संस्कृत का एक सुभाषित इस प्रकार है : न्यग्रोध के कुछ ही फल ठीक तरह पकते हैं। उनमें भी बहुत कम ऐसे होते हैं जिनमें बीजों से पौधे फूट निकलें। उनमें भी विरला ही कोई ऐसा भला पौधा निकलता है जो इतना बड़ा हो जाय कि उसके नीचे गरमी से सताया हुआ आदमी अपनी ग्लानि को दूर करने के लिए दौड़ता हो :

न्यग्रोधे फलशालिनि स्फुटतरं किंचित्फलं पच्यते।
बीजान्यङ्कुर गोचराणि कतिचित् सिध्यन्ति तस्मिन्नपि।
एकस्तेष्वपि कश्चिदङ्कुरवरः प्राप्नोति तामुन्नतिम्।
यामासाद्य निदाघपीडिततनुर्ग्लानिच्छिदे धावति॥

सुभाषितरत्नभाण्डागार, पृष्ठ 241; 147.

यही भाव महोपनिषद् में इस प्रकार व्यक्त किया है—यह सारा संसार आशा रूपी जाल है और वैसा ही निष्फल है जैसे कि वट के अधिकांश बीज निष्फल होते हैं :

इमं संसारमखिलमाशापाशविधायकम्।
दधदन्तःफलैर्हीनं वटधाना वटं यथा॥

महोपनिषद्, अध्याय 5; 133.

सुभाषितावली में कहा है—न्यग्रोध का बीज मामूली-सा अंकुर बनकर नहीं रह जाता। वह या तो महावृक्ष का रूप धारण कर लेता है या बिलकुल नष्ट हो जाता है :

महातरुर्वा भवति समूलो वा विनश्यति।
नाङ्कुरप्रक्रियामेति न्यग्रोधकणिकाङ्कुरः॥

सुभाषितावली; 788.

क्या फूल नहीं होते

ऐसा लगता है कि बड़ फूल धारण नहीं करता, केवल फल ही पैदा करता है। वास्तव में ऐसी बात नहीं है। फूल सूक्ष्म होते हैं और मांसल ग्राह (receptacle) में तिरोहित रहते हैं। ये ग्राह या फल डण्ठल-रहित होते हैं और लाल प्रबदरों (berries) की तरह पत्तों के अक्षों के साथ जोड़ों में उगते हैं। नर और मादा दोनों लिंगों के छोटे-छोटे अनेक फूल एक ही ग्राह के अन्दर विद्यमान रहते हैं। नर फूल ग्राह के मुख के पास इकट्ठे लगे रहते हैं जिनमें चार निदल (sepals) और एक पुंकेसर (stamen) होता है।

फूलों के साथ ही छोटे-छोटे कीट रहते हैं। जिन्हें प्रोदुम्बर कीट (fig insects) कहते हैं। इन कीटों के बिना वृक्ष बीज पैदा नहीं कर सकता। प्रोदुम्बर (Ficus) की प्रत्येक जाति के साथ एक वरट का सम्बन्ध है। सिरे पर अवस्थित छिद्र से वरट अन्दर प्रवेश करता है और फूलों के अन्दर अपने अण्डे रखता है। अण्डों से कीड़े निकलकर परिपक्व हो जाते हैं। अपने घर को छोड़ते हुए ये नए कीट नर-फूलों के पराग से अवधूलित हो जाते हैं। तब ये दूसरे फूल में घुसते हैं और उसे निषेचित करते हैं।

बरगद, गूलर आदि दूध वाले पेड़ों में फूल न आने के लोक-विश्वास के विपरीत महर्षि वाल्मीकि ने इन वृक्षों के फूलों का उल्लेख स्पष्ट किया है। वाल्मीकि ने दिखाया है कि बाली का वध करके सुग्रीव को जब शासन दिया गया तब अभिषेक की सामग्री में बरगद आदि क्षीरी वृक्षों के प्ररोह और फूल भी लिए गए थे। पुराने लेखकों के सूक्ष्म प्रकृति-निरीक्षण का यह विशिष्ट उदाहरण है :

सक्षीराणां च वृक्षाणां प्ररोहान् कुसुमानि च।

रामायण, किष्किन्धाकाण्ड 4, सर्ग 26; 25.

नगरों के चारों ओर

पुराकाल में नगरों और गांवों के आस-पास बरगद या पीपल को रोपने का ख़ूब रिवाज़ था। 1908 में इम्पीरियल गज़ेटियर औफ़ इण्डिया की ज़िल्दों को देखने से पता चलता है कि बहुत से नगरों को ये वृक्ष घेरे खड़े थे। वट वृक्षों के मध्य में बसा होने से वड़ौदा पहले वटोदरा कहलाता था; गुजराती में तो अब भी संस्कृत के वटोदर शब्द का अपभ्रंश वडोदरा उच्चारित होता है।

धर्मग्रन्थों से पता चलता है कि हमारी राज-व्यवस्था में सीमाओं का निर्धारण करने के लिए ग्रामों और नगरों के चारों ओर सीमावृक्ष के रूप में बरगद और पीपल आदि रोपे जाते थे। स्टेट्स सेटलमेण्ट्स में तथा अन्य स्थानों पर यह पथवृक्ष के रूप में बोया जाता है :

सीमावृक्षांश्च कुर्वीत न्यग्रोधाश्वत्थकिंशुकान्।
शाल्मलीन्सालतालांश्च क्षीरिणश्चैव पादपान्॥

मनुस्मृति, अध्याय 8; 246.

संस्कृत की एक लोकोक्ति में बड़ की छाया को गरमियों में जहां शीतल बताया है, वहां सरदियों में गरम बताया है :

कूपोदकं वटच्छाया श्यामा स्त्री तरुणं दधि।
शीतकाले भवेदुष्णं ऊष्णकाले च शीतलम्॥

बोना

बीजों से या कर्तनों (cuttings) से वृक्ष उगाया जा सकता है। पकने के साथ ही बीजों को बो देना चाहिए। गमलों या मंजूषाओं (बक्सों) में बोना अच्छा रहता है। ईंट या कोयले के बारीक़ चूरे के साथ मिलाकर बीज बोने चाहिए। कर्तनों से लगाना हो तो 2.40 से 3.00 मीटर लम्बी कर्तनों को जनवरी से मार्च तक बोना चाहिए। बरसात आने तक इन्हें पानी देना ज़रूरी होता है। सिंचाई की व्यवस्था न हो सके तो जुलाई में बरसात शुरू होने पर बोयें। जनवरी-मार्च में बोई गई कर्तनों की अपेक्षा ये कर्तनें कम सफल होती हैं। एक तरीक़ा यह भी है कि छोटी कर्तनों को गमलों या टोकरियों में मार्च में लगाकर अच्छा पानी देते रहें और बरसात शुरू होने पर इन्हें अलग करके यथास्थान रोप दें। बरगद के पेड़ को घर के पूर्व में बोने का विधान है।

अवध के 1907 तथा 1908 के सूखे ने यह सिद्ध कर दिया था कि यह वृक्ष निश्चित रूप से शोष-सहिष्णु (drought-hardy) है। घोर तुहिन पत्तों को क्षतिग्रस्त कर देती है। परन्तु पुनः स्वास्थ्य लाभ करने की शक्ति इस वृक्ष में अच्छी है। 1905 में उत्तर भारत के असाधारण तुहिन में वृक्ष को बहुत अधिक हानि नहीं पहुंची थी।

अक्षयवट

संस्कृत के महाकाव्यों का अनुशीलन करने से ज्ञात होता है कि प्रयाग में ईसा की आरम्भिक शताब्दियों में बरगद का एक महान् वृक्ष था, जो मध्यकाल तक वहां खड़ा था। चित्रकूट को जाते हुए सीता जब उस वट के पास पहुंची तब उन्होंने अनेक वृक्षों से घिरे हुए उस महावृक्ष को नमस्कार किया था और अपने पतिव्रत धर्म को पालन करने का सामर्थ्य उस श्यामवट से मांगा था। हाथ जोड़कर सीता ने उससे निर्विघ्नता के लिए आशीर्वाद भी मांगा था :

ते तीर्णाः प्लवमुत्सृज्य प्रस्थाय यमुनावनात्।
श्यामं न्यग्रोधमासेदुः शीतलं हरितच्छदम्॥

न्यग्रोधं समुपागम्य वैदेही चाभ्यवन्दत।
नमस्तेऽस्तु महावृक्ष पारयेन्मे पतिर्व्रतम् ॥

रामायण, अयोध्याकाण्ड 2, सर्ग 55; 23-24.

वनवास से जब राम लौट रहे थे तब यह वट चमकीले-लाल फलों से सुशोभित हो रहा था। उसके सौन्दर्य से विमुग्ध होकर श्रीराम सीता को कहते हैं कि तुमने पहले जिससे याचना की थी वह प्रसिद्ध श्यामवट यह है। नीलम के ढेर में जैसे पुखराज जड़े हों, फला हुआ श्यामवट उसी तरह दीप्त हो रहा है :

त्वया पुरस्तादुपयाचितो यः सोऽयं वटः श्याम इति प्रतीतः।
राशिर्मणीनामिव गारुडानां सपद्मरागः फलितो बिभाति ॥

रघुवंश, सर्ग 13; 53.

श्यामवट के गूढ़े-हरे या नीले रंग के पत्तों की यहां नीलम (गारुड़ मणि) से तुलना की गई है और दीप्त लाल फलों की पुखराज (पद्मराग) से। महर्षि वाल्मीकि (400 ईस्वी पूर्व) ने जिसे श्याम न्यग्रोध और कविगुरु कालिदास (600 ईस्वी पश्चात्) ने श्यामवट लिखा है, आठवीं शती के भवभूति ने भी उसका श्यामवट के नाम से ही उल्लेख किया है। लक्ष्मण कहते हैं कि कालिन्दी के तट पर और चित्रकूट को जाने वाली सड़क के किनारे पर अवस्थित जिस श्याम नामक वट को भरद्वाज ने बताया था, वह यहां खड़ा है :

अयमसौ भरद्वाजावेदितश्चित्रकूटयायिनि वर्त्मनि वनस्पतिः कालिन्दीतटे वटः श्यामो नाम।

उत्तररामचरित, अंक 1, पृष्ठ 40.

उस समय तक के लेखकों ने यद्यपि इसे एक असाधारण वृक्ष समझा था, परन्तु इसे दिव्यता और अलौकिकता प्रदान करने वाले बाद के लेखक प्रतीत होते हैं। मुरारी के समय (1050-1135) यह निश्चित रूप से अद्भुत शक्ति-सम्पन्न ऐसा वृक्ष माना जाने लगा था जिसकी छाया में रहने वाले परंज्योति के साथ निवास करते हुए विश्वास किए जाते थे :

श्यामो नाम वटः सोऽयमेतस्याद्भुतकर्मणः।
छायामप्यधि वास्तव्यैः परं ज्योतिर्निषेव्यते ॥

अनर्घराघव, अंक 7; 129.

लगभग 200 ईस्वी पूर्व महर्षि व्यास ने प्रयाग के पास गया पर्वत पर उगे हुए एक वट को अक्षयवट नाम दिया था। पांडवों ने वनवास में एक चौमासा उसी के नीचे बिताया था :

तत्र ते पाण्डवा वीराश्चातुर्मास्यैस्तदेजिरे ॥
ऋषियज्ञेन महता यत्राक्षयवटो महान्।

अक्षये देवयजने अक्षयं यत्र वै फलम् ॥
ये तु तत्रोपवासांस्तु चक्रुर्निश्चितमानसाः ।

महाभारत, वनपर्व, अध्याय 95; 13-15.

यदि यह वही सीताजी वाला श्याम न्यग्रोध था तो न जाने क्यों काव्य-रचयिताओं की कल्पनाओं को अक्षयवट जैसे कल्पनाप्रसूत नाम ने प्रभावित नहीं किया ? क्योंकि काव्यों में तो बहुत देर तक इसे श्यामवट या श्याम न्यग्रोध ही कहते रहे थे। कहीं ऐसा तो नहीं कि अक्षयवट की महत्ता वाले ये श्लोक व्यास के रचे हुए महाभारत में न हों और बाद के किसी लेखक ने जोड़े हों ? महाभारत तथा पुराणों में वर्णित अक्षयवट के आख्यान से प्रेरित होकर अनर्घराघव के टीकाकार रुचिपति ने यद्यपि प्रयाग के उसी श्याम न्यग्रोध को अक्षयवट नाम दिया तथापि प्रतीत होता है कि काव्यग्रन्थों में इस वृक्ष का नाम श्याम न्यग्रोध या श्यामवट ही रहा, अक्षयवट नहीं।

अमरकोश (500-800 ईस्वी पश्चात्) के नानार्थ वर्ग में श्याम शब्द आया है। अमरकोश के टीकाकार भानुजी दीक्षित (1630 ईस्वी पश्चात्) ने इसकी व्याख्या में मेदिनीकोश (1300 ईस्वी पश्चात्) के उद्धरण से उसे प्रयाग का श्यामवट बताया है। हेमचन्द्र (1088-1172 ईस्वी पश्चात्) को उद्धृत करते हुए भानुजी दीक्षित ने प्रयाग के वट को श्यामवट लिखा है अक्षयवट नहीं।

गोस्वामी तुलसीदासजी (1532-1623 ईस्वी पश्चात्) ने प्रयाग के संगम पर उगे हुए बरगद को अक्षयवट नाम दिया है। उसके विशाल छत्र को उन्होंने मुनियों के मन को मोहने वाला बताया है :

संगम सिंहासन सुठि सोहा। छत्र अक्षयवट मुनि मन मोहा ॥
परसि अक्षयवट हरषहिं गाता।

रामचरितमानस।

अक्षयवट का शाब्दिक अर्थ है–क्षीण न होने वाला बरगद। बरगद वृक्षों में सामान्य रूप से यह विशेषता होती है। जिस बरगद में यह विशेषता अधिक हो उसे अक्षयवट कह देते थे। इस प्रकार का एक बरगद गया में भी था। प्रयाग और गया, दोनों के वटवृक्षों को अक्षयवट के नाम से हिन्दुओं ने अनेक शताब्दियों तक बड़े आदर से देखा है। संस्कृत साहित्य में प्रयाग तथा गया के अक्षयवट अधिक प्रसिद्ध रहे हैं। ब्रह्मपुराण (अध्याय 161; 66-67) में गोदावरी माहात्म्य के अन्तर्गत विन्ध्य के उत्तर में एक अक्षयवट का उल्लेख है। ब्रह्मवैवर्त्तपुराण (अध्याय 33; 32-33) में नर्मदा के वट का वर्णन है, जहां पुलस्त्य ऋषि ने तप किया था।

प्रलय में भी अविनाशी

महाप्रलय की कल्पना में विपुल जलराशि के बीच में एक विशाल न्यग्रोध वृक्ष की विस्तीर्ण शाखा पर दिव्य शिशु विश्राम करते हैं :

ततः कदाचित् पश्यामि तस्मिन् सलिलसंचये।
न्यग्रोधं सुमहान्तं वै विशालं पृथिवीपते ॥
शाखायां तस्य वृक्षस्य विस्तीर्णायां नराधिप।
पर्यङ्के पृथिवीपाल दिव्यास्तरणसंस्तृते ॥
उपविष्टं महाराज पद्मेन्दुसदृशाननम्।
फुल्लपद्मविशालाक्षं बालं पश्यामि भारत ॥

महाभारत, वनपर्व, अध्याय 188; 90-92.

ततस्तस्यैव शाखायां न्यग्रोधस्य विशांपते।
आस्ते मनुजशार्दूल कृत्स्नमादाय वै जगत् ॥

महाभारत, वनपर्व, अध्याय 188; 127.

अपने पैर के अंगूठे को वे मुख से चूस रहे होते हैं :

जठरेऽखिलमाधाय त्वयि स्वपिति माधवः।
कृत्वा मुखाम्बुजेपादौ नमोऽक्षय्यवटायते ॥

प्रयागमाहात्म्यशती, पूर्वार्द्ध 117, 39; 25.

सर्वत्र जल भर जाने से स्थावर और जंगम सभी कुछ नष्ट होता है :

यत्र चैकार्णवे शेते नष्टे स्थावरजंगमे।
सर्वत्र जलसम्पूर्णे वटे बालवपुर्हरिः ॥

प्रयागमाहात्म्यशती, पूर्वार्द्ध 93, 32; 7.

न्यग्रोध के पलंग पर सोये हुए आदि-पुरुष से ही पुनः सृष्टि का आरम्भ होता है। महाभारत की इस कल्पना को प्रयाग तथा गया के अक्षयवट में अन्तर्निहित कर दिया गया है। प्रयागमाहात्म्यशती में इसका विस्तृत वर्णन व माहात्म्य है। उसमें से कुछ स्थल हम संक्षेप में यहां दे रहे हैं। गंगा और यमुना के संगम पर यह अक्षयवट स्थित है :

स्वयमेव खिलश्रेष्ठस्ततोऽक्षय्यवटान्वितः।
कालिंद्याः गंगाया वाराया यथोत्तरसमन्वितः ॥

प्रयागमाहात्म्यशती, पूर्वार्द्ध 95, 32; 46.

यह महान् वट एक बड़े आश्चर्य का वृक्ष है :

अथाप्येकं महाश्चर्यं प्रयागे दृष्टमद्य वै।

एको महान्वटो दृष्टः सर्वाश्चर्यमयो हि सः॥

प्रयागमाहात्म्यशती, 212, 71; 10.

सफ़ेद व नीली गंगा और यमुना नदी जिसकी चंवर है और जिसमें बरगद के पेड़ का छत्र इतना बड़ा है कि साक्षात् नीला आकाश बन गया है :

सितासिते यत्र तरंगचामरे, नद्यौ विभातः मुनिभानुकन्यके।
नीलातपत्रं वट एव साक्षात्, स तीर्थराजो जयति प्रयागः॥

प्रयागमाहात्म्यशती, पूर्वार्द्ध 12; 36.

बरगद के वृक्षों का राजा जहां सिर के आभूषण के समान विराजमान है :

क्षेत्रचूडामणिर्यत्र, राजते वटवृक्षराट्।
शूलिताण्डवसंहृष्ट माधवावासमंगलः॥

प्रयागमाहात्म्यशती, पूर्वार्द्ध 19; 9.

इस वट के नीचे शिव भी अपने ताण्डव से माधव को सन्तुष्ट करते हैं :

परमो वैष्णवो योगी, शिवोऽपि शिवकृत्सताम्।
वटमूलं समासाद्य, माधवानुग्रहेच्छया॥

प्रयागमाहात्म्यशती, पूर्वार्द्ध 25; 1.

हरित मणि के समान सुन्दर अक्षयवट की छाया देवताओं को भी हर्ष देती है :

अक्षयवटसुच्छाया, हरितोपलशोभिता।
हर्षदा देवतादीनां, नित्यं यत्र प्रसर्पति॥

प्रयागमाहात्म्यशती, पूर्वार्द्ध 18; 56.

सब देवों और ऋषियों से समादृत इस वट मूल में ब्रह्मा ने दस यज्ञ किये थे :

वटमूलेति विख्यातं, सर्वदेवर्षि सम्मतम्।
यत्रेष्टं ब्रह्मदेवेन, ऋतूनां दशकेन च॥

प्रयागमाहात्म्यशती, पूर्वार्द्ध 93, 32; 6.

माधव उतनी प्रसन्नता से वैकुण्ठ में नहीं रहते जितनी प्रसन्नता से तीर्थराज के अक्षयवट पर रहते हैं :

वैकुण्ठेन तथा हृष्टो वसते माधवः प्रभुः।
प्रसन्नस्तीर्थराजे च यथास्त्वक्षयपादपे॥

प्रयागमाहात्म्यशती, पूर्वार्द्ध 92, 32; 55.

इस वट की रक्षा सदा शूलपाणि महेश्वर करते हैं :

तं वटं रक्षति सदा शूलपाणिर्महेश्वरः।

प्रयागमाहात्म्यशती, पूर्वार्द्ध 100, 34; 20.

उसके मूल में ब्रह्मा, बीच में विष्णु और अग्रभाग में शिव निवास करते हैं :

त्वन्मूले वसते ब्रह्मा तव मध्ये जनार्दनः।
त्वदग्रे वसते शूली तादृशं त्वां नमाम्यहम्॥

प्रयागमाहात्म्यशती, पूर्वार्द्ध 112, 39; 26.

महाप्रलय के समय समस्त संसार के जलमय हो जाने पर माधव के सोने के लिए बरगदों का यह राजा पलंग बना था :

एकार्णवे महाकल्पे सुषुप्तो माधव प्रभोः।
पर्यंक नटराज त्वं गृहाणार्घ्यं नमोस्तु ते॥

प्रयागमाहात्म्यशती, पूर्वार्द्ध 118, 39; 38.

सब रूपों को समेटकर, ब्रह्माण्ड को अपने पेट में रखकर बालरूप धारण करके इस अक्षयवट पर वे सोते हैं :

सर्वरूपाणि संहृत्य बालरूपधरस्ततः।
ब्रह्माण्डमुदरे कृत्वा शयेताक्षय्यपादपे॥

प्रयागमाहात्म्यशती, पूर्वार्द्ध 213, 72; 23.

कल्पवृक्ष और उसके स्वरूप में भेद नहीं :

तस्याहं कल्पवृक्षस्य स्वरूपं वेद्मि नापरः।
प्रपञ्चबीजभूतस्य तद्व तू सर्वं निरूपितम्॥

प्रयागमाहात्म्यशती, 213, 72; 24.

ऐसा वृक्ष ब्रह्माण्ड में दूसरा नहीं है :

तस्मादेवं विधो वृक्षो नास्ति ब्रह्माण्डगोलके।
अतोऽर्चयन्त्यमुं देवा मनुष्याणां तु का कथा॥

प्रयागमाहात्म्यशती, पूर्वार्द्ध 218, 72; 26.

इसकी पूजा करने से मनोरथ सिद्ध होते हैं :

तस्मान्मुनिवरा यूयमेनं पूजयताक्षयम्।
येऽन्येपि पूजयिष्यन्ति प्राप्स्यन्ते ते मनोगतान्॥

प्रयागमाहात्म्यशती, पूर्वार्द्ध 213, 72; 27.

यात्रा पर आने वाले नर-नारी विशुद्ध चित्त से इसकी पूजा करने से अक्षय फल पाते हैं' :

यात्रार्थमागता ये वै नरा नार्योऽमलाशयाः ।
संपूज्य प्रार्थयन्त्येते लभन्ते फलमक्षयम् ॥

प्रयागमाहात्म्यशती, पूर्वार्द्ध 214, 72; 28.

सृष्टि के रचयिता ब्रह्मा को जब सृष्टि बनाने की सामग्री नहीं मिली तब मनोकामना पूर्ण करने वाले इस अक्षयवट की उन्होंने पूजा की :

सृष्टिकर्त्ता यदा ब्रह्मा न लेभे सृष्टि साधनम् ।
तदाक्षयवटं चैनं पूजयामास कामदम् ।

प्रयागमाहात्म्यशती, पूर्वार्द्ध 214, 72; 29.

तीनों लोकों को समेटकर आदि पुरुष इस पर सोता है :

संशेते वै पुमानाद्यः संहृत्य भुवनत्रयम् ।
पादांगुष्ठं करे धृत्वा पिवन्नास्त्यत्र बालकः ॥

प्रयागमाहात्म्यशती, पूर्वार्द्ध 214, 72; 35.

गया का अक्षयवट

गया का अक्षयवट भी तीनों लोकों में प्रसिद्ध था :

ततो गयां समासाद्य ब्रह्मचारी जितेन्द्रिय ।
अश्वमेधमवाप्नोति गमनादेव भारत ॥
तत्राक्षयवटो नाम त्रिषु लोकेषु विश्रुतः ।
पितृणां तत्र वै दत्तमक्षयं भवति प्रभो ॥
महानद्यामुपस्पृश्य तर्पयेत्पितृदेवताः ।
अक्षयान्प्राप्नुयाल्लकोकान् कुलं चैव समुद्धरेत् ॥

महाभारत, आरण्यकपर्व, अध्याय 72-73.

महाभारत में इसके अनेक उल्लेख आते हैं :

एष्टव्या बहवः पुत्राः यद्येकोऽपि गयां व्रजेत् ।
यत्रासौ प्रथितो लोकेष्वक्षय्यकरणो वटः ॥

महाभारत, अनुशासनपर्व, अध्याय 13, 88;14.

कश्मीर के महाकवि क्षेमेन्द्र (1020-1080 ईस्वी पश्चात्) ने गया के अक्षयवट का वर्णन किया है :

गंगोद्भवं त्रिनयनप्रियां वाराणसीं पुरीम् ।
तां चाक्षय्यवटोपेतां पितृसंतारिणीं गयाम् ॥

भारतमञ्जरी, आरण्यकपर्व, 654-655.

5. बाजार में मिलने वाले बकायन के फल

6. पीपल की फलदार शाखा

7. बकायन का पुष्पित वृक्ष

8. बरगद की फलदार शाख़ा

9. ब़हेड़े के फल

10. बाज़ार में मिलने वाली हरड़

वायुपुराण (आनन्दाश्रम संस्कृत सीरीज़, पूना, 1905, पृष्ठ 426-453) के गया माहात्म्य में हमें वट के निम्नलिखित उल्लेख मिलते हैं—भस्मकूटाद्रि के पास 'वटो वटेश्वरः' (पृष्ठ 437), गृध्रकूट के पास 'गृध्रवट' (पृष्ठ 438) और भस्मकूट, गृध्रकूट, फल्गुतीर्थ आदि के साथ 'अक्षयवट' (पृष्ठ 440)। गया के अक्षयवट के नीचे श्राद्ध करने के तथा विविध प्रकार के दान देने के फल की महिमा बताते हुए उस वट के अग्रभाग में योगशायी बालरूपधर भगवान की स्तुति की है :

कृते श्राद्धेऽक्षयवटे अन्नेनैव प्रयत्नतः।
पितृन्नयेद्ब्रह्मलोकमक्षयं तु सनातनम् ॥
वटवृक्षसमीपे तु शाकेनाप्युदकेन वा।
एकस्मिन् भोजिते विप्रे कोटिर्भवन्ति भोजिताः ॥
देयं दानं षोडषकं गयातीर्थपुरोधसे।
वस्त्रं गन्धादिभिः पुत्रैः सम्यक् संपूज्य यत्नतः ॥
एकार्णवे वटस्याग्रे यः शेते योगनिद्रया।
बालरूपधरस्तस्मै नमस्ते योगशायिने ॥

वायुपुराण, गयामाहात्म्य, पृष्ठ 449.

पण्डों का चमत्कार

सैकड़ों वर्षों तक प्रयाग का अक्षयवट तीर्थ पुरोहितों की जादूविद्या का चमत्कार मात्र रहा। अक्षयवट देखने के लिए इलाहाबाद के किले के भीतर जाना पड़ता था। यद्यपि किले के द्वार पर सन्तरी रहता था परन्तु अक्षयवट का मन्दिर और वहां तक जाने का मार्ग जनता के लिए खुला था। किले के द्वार से मन्दिर एक फर्लांग से भी कम दूरी पर है। मन्दिर भूमि के अन्दर है। उसकी छत किले की भूमि के समतल में है। अन्दर प्रकाश जाने के लिए मन्दिर की छत में खुला स्थान छूटा है जिसे चारों ओर से घेरकर रोशनदान बनाया गया है। इस प्रकार मन्दिर में धीमा प्रकाश पहुंचता है। मन्दिर में उतरने के लिए सीढ़िया हैं। कुछ पण्डे मन्दिर दिखाने का ही काम करते थे। वे दीपक जलाकर मूर्तियां और अक्षयवट अच्छी तरह दिखाते थे। भीतर बड़ा पुजारी अक्षयवट के पास बैठा रहता था। एक छोटा दीपक जलता रहता था। हाथ भर से कम व्यास का कुंदा वहां ज़मीन से निकलता हुआ दिखाई पड़ता था। जिसकी दो शाखाएं होकर छत से जा मिलती थीं। इसी को अक्षयवट कहते थे। इसके अधिक भाग को कपड़े से ढके रखते थे। लीडर समाचार-पत्र में तथा अन्य पत्रों में भी सन् 1953 में बहुत वाद-विवाद छपा था जिससे एक बात प्रत्यक्ष हो गई थी कि जल चढ़ाते-चढ़ाते जब मन्दिर में रखा कुंदा सड़ने लगता था तो पुजारी रात के समय चुपके से सड़े कुंदे को निकालकर उसके बदले दूसरा कुंदा रख देता था। प्रतिदिन नये आने वाले भक्तों और यात्रियों के सामने तो यह सचमुच

उस अक्षयवट के रूप में प्रस्तुत किया जाता था जिसका नाश प्रलयकाल में भी नहीं होता। यदि कोई जिज्ञासु इसके छोटे आकार को देखकर विस्मय प्रकट करता तो पण्डे उसको यह कहकर सन्तोष कराते थे कि चारों ओर से घिरा होने के कारण इसको न धूप लग पाती है और न पर्याप्त स्वस्थ हवा मिलती है, इसी से इसकी वृद्धि अत्यन्त मन्द है।

कुछ लोगों का यह कहना है कि असली अक्षयवट वह जीता-जागता वृक्ष है जो क़िले के मैदान में अन्यत्र खड़ा है। परन्तु, प्रतिद्वन्द्वियों का कहना है कि यह एक बहाना है जिससे पूजा पुराने स्थान से उठकर नवीन स्थान में होने लगे और नवीन पुजारियों को पैसे मिलने लगें। यदि इसे वही श्याम न्यग्रोध मान लिया जाए जिसके नीचे सीता ने अंजलीबद्ध होकर मंगल की याचना की थी तो सैकड़ों वर्षों के समय में यह बहुत अधिक फैला हुआ होना चाहिए था। इसके वर्तमान आकार-प्रकार को देखकर उसे ह्वेन्त्सांग के समय (सातवीं शती ईस्वी पश्चात्) का वृक्ष भी नहीं माना जा सकता जिसके ऊपर से हिन्दू लोग कूदकर प्राण-त्याग किया करते थे। जो लोग इसे अक्षयवट बताते हैं वे इसके छोटे रहने का कारण यह बताते हैं कि पहले जब यह खुली हवा में था तो नदी की बाढ़ों से धीरे-धीरे इसके चारों ओर मिट्टी का भराव होता गया और इस तरह नई बनी भूमि के ऊपर वृक्ष का बहुत थोड़ा भाग ही शेष रहा। यदि यह कथन भी स्वीकार कर लिया जाए तो मानना पड़ेगा कि क़िला बनने के बाद से इस पर और अधिक मिट्टी नहीं चढ़ी होगी। तब से, अर्थात् लगभग 350 वर्षों में यह 490 मीटर से अधिक परिधि का पेड़ बन जाना चाहिए था, क्योंकि कलकत्ता का बरगद लगभग 170 वर्षों में प्रायः 263 मीटर की परिधि में बढ़ गया था।

संवत् 2012 में श्री शीतल प्रसाद मिश्र ने अक्षयवट नामक पुस्तिका प्रकाशित की। इसमें प्रयाग के अक्षयवट के सम्बन्ध में प्रचलित विश्वासों का वर्णन है। पिछले वर्षों में प्रयाग के पत्रों में इस विषय को लेकर जो विवाद चला उसका उल्लेख भी इसमें है। प्रयाग के कतिपय प्रतिष्ठित महानुभावों के प्रयत्न से पातालपुरी से तथाकथित अक्षयवट का इस विवाद में रहस्योद्घाटन हो गया है। पातालपुरी के कुन्दे को अक्षयवट न मानने वालों की विचारधारा इस प्रकार है।

सन् 1575 में जब क़िले का निर्माण प्रारम्भ हुआ तब हिन्दुओं की धार्मिक भावनाओं का आदर करते हुए लगभग 100 वर्ष पुरानी एक शाखा को छोड़कर शेष वृक्ष कटवा डाला गया। वह वृक्ष क़िले के दक्षिण-पूर्वी भाग में चारदीवारी में था। इसका कुछ भाग तो दीवार के अन्दर आ गया। शेष भाग ठूंठों के रूप में खड़ा रहा। दीवार में एक दरवाज़ा रख दिया गया जिससे सर्वसाधारण इसकी पूजा सुविधापूर्वक करता रह सके। इसके निकट ही दीवार में एक दरवाज़ा है। प्रतीत होता है कि अकबर बादशाह ने सर्वसाधारण को इसकी पूजा करने की सुविधा देने के लिए ही ऐसी व्यवस्था कर दी थी। इसमें क़िले के अन्दर जनसाधारण का कुछ दख़ल नहीं था और जनता दर्शन करके बाहर ही बाहर

चली जाती थी। सम्भवतः कुछ काल तक जनता को इसकी पूजा करने का अधिकार रहा। इस वृक्ष के समीप ही शाही महल अवस्थित थे और बादशाह जब प्रयाग में ठहरते थे तब वे इन्हीं महलों में निवास करते थे। अपने पिता के शासन के अन्तिम वर्षों में जहांगीर प्रयाग के क़िले में लगभग 5 वर्ष रहा। शाही निवास स्थान के समीपवर्ती अक्षयवट तक जनता के अबाध रूप में आने-जाने से अधिकारियों को असुविधा होती रही होगी। इसलिए अकबर के शासनकाल में ही इसकी पूजा बन्द कर दी गई।

इस प्रसंग में शाह आलम द्वितीय द्वारा सन् 1772 में दी गई एक सनद का उल्लेख महत्त्वपूर्ण है। राज्यारोहण के तेरहवें वर्ष में वह सनद लिखी गई थी। इस सनद में अयोध्यानाथ योगी को बादशाह अकबर द्वारा दी गई एक पुरानी सनद के आधार पर पातालपुरी में अक्षयवट पर उनके अधिकार की परिपुष्टि की गई है।

इस सनद से प्रकट होता है कि अकबर के शासनकाल में ही हिन्दुओं की धार्मिक भावनाओं की रक्षा के लिए पातालपुरी मन्दिर में असली अक्षयवट की एक शाखा रोप दी गई थी और उसकी पूजा होने लगी थी। जब वह सूख गई तब उसके स्थान पर नई शाखा रोप दी गई। पुजारी उसे हरा-भरा और पल्लवित रखने में सफल नहीं रहे जिससे बार-बार शाखा बदलने का क्रम चालू रहा। अक्षयवट के इस प्रकार क्षीण होने की बात को पुजारी लोग जनता पर प्रकट करना अपनी निर्बलता समझते थे। इससे शाखा को बदलने की क्रिया वे एकान्त देखकर रात्रि के अन्धेरे में करते थे। तत्कालीन मुग़ल या अंग्रेज़ सैनिक अधिकारियों की अनुमति से यह बड़ी शाखा बदली जाती थी। अंग्रेज़ों ने इस पातालपुरी मन्दिर के रहस्य की पूर्णतया रक्षा की। तीसरे-चौथे साल जब यह शाखा सड़ जाती तब उसे बदलने का कार्य अंग्रेज़ सैनिकों के निरीक्षण में रात को चुपके से किया जाता। अंग्रेज़ों के भारत से चले जाने के बाद किला भारतीय सैनिकों के अधिकार में आ गया। भारतीय सैनिकों की अनुमति से 20 जून, 1951 को शाखा बदली गई। 24 जून, 1951 के दैनिक लीडर और भारत में इस घटना का समाचार इस प्रकार छपा—इलाहाबाद के किले में भूगर्भस्थ पातालपुरी मन्दिर में अक्षयवट के रूप में जिस पुराने तने की पूजा की जाती थी, उसके स्थान पर एक नई शाखा स्थापित की गई है। प्राप्त सूचना के अनुसार तथा जिसकी पुष्टि सरकारी माध्यम द्वारा हो चुकी है, यह कहा गया है कि मन्दिर के प्रधान पुरोहित ने अधिकारियों से लिखित प्रार्थना की थी कि यह शाखा बहुत पुरानी हो गई है और इसके स्थान पर नई शाखा स्थापित करने की आज्ञा दी जाय। धार्मिक भावनाओं को ठेस न पहुंचाने के उद्देश्य से और पुजारियों के रिवाज़ न टूटने के विचार से उन्हें शाखा परिवर्तन की आज्ञा दे दी गई। 36 पण्डों तथा 20 मज़दूरों ने उसी ढंग की एक वृक्ष की शाखा लाकर उस स्थान पर स्थापित कर दी। यह कार्य अन्धेरी रात को 8 बजे सम्पन्न किया गया। इस अवसर पर पुरोहित ने क़िले के भीतर के व्यक्तियों को तथा त्रिवेणी तट के व्यक्तियों को प्रसाद वितरित किया।

इससे यह तो स्पष्ट हो गया कि काण्ड को इसी प्रकार राजकीय अधिकारियों की अनुमति से, दीर्घकाल से समय-समय पर बदला जाता रहा है।

प्रथम स्वतंत्रता संग्राम के बाद 1860 में अंग्रेज़ी पढ़े-लिखे एक वंगाली भोलानाथ चन्द्र ने तीर्थयात्राएं कीं। उनका विवरण एक हिन्दू की यात्राएं (1969 में प्रकाशित) नामक पुस्तक में है। उनके वृत्तांत से पता चलता है कि पातालपुरी का मन्दिर भी कुछ वर्षों तक जनसाधारण के दर्शन के लिए बन्द था और सैनिक अधिकारी उसे कोयला आदि भण्डारित करने के काम में लाते थे। वट का वृत्तांत उन्होंने इस प्रकार दिया है—शुष्क दो नोक वाला वृक्ष दिखलाई पड़ा, जिसका सूखा हुआ तना कई सौ वर्षों से वहां विराजमान है। यही अक्षयवट या अमरवट है।

प्राचीन लेखकों ने असली अक्षयवट की 2 बड़ी शाखाओं का वर्णन किया था, जो गंगा और जमुना की धाराओं पर झुकी हुई थीं। इसके आधार पर पण्डे लोग भी 2 शाखाओं वाला तना पूजा के लिए स्थापित करते थे।

पातालपुरी मन्दिर सम्भवतः सन् 1845 के लगभग जनता के लिए बन्द कर दिया गया और बाबू भोलानाथ चन्द्र के अनुसार लगभग 1865 या 1866 में खोल दिया गया।

पातालपुरी मन्दिर में किसी वट काण्ड की अक्षयवट के रूप में पूजा की सम्पुष्टि हमें अनेक यात्रियों के द्वारा मिलती है। एक डच धर्म प्रचारक टिफ़ेन थालर 1765 की फ़रवरी और सितम्बर में इलाहाबाद आये थे। भारत के भूगोल विषयक उनकी जर्मन भाषा में लिखी पुस्तक का फ्रांसीसी में अनुवाद हुआ। वे बताते हैं कि इसकी शाखाएं 2 समान भागों में विभक्त हैं। इसमें पत्तियां नहीं हैं। फिर भी इसमें रस है और यदि चाकू से काटा जाता है तो इसमें से एक प्रकार का दूध निकलता है।

जेम्स फ़ोर्ब्स ने 18 अगस्त, 1785 को इलाहाबाद का क़िला देखा। उन्होंने पातालपुरी मंदिर में इस आश्चर्यमय वृक्ष को देखा था। जनरल कनिंघम का पुरातत्त्व संबंधी प्रतिवेदन (1865) बताता है कि यह छायाहीन वट वृक्ष आज भी प्रयाग में पूजा जाता है। यह वृक्ष आज भी पृथ्वी के भीतर एक ओर स्थित है या एक स्तम्भ के पास है।

जौन डौसन सैण्डहर्स्ट स्टाफ़ कौलेज के उच्च सैनिक अधिकारी थे। उन्होंने (1867) में लिखा है कि वृक्ष की शाखा अब भी है और उसी प्रकार पवित्र है तथा इलाहाबाद के क़िले के भीतर पातालपुरी मन्दिर के समीप, मन्दिर के घेरे में होने के कारण बाहर से दृष्टिगोचर नहीं होती। जी. एच. खाण्डेकर (इण्डियन कम्पेनियन, पूना, सन् 1894, पृष्ठ 921) ने 1894 में पातालपुरी मन्दिर में अक्षयवट के ठूंठ की पूजा देखी थी।

प्रयाग के कुछ प्रतिष्ठित महानुभावों ने सन् 1950 में क़िले के अन्दर असली अक्षयवट की खोज आरम्भ की। क़िले के दक्षिण-पूर्व कोने में उन्हें कूड़े-करकट के ढेर में दबे

हुए वटवृक्ष के कुछ ठूंठ मिले। औद्भिदी (botany) में वृक्षों की आयु उनके वलयों (growth rings) की परिगणना करके निश्चित की जाती है। इस पद्धति का आश्रय लेकर प्रयाग विश्वविद्यालय के औद्भिदी के प्राध्यापक ने क़िले के सैनिक अधिकारियों की प्रार्थना पर उन ठूंठों की परीक्षा की। उनकी परीक्षा बताती है कि नये खोजे हुए अक्षयवट में मुकुट तथा ऊपर की शाखाओं को शक्ति देने के लिए खम्बे के रूप में उसकी लम्बी जड़ें हैं। बहुत-सी इनमें ऊपर से गिरी हुई जड़ें हैं जैसी कि वटवृक्ष में होती हैं। इनमें से वृक्ष की एक बड़ी मुख्य शाखा वर्तमान भूस्तर से 1.80 मीटर की ऊंचाई पर काटी हुई प्रतीत होती है। ऊपर के चिह्नों से यह बहुत प्राचीन मालूम होती है। चिह्न के नीचे मुख्य तने पर बहुत-सी ऊपर से गिरी हुई जड़ें लिपटी हुई हैं और बहुत-सी शाखाएं इनसे निकली हुई हैं। इससे यह स्पष्ट प्रतीत होता है कि इसकी बहुत-सी शाखाओं के तने काटे गये हैं।

मुख्य तने में 400 वार्षिक वलय चिह्न हैं तथा मुख्य तने के शेष भाग में लगभग 100 वलय चिह्न हैं। इस तरह मुख्य तने में लगभग 500 वलय चिह्न हैं। पास की शाखाओं में इसी तरह के वार्षिक वलय चिह्न 200 हैं। प्रत्येक वलय की चौड़ाई के अनुसार भी गणना की गई और उक्त वलय चिह्न ठीक पाये गए। अतः ऐसा प्रतीत होता है कि वृक्ष काटने के समय मुख्य शाखा लगभग पांच सौ वर्ष पुरानी थी। शाखाओं की स्थिति का ध्यान रखते हुए यह कहा जा सकता है कि मुख्य तना 250 वर्ष पूर्व काट दिया गया होगा।

जहांगीर जब क़िले में निवास कर रहा था तब उसे अक्षयवट के विषय में बतलाया गया था। उस समय वृक्ष की केवल एक शाखा थी। उसका कुतूहल बढ़ा। उसने लोहे की एक बड़ी तवी बनवाई। वह वृक्ष काट डाला गया और उस पर लोहे की तवी रखकर आग जला दी गई। आग कई दिन जलती रही। कुछ समय के बाद जले हुए वृक्ष में से फिर नई शाखाएं फूटीं तो बादशाह चकित हो गया। इम्पीरियल गज़ेटियर में भी जहांगीर द्वारा अक्षयवट को जलाने की बात लिखी है। नये खोजे गए वृक्ष पर जलाये जाने के चिह्न भी हैं।

मौत का पेड़

ह्वेन्त्सांग (सातवीं शती ईस्वी पश्चात्) के भ्रमण वृत्तांत में प्रयाग का अक्षयवट मौत का पैग़ाम देने वाला पेड़ बन गया है। इसके नीचे मनुष्यों की हड्डियों का ढेर दीखता है। पेड़ के ऊपर से कूदकर जो लोग अपने प्राण विसर्जन करते थे उनकी देहों को नरभक्षी राक्षस खा जाते और हड्डियों का ढेर वहां छोड़ देते थे। धार्मिक भावनाओं से प्रेरित होकर आत्मघात करने के इरादे से लोग उसके ऊपर चढ़ जाते और अपने विश्वासों के आधार पर उन्हें दीखता कि स्वर्गीय ऋषि वायुमण्डल में बाजे बजाते हुए हमें बुला रहे हैं। ऐसे पुनीत स्थान से गिरकर प्राण त्यागना धन्य समझा जाता था। स्त्रियों की

सती प्रथा से इस प्रथा की तुलना की जा सकती है। ह्वेन्त्सांग के अनुसार वट से कूदकर प्राणोत्सर्ग करने की यह प्रथा बहुत पहले से प्रचलित थी (ह्वेन्त्सांग का भ्रमणवृत्तांत, पृ. 249-250, इण्डियन प्रेस, सन् 1929)। शब्द रत्नावली में वट का एक नाम यमप्रिय भी मिलता है।

ह्वेन्त्सांग के कथन का समर्थन हमें पौराणिक साहित्य में अनेक स्थलों पर मिल जाता है। प्रयाग माहात्म्यशताध्यायी में कहा है कि मरने के बाद जो अपनी उत्कृष्ट गति चाहता है उसे इस वट के नीचे स्वेच्छा से या अनिच्छा से शीघ्र ही प्राण त्याग देने चाहिए :

अकामो वा सकामो वा वटमूले मुनीश्वरः।
शीघ्रं प्राणान् प्रमुच्येत यदीच्छेत परमां गतिम् ॥

प्रयागमाहात्म्यशती, पूर्वार्द्ध 110, 37; 16.

कूर्मपुराण के अनुसार इस वटमूल के नीचे प्राण त्यागने वाले स्वर्गलोक से भी ऊपर रुद्रलोक में जाते हैं :

वटमूलं समाश्रित्य यस्तु प्राणान् परित्यजेत्।
स्वर्गलोकानतिक्रम्य रुद्रलोकं स गच्छति ॥

कूर्मपुराण, 1,37; 8-9.

पद्मपुराण और मत्स्यपुराण ने भी इसी मान्यता का समर्थन किया है :

वटमूलं समासाद्य यस्तु प्राणान् विमुञ्चति।
सर्वलोकानतिक्रम्य रुद्रलोकं स गच्छति ॥

मत्स्यपुराण, अध्याय 104; 10.

आत्मबोधन का साधन

छान्दोग्योपनिषद् के एक संवाद में श्वेतकेतु को आत्मज्ञान देते हुए आरुणि बतलाते हैं कि जिस प्रकार न्यग्रोध फल के एक बीज के अन्दर महान् वृक्ष विद्यमान है, किन्तु वह दीखता नहीं, उसी प्रकार प्रकृति में परमात्मा व्याप्त है :

न्यग्रोधफलमत आहरेतीदं भगव इति। भिन्धीति। भिन्न भगव इति। किमत्र पश्यसीत्यज्व्य इवेमा धाना भगव इति। आसामङ्गैकां भिन्धीति। भिन्ना भगव इति। किमत्र पश्यसीति ? न किंचन भगव इति ॥1॥ तं होवाच यं वै सोम्यैतमणिमानं न निभालयस एतस्य वै सोम्यैषोऽणिम्न एवं महान् न्यग्रोधस्तिष्ठति श्रद्धत्स्व सोम्येति ॥2॥

छान्दोग्योपनिषद्, प्रपाठक 6, खण्ड 12; 1-2.

यह भाव अन्य उपनिषदों में भी इसी प्रकार आया है—वटबीज में जैसे महान् वृक्ष प्रतिष्ठित है, उसी तरह जगत् का कारण अग्नि और सोम का रूप रामबीज में प्रतिष्ठित है :

अग्निषोमात्मकं रूपं रामबीजे प्रतिष्ठितम् ।
यथैव वटबीजस्थः प्राकृतश्च महाद्रुमः ॥

रामरहस्योपनिषद्, 5; 9.

रामपूर्वतापिन्युपनिषद् में चराचर जगत् वटबीजस्थ महान द्रुम की तरह रामबीज में स्थित बताया गया है :

कारणत्वेन चिच्छक्त्या रजःसत्त्वतमोगुणैः ।
यथैव वटबीजस्थः प्राकृतश्च महाद्रुमः ॥
तथैव रामबीजस्थं जगदेतच्चराचरम् ।

रामपूर्वतापिन्युपनिषद्, 2; 2.

दत्तात्रेयउपनिषद् वटबीज में स्थित वृक्ष की तरह सारे जगत् को दत्तात्रेय में अवस्थित बताती है :

वटबीजस्थमिव दत्तबीजस्थं सर्वं जगत् ।

दत्तात्रेयोपनिषद् 1; 2.

सर्वसारोपनिषद् में कहा गया है कि जिस प्रकार वट कणिकाओं में वृक्ष विद्यमान होता है उसी तरह इन चारों कोशों (आनन्दमय, प्राणमय, मनोमय, विज्ञानमय) में आनन्दमय कोश रहता है :

एतत्कोशचतुष्टयं स्वकारणाज्ञाने वटकणिकायामिव गुप्तवट वृक्षो यदा वर्तते तदानन्दमयकोश इत्युच्यते ।

सर्वसारोपनिषद्, 1; 17.

आत्मतत्त्व के रहस्य का उद्घाटन करने वाली उपनिषदों में इसी प्रकार वट वृक्ष का अनेक स्थलों पर दृष्टान्त दिया गया है ।

काव्यों में

वनस्पतियों में न्यग्रोध क्षत्रिय जाति का वृक्ष है । इसकी तुलना राजा से की जाती है । राजा जैसे अपनी राजधानी में स्थिर रहता हुआ भी सारे राष्ट्र में घूमता रहता है उसी प्रकार न्यग्रोध भी यद्यपि एक स्थान पर स्थिर है परन्तु अपने अवरोहों से निरन्तर फैलता चला जाता है :

क्षत्रं वा एवद्वनस्पतीनां यन्न्यग्रोधः क्षत्रं राजन्यौ वितत इव हीह क्षत्रियो राष्ट्रे वसन्भवति प्रतिष्ठित इव वितत इव न्यग्रोधोऽवरोहैर्भूम्यां प्रतिष्ठित इव।

ऐतरेयब्राह्मण, अध्याय 35, 5; 31.

रावण को सुग्रीव के सचिवों का बल दिखाते हुए शुक ने बताया है कि गंगा के तट पर पैदा हुए न्यग्रोध वृक्षों की तरह वे स्थिर हैं :

न्यग्रोधानिव गांगेयान्।

रामायण, युद्धकाण्ड 6; सर्ग 29; 2.

राजा भोज ने विश्व की एक न्यग्रोध से तुलना की है। वे कहते हैं कि घने, श्यामल पत्तों वाले व्योम रूपी न्यग्रोध वृक्ष की नीचे आती हुई जटाएं, मानो वर्षा की धाराएं पृथ्वी पर आ लगी हैं:

घनश्यामलपत्रस्य व्योमन्योग्रोधशाखिनः।
प्ररोहा इव लक्ष्यन्ते वारिधारा धरांगताः॥

चम्पूरामायण, किष्किन्धाकाण्ड; 29.

संस्कृत-साहित्य के प्राचीन कवियों ने इसका अतिशय शोभावान् वृक्ष की तरह वर्णन किया है। श्रीहर्ष (12वीं शती) के नैषध में पुष्करद्वीप का सौन्दर्य तो बरगद ही है जिसकी शाखाओं और पत्तों का बड़ा छत्र आकाश से गिरने वाली धूप आदि से द्वीप को बचाता है। इतना बड़ा छाता अपने भार को अपने अवरोहों से स्वयं उठा रहा है। इसके पके हुए लाल फलों की और नीले पत्तों की रक्त-नील द्युति से वह द्वीप जगमगा रहा था :

न्यग्रोधनादिव दिवः पतदातपादेर्न्यग्रोधमात्मभरधारमिवावरोहैः।
तं तस्य पाकिफलनील दिलद्युतिभ्यां द्वीपस्य पश्य शिखिपत्रजमातपत्रम्॥

नैषधीयचरित 11; 30.

हमारे देश की अन्य भाषाओं में भी वट की बड़ाई पर बहुत कविताएं लिखी गई हैं। नर्मदा का वट गुजरात के अनेक कवियों का प्रिय विषय रहा है। शान्त, एकान्त द्वीप में खड़े उस महाकाय वट से इन कवियों ने शिवजी की तपश्चर्या का गान किया है। बरगद की जटाएं शिवजी की जटाओं से कितनी अधिक मिलती हैं !

यूरोप के अनेक कवियों की प्रतिभा को बरगद की महानता, भव्यता और पवित्रता ने उद्‌बुद्ध किया है। मिल्टन की पंक्तियां देखिए :

So counselled he, and both together went
Into the thickest wood; there soon they choose
The fig-tree, not that kind for fruit renown'd;
But such as at this day, to Indians Known,
In Malabar on Deccan spreads her arms,
Branching so broad and long, that in the ground
The bended twigs take roots, and daughters grow
About the mother tree, a pillard shade
High over-arch'd, and echoing walks et ween.

Paradise Lost IX. 1101.

वार्टन ने संकेत किया है कि ये पंक्तियां लिखते हुए मिल्टन (1667) को जिरार्ड (Gerard) के वटवृक्ष का वर्णन अवश्य ध्यान में होगा।

विलियम्सन की प्राच्य क्षेत्र मृगया (ओरियण्टल फ़ील्ड स्पोर्ट्स, 2, 113) के विवरण के आधार पर लिखी सऊदी (1810) की एक कविता इस प्रकार है :

In the midst an aged Banian grew.
It was a goodly sight to see
That venerable tree,
For over the lawn, irregularly spread,
Fifty straight columns propt its lofty head.
And many a long depending shoot,
Seeking to strike its root
Straight like a plummet grew towards the ground
Some on the lower baughs which cross & their way,
Fixing their bearded fibres, round and round
With many a ring and wild contortion wound;
Some to the passing wind at times with sway
Of gentle motion swung,
Others of younger growth unmoved were hung,
Like stone-drops from the cavern's fretted height.

Southey (1810) Curse of Kehama, xiii, 51.

विनाशकारी वृक्ष पवित्र क्यों ?

पररोही उपज का वटवृक्ष एक विशिष्ट उदाहरण है। पुरानी दीवारों तथा वृक्षों पर पक्षियों द्वारा गिराये बीजों से सामान्यतयः वृक्ष उद्भूत होता है। दून के जंगलों में प्रतीत

होता है कि वट के पररोहण के लिए हल्दू अतिशय प्रिय पोषिता (होस्ट) है। किसी पक्षी द्वारा निकाला गया बीज पहले किसी पेड़ पर टिकता है और यहीं पर जमकर लम्बी जड़ें प्रकट हो जाती हैं जो शीघ्र ही मोटी तथा मज़बूत हो जाती हैं और अन्त में अपने आश्रय-पादप का दम घोंट देती हैं। दूसरों का विनाश करके जीने वाला पेड़ भला पवित्र क्यों होगा ? शीतल छाया तथा सुखद आश्रय देना और असंख्य कीड़ों, पक्षियों, पशुओं तथा प्राणियों को प्रचुर भोजन प्रदान करना–सम्भवतः ऐसे उपकारी कार्यों के कारण ही यह वृक्ष हिन्दू धर्म में पवित्र माना जाता है।

बहुत से धार्मिक अनुष्ठानों का इस वृक्ष के साथ सम्बन्ध है। इसके नीचे दीक्षा दी जाती है :

वटवृक्षाधो दीक्षा भवति।

वृ० 1, उ. 2. प्रक. (राजेन्द्राभिधान में उद्धृत)।

प्राचीन काल में गुरुजन अपने शिष्यों के साथ वटवृक्ष के नीचे ही डेरा डालकर रहते थे :

वटतरोर्मूले वृद्धाः शिष्या गुरुर्युवा।
गुरोस्तु मौनं व्याख्यानं शिष्यास्तु छिन्नसंशयाः॥

इस विश्वास से इसको सींचा जाता है कि शाखा-प्रशाखाओं से जिस तरह यह ख़ूब बढ़ जाता है उसी तरह पुत्र-पौत्रों से यह हमारी सदा वृद्धि करता रहेगा :

वट सिञ्चामि ते मूलं सलिलैरमृतोपमैः।
यथा शाखाप्रशाखाभिः प्रवृद्धोऽसि महीतले।
तथा पुत्रैश्च पौत्रैश्च प्रवृद्धां कुरु मां सदा॥

जयसिंहकल्पद्रुम।

धर्मग्रन्थों में इसके पास श्मशान बनाने का निषेध किया गया है :

न्यग्रोधाश्वत्थतिल्वकहरिद्रुस्फूर्जकविभीदकपापनामभ्यश्च॥

कात्यायनश्रौतसूत्र, अध्याय 21, कण्डिका 3; 20.

मनु महाराज (200 ईस्वी पूर्व) ने क्षत्रिय को बरगद की लाठी रखने का आदेश दिया है :

ब्राह्मणो बैल्वपालाशौ क्षत्रियो वाटखादिरौ।
पैलवौदुम्बरौ वैश्यो दण्डानर्हेत् यथा क्रमम्॥

मनुस्मृति, अध्याय 2; 45.

राज्याभिषेक में राजा का तीसरा अभिषेचन न्यग्रोध की जटा के बने पात्र से, राजा का क्षत्रिय मित्र करता था। सूखी शाखाएं पवित्र समझी जाती हैं और यज्ञाग्नि में समिधाओं के रूप में काम आती हैं। सुजाता ने तपस्वी सिद्धार्थ को बरगद का देवता समझकर

खीर दान की थी। बुद्धवंश के अनुसार गौतम बुद्ध से पहले जो बीसवें बुद्ध हुए थे उनका बोधिवृक्ष बरगद था। बरगद के नीचे तप करते हुए उन्होंने ज्ञान पाया था। उस समय यह पवित्र माना जाता था और इसकी पूजा होती थी :

> **नैयग्रोधपादं भवति। तेन मित्र्यो राजन्योऽभिषिञ्चति पद्वि्वै न्यग्रोधः प्रतिष्ठितो मित्रेण वै राजन्यः प्रतिष्ठित्तस्मान्नैयग्रोधपादेन मित्र्यो राजन्नयोऽभिषिञ्चति॥**
>
> शतपथब्राह्मण, काण्ड 5, अध्याय 3, ब्राह्मण 5; 13.

आयु, आरोग्य, सौभाग्य, सम्पत्ति और सन्तति की कामना से जो नारी वट सावित्री का व्रत रखती है अथवा इनकी सिद्धि के लिए उद्यापन करती है, उसे यथेष्ट फल मिलता है :

> **आयुरारोग्यसौभाग्यसंपत्सन्ततिकाम्यया।**
> **या नारी वटसावित्री व्रतमत्र करिग्यति॥**
> **गृहीत तत्र सिद्ध्यर्थमुद्यापनमथापि वा।**
> **यथाशक्ति यथावित्तं सा तत्फलमवाप्स्यति॥**
>
> प्रयागमाहात्म्यशती, पूर्वार्द्ध, 214, 72; 46-47.

इसकी पूजा करने से स्त्रियों का सुहाग बढ़ता है; पुत्रों, पौत्रों और प्रपौत्रों से उनके कुल की वृद्धि होती है :

> **पुत्रपौत्रप्रौत्राश्च कुलवृद्धिः प्रजायते।**
> **सौभाग्यं लभते नारी पूजनाज्जन्मजन्मनि॥**
>
> प्रयागमाहात्म्यशती, पूर्वार्द्ध; 214, 72; 32.

सन्तान और सब प्रकार की सम्पत्ति को बढ़ाता है :

> **यान्यानभीप्सते कामांस्तान्सर्वान् प्रदहात्यसौ।**
> **सन्तानवर्धनं चापि सर्वसंपत्करोति॥**
>
> प्रयागमाहात्म्यशती, पूर्वार्द्ध, 214, 72; 34.

पद्मपुराण के अनुसार वट रुद्र का रूप है :

> **रुद्ररूपो वटस्तद्वत्...**
> **दर्शनस्पर्शन सेवासु वे वै पापहराः स्मृताः।**
> **दुःखापद्व्याधिदुष्टानां विनाशकारिणी ध्रुवम्।**
>
> पद्मोत्तरखण्ड, अध्याय. 160.

श्रीहर्ष (12वीं शती) ने न्यग्रोध मण्डल की हिम शीतल छाया तले साक्षात् ब्रह्मा का आवास बताया है :

देवः वसति तत्र किल स्वयम्भूः न्यग्रोधमण्डलतले हिमशीतले यः।

नैषधीयचरित, सर्ग. 11; 29.

1856 में लिखी एक अंग्रेज़ी कविता में बरगद के पेड़ की एक महान् गिरजाघर से तुलना की है जो अनेक बीथियों और पक्षों से संयुक्त है :

... its pendent branches, rooting in the air,
Yearn to the parent earth and grappling fast,
Grow up huge stems again, which shooting forth
In massy branches, there again dispatch
Their drooping heralds, till a labyrinth
Of root and stem and branch commingling, forms
A great cathedral, aisled and choired in wood.

Hobson-Jobson, page 66-67.

बरगद के ऐसे सुन्दर कुञ्ज की छाया तले पहुंचने पर हैबर (1825) के मन पर जो पहला असर पड़ा था वह यह है—पूजा के लिए कितना भला स्थान।

कवि सऊदी (1774-1843) के शुद्ध अन्तःकरण की प्रथम प्रेरणा भी यही थी कि देवालय सरीखे इस महावृक्ष के तले प्रार्थना करने में कितना आनन्द होगा :

So like a temple did it seem that there
A pious heart's first impules would be prayer.

पद्मपुराण के अनुसार ब्रज मण्डल के अन्तर्गत ये 16 वट वृक्ष हैं–1 संकेत वट, 2 भाण्डीर, 3 पावक, 4 शृंगार, 5 वंशीवट, 6 श्रीवट, 7 जटा-जूट, 8 कामाख्य, 9 मनोरथ वट, 10 आशा वट, 11 अशोकाख्य, 12 केलि वट, 13 ब्राह्मण वट, 14 रुद्र वट, 15 श्रीधराख्य, 16 सावित्राख्य। ब्रज में भक्ति रखने वाले इन्हें शुभदायक मानते हैं। (नारायणभट्ट कृत ब्रज-भक्ति विलास)।

मकानों का बड़ा शत्रु

बरगद और पीपल दोनों ही मकानों को बहुत हानि पहुंचाते हैं। वालेण्टिआ (1809) ने बरगद को मकानों का सबसे बड़ा शत्रु लिखा है। पक्षियों द्वारा गिराये गये बीज जहां-तहां छतों और दीवारों पर जम जाते हैं। बाल पौधों की जड़ें ईंटों या पत्थरों की चिनाई के बीच में से अपना मार्ग बनाती हैं। जड़ों का पाश इतना दृढ़ होता है कि उससे छुटकारा पाना लगभग असम्भव होता है। अन्त में ये मकान को तहस-नहस कर डालती हैं। कालिदास (सातवीं शती) ने देखा था कि ये महलों के तल तक को भेद डालती हैं :

तस्य प्रसह्य हृदयं किल शोकशंकुः प्लक्षप्ररोह इव सौधतलं बिभेद॥

रघुवंश, सर्ग 8; 193.

बरगद का संस्कृत में सबसे प्रसिद्ध नाम वट है। यह शब्द जड़ों के इस गुण को सम्यक्तया सूचित करता है। इसका अर्थ है–वह वृक्ष जो अपनी जड़ों से दूसरों को अच्छी तरह लपेट ले (वटति वेष्टयति मूलेन इति वट :)।

हिन्दुओं के धार्मिक विश्वास ऐसे अवाञ्छनीय स्थितियों में भी उगे हुए पौधों को नष्ट करने से रोकते हैं। पवित्र होने से वे इसे कभी नहीं काटते। गैम्बल (1902) आदि वन के अधिकारी बताते हैं कि धार्मिक भावनाओं के कारण अनेक बार बरगद के पेड़ कटवाने के लिए श्रमिक मिलने कठिन हो जाते हैं। मद्रास इंजीनियर्स के थौमस मार्स्डेन (1771) ने अपने संस्मरणों में एक अजीब आपबीती लिखी है–त्रिपलासोंर (बाद में इसे Marsden's Bastion कहते थे) के क़िले पर एक सैनिक कार्य का निर्माण करने के लिए मैं नियुक्त था। बरगद के एक पेड़ को कटवाना आवश्यक हुआ। वहां के ब्राह्मण इससे इतने उत्तेजित हो गए कि उन्होंने मुझे विष देने की ठान ली। इस प्रकार इस इंजीनियर को अकाल में ही मौत की झांकी मिल गई।

गैम्बल (1902) आदि विद्वानों ने जंगलों में से इसका सफ़ाया करने के लिए यह युक्ति दी है कि जंगलों में यह व्यर्थ ही बहुत-सी जगह घेरे रहता है और लकड़ी की दृष्टि से यह व्यापारिक महत्त्व का पेड़ नहीं है, इसलिए इसे काट गिराना चाहिए और अधिक मूल्यवान् वृक्षों को उस जगह पर पनपने का अवसर देना चाहिए।

तने के बिना भी बढ़ रहा है

ताड़ और खजूर के वृक्षों पर लिपटे हुए बरगद तथा पीपल के पेड़ प्रायः दीख पड़ते हैं। इसका कारण यह है कि इनके पत्तों के आधार पर एक प्राकृतिक प्याला-सा बन जाता है, जिसमें बीज को टिकने और उगने में अनुकूलता होती है। अन्ततोगत्वा ये आश्रयदाता को पूर्णतया आबद्ध कर लेते हैं और अपनी स्वतन्त्र सत्ता स्थापित कर लेते हैं। कलकत्ता की राजकीय वनस्पति वाटिका में संसार के सबसे महान् वट वृक्षों में से जो बरगद है उसके सम्बन्ध में भी फ़ाल्कोनेर (Falconer) ने निर्णीत किया था कि वह भी इसी तरह एक खजूर के वृक्ष पर पड़ने से सन् 1782 में उद्भूत हुआ था। फ़ाल्कोनेर ने 1834 में, हूकर ने 1847 में तथा बैल्फ़ूर ने 1863 में इसकी परीक्षा की थी और इसके नाप आदि लिए थे। 1863 में इसका फैलाव 92 मीटर और ऊंचाई 24 मीटर थी। 1864 और 1867 के अन्धड़ों में इसने बहुत क्षति उठाई। बाद में इसने क्षतिपूर्ति कर ली। 1886 में इसका फैलाव 260 मीटर हो गया था और इसके तने की गोलाई 12.60 मीटर थी। 1900 के नवम्बर में डौक्टर प्रेन ने इसके नाप ये बताए थे—उत्तर-दक्षिण में 86.40 मीटर, पूर्व-पश्चिम में 90 मीटर, तने की परिधि 15.30 मीटर, मुकुट की परिधि 285.40 मीटर, ऊंचाई 25.50 मीटर, जटाओं के तनों की संख्या 464। इसका केन्द्रीय मूल तना अब मर चुका है। मुख्य तने के बिना

ही यह केन्द्र से बाहर की ओर फैल रहा है। इससे प्रतीत होता है कि जटा के ज़मीन में गड़ जाने के बाद प्रत्येक बड़ी शाखा और उसकी जटा मिलकर एक स्वतन्त्र वृक्ष बन जाते हैं, जिन्हें जनक स्कन्ध से पोषण लेने की विशेष आवश्यकता नहीं।

चित्र 13 कलकत्ता का विशाल वट वृक्ष

कभी-कभी यह भी देखा जाता है कि एक ही वृक्ष के भिन्न-भिन्न भाग भिन्न-भिन्न समयों में फूलते हैं और पर्ण उत्पन्न करते हैं। इस तथ्य से यह माना जाना चाहिए कि सैकड़ों जटाओं वाला सम्पूर्ण वृक्ष एक ही पौधे से उद्भूत नहीं है, अपितु रोपण (grafting) से मिलती-जुलती एक प्राकृतिक प्रक्रिया द्वारा अलग-अलग पौधे मिलकर एक साथ उग रहे हैं।

बीस हज़ार लोगों का घर

कलकत्ता वाले वृक्ष से भी बड़े वटवृक्ष भूतकाल में अनेक स्थानों पर विद्यमान थे। 1882 में सतारा के बरगद के बारे में वार्नर ने लिखा था कि यह वृक्ष कलकत्ता के वटवृक्ष से कहीं बड़ा है। इसकी परिधि 484 मीटर थी। मुख्य तने से उत्तर-दक्षिण में यह 153.50 मीटर तथा पूर्व-पश्चिम में 134.60 मीटर तक चला गया था।

आन्ध्र घाटी में एक प्रसिद्ध वट वृक्ष 610 मीटर की परिधि में फैला हुआ था जिसके तीन हज़ार से अधिक तने या वायव्य मूलें थीं। इसकी छाया के नीचे बीस हज़ार लोग आश्रय ले सकते थे। हमारे देश के दसियों गांवों की आबादी को मिलाने से यह बड़ी संख्या बनती है। पुराकाल में जंगलों के अन्दर रहने वाली यक्ष, गन्धर्व आदि जातियां वास्तव में वटवृक्षों को घर बनाकर रहती थीं :

एते वै गन्धर्वाप्सरसां गृहाः।

शतपथब्राह्मण, 1, 5, 4, 1.

सिद्ध पुरुष इनकी शीतल छाया में निवास करते थे और राहगीर अक्सर इनके नीचे पड़ाव डाल लिया करते थे :

ततो न्यग्रोधमासाद्य महान्तं हरितच्छदम्।
परीतं बहुभिर्वृक्षैः श्यामं सिद्धोपसेवितम्॥
तस्मिन् सीताञ्जलिं कृत्वा प्रयुञ्जीताशिषां क्रियाम्।
समासाद्य च तं वृक्षं वसेद् वातिक्रमेत वा॥

रामायण, अयोध्याकाण्ड 2, सर्ग 55; 6-7.

सामरिक कार्यों के लिए

बेन जोनसन (1624) ने अपनी कविता में सारे वृक्ष को ऐसी ड्योढ़ी के सदृश समझा है जो कई सेनाओं की छावनी बन सकता है :

...The goodly bole being got
To certain cubits' height, from every side
The boughts decline which, taking root a fresh,
Spring up new boles, and these spring new and newer,
Till the whole tree become a porticus,
Or arched arbour able to receive
A numorous troop.

Ben Jonson, Neptune's Triumph.

एक सेना के प्रयाण के समय कबीर के बरगद ने 7,000 आदमियों को आश्रय भी दिया था। सामरिक कार्यों के लिए न्यग्रोध का उपयोग करने के अन्य उदाहरण भी मिलते हैं :

अये! अयमसौ सरसीसरोजविलोलनसुरभिशीतलमातरिश्वसंवाहित-सान्द्रकिसलयो न्यग्रोधपादपः। उचिता विश्रामभूमिरियं समरव्यारखिन्नस्य वीरजनस्य।

वेणीसंहार, अंक 4.

युद्ध क्षेत्र में श्रान्त वीरों के विश्राम करने के लिए न्यग्रोध वृक्ष उचित आश्रय समझा जाता था। घायल हो जाने पर दुर्योधन को न्यग्रोध के नीचे ले गए थे, जिससे तालाब के कमलों को हिंडोले देने वाली सुगन्धित-शीतल समीर से मन्द-मन्द हिलते हुए बरगद के कोमल तथा घने पत्तों की छाया में मूर्च्छा दूर हो जाय। सीता को ढूंढने के लिए हनुमान जब अशोक वाटिका में गए तब वे श्रीकृष्ण की तरह न्यग्रोध के पत्तों में छिप गए थे :

तत्र तत्पत्रसंच्छन्नगात्रः पुत्रो नभस्वतः।
न्यग्रोधदलसंलीनः जनार्दनदशां दधौ ॥

चप्पूरामायण सुन्दरकाण्ड; 16.

यजुर्वेद के अश्वमेध प्रकरण में अश्व की न्यग्रोध से रक्षा करने का विधान मिलता है। निश्चय ही थके-मांदे घोड़े के लिए न्यग्रोध की छाया श्रमहर का कार्य करती होगी।

न्यग्रोधश्चमसैः (अवतु)

यजुर्वेद, अध्याय 23; 13.

तीन हज़ार तनों वाला बरगद

नर्मदा का बरगद भी ऐतिहासिक संस्मरणों का वृक्ष बन गया है। विदेशी पर्यटकों के लिए यह बड़े कुतूहल की चीज़ थी। अठारहवीं शताब्दी के यूरोपियन उसके नीचे समूचा दिन बिताने में आनन्द मानते थे। हमारे देश में रहने वाले यूरोपियन शासक उन्नीसवीं शताब्दी में भी उसकी शीतल छाया, विशालता और भव्यता का निमन्त्रण स्वीकार करते थे और अपने आमोद-प्रमोद के समय में वहां जाते थे। बीसवीं सदी के आरम्भ की इंगलिश रीडर में इस महान् वट पर एक पाठ था। भड़ौंच से कोई 20 किलोमीटर उत्तर-पूर्व में नर्मदा के एक द्वीप में यह खड़ा था। एप्रिल 1825 में हेबर नामक पादरी ने इसे संसार के सबसे बड़े कुञ्जों में गिना था, यद्यपि तब यह बहुत-कुछ बहाया जा चुका था। सन् 1834 में फ़ोर्ब्स ने अपने प्राच्य संस्मरणों (ओरिएन्टल मेमौयर्स दूसरा संस्करण, 1 : 16) में इसका निर्देश किया है। वे लिखते हैं—'इस असाधारण वृक्ष के बड़े भाग को ऊंची बाढ़ों ने बहा दिया है। परन्तु अब भी जो कुछ वहां विद्यमान है वह परिधि में 610 मीटर के आस-पास है। मुख्य तने के चारों ओर की दूरी का यह नाप है। इसके नीचे शरीफ़े तथा दूसरे फलों के अनेक वृक्ष उगे हुए हैं। इस एक ही पेड़ के बड़े तने 350 हैं और छोटे तनों की संख्या 3 हज़ार से ऊपर पहुंचती है। फ़ोर्ब्स का यह वर्णन क्षत-विक्षत वृक्ष का है। जब यह पूर्ण अवस्था में होगा तब कल्पना कीजिए कि आन्ध्र-घाटी के बरगद से कितना विस्तृत होगा और कितने लोगों तथा पशु-पक्षियों को आश्रय और भोजन देता होगा।

1908 (दि इम्पीरियल गज़ेटियर औफ़ इण्डिया, ज़िल्द 9, 1908, पृष्ठ 19) में इसकी यह ख्याति नहीं रही थी, यह नष्ट हो चुका था।

कबीर की दातुन से उद्भूत

नर्मदा के बरगद के बारे में फ़ोर्ब्स ने कहा था कि एक प्राचीन हिन्दू सन्त के नाम से यह प्रसिद्ध है। पी देल्ला वाल्ले (हैकलुएट सोसाइटी, 1, 35) ने 1623 में इस बरगद

का बड़ा रोचक और विस्तृत वर्णन किया है और ग्रे ने इसी को कबीर का बरगद बतलाया है। कोपलैंड ने 1818 में (Tr. Lit. Soc. Bo. i. 290) हिन्दुओं में प्रसिद्ध इस लोकवार्ता का ज़िक्र किया है कि महात्मा कबीर ने एक दिन दांत साफ़ करके दातुन को जमीन में गाड़ दिया। अकस्मात् वह जड़ पकड़ गई और इस विशाल रूप को धारण कर गई। 1672 में फ़ायर के उल्लेख से पता चलता है कि सूरत के बरगद की बाक़ायदा पूजा होती थी। 1726 में इसके नीचे एक मन्दिर खड़ा था जो किसी बनिये ने बनवाया था। वालेन्तिज्न ने देखा था कि दिन-रात वहां जोतें जगती हैं और इस देव को अर्घ्य समर्पण करने के लिए बनियों की धार्मिक टोलियां निरन्तर आती रहती हैं।

अनन्त विस्तार

वनस्पति जगत् में पर्ण की सबसे बड़ी मूर्धा वास्तव में भारतीय वट वृक्ष बनाता है। इतना विशाल और विस्तृत वृक्ष अपनी भारी-भरकम शाखाओं के बोझ को कैसे संभाले ? प्रकृति ने इसका प्रबन्ध बड़ा सुन्दर किया है। शाखा जब बड़ी हो जाती है तब उसमें एक वायव्य जड़ लटक पड़ती है जो नीचे की ओर बढ़ती हुई ज़मीन में धंस जाती है। शाखा के बोझ को संभालने में यह अब एक खंभे का काम करती है। इन जटाओं (वायव्य मूलों) से बने खम्भों का एक घेरा मूल तने के चारों ओर बन जाता है। शाखा जब और आगे बढ़ती है और अपना भार संभालने में अपने को असमर्थ पाती है तब फिर वायव्य जड़ छोड़ देती है। जो पहले की तरह धरती तक पहुंच जाती है। इस प्रकार खम्भों के एक नए घेरे की सृष्टि हो जाती है। धरती में पहुंची हुई जटायें, मुख्य तने से बहुत दूर चली गई शाखाओं को सीधा पोषण देना शुरू कर देती हैं। दीर्घ और भीमकाय सैकड़ों शाखाओं को मुख्य तना स्वयं ठीक तरह पोषण पहुंचाने में असमर्थ था, इसलिए नया प्रबन्ध बड़ा संतोषजनक रहता है। शाखाओं के बढ़ने और जटाएं छोड़ने का क्रम कभी समाप्त नहीं होता। इस प्रकार यह वृक्ष अपना असीमित विस्तार करता जाता है। इसीलिए बरगद अनन्तता का प्रतीक समझा जाता है।

बनियों का वृक्ष

पर्शिया के समुद्र तट पर ओरमुज़ (Ormuz) शहर के पास गौम्ब्रून में, 1623 में पी. डेल्ला वाल्ले (हैक़्लुएट सोसाइटी, 1, 35) ने एक बरगद देखा था। पर्शियन लोग इसे लूल कहते थे। टैवर्नीर (1650) के अनुसार उस द्वीप में बरगद का एक ही पेड़ उग रहा था। वालेन्तिज्न (Valentijn, 1691) जब इसे देखने गया था तब उसके साथ बनियों ने एक देवालय खड़ा कर लिया था जिसमें प्रतिष्ठित मूर्ति की वे पूजा किया करते थे। व्यापार के लिए देशाटन करने वाले हिन्दू बनियों का यह अड्डा बन गया था। बनियों का निवास होने से पर्शिया की खाड़ी में उगे हुए इस वट वृक्ष को लोग बनियों

का वृक्ष कहने लगे। तभी से अंग्रेज़ी साहित्य में बरगद के लिए सामान्य नाम बनियन ट्री पड़ गया। इससे पहले के साहित्य में हमें यह नाम नहीं मिलता। प्लीनी (70 ईस्वी पश्चात्) ने बरगद को भारतीय प्रोदुम्बर वृक्ष (इण्डियन फ़िग ट्री) नाम दिया है।

पर्शिया की खाड़ी वाला बनियों का वृक्ष 1758 में भी आंग्ल-कारख़ाने के पास आधा मील के अन्दर ही खड़ा था। एडवर्ड आइव्स (ए वौयेज फ्रौम इंग्लैण्ड टु इण्डिया इन दि इयर 1754-1773) ने उसे देखा था। इंग्लैण्ड की एक महिला टिकेल (1717) द्वारा लिखित और एविग्नोन को भेजी यह कविता उसने उद्धृत की थी :

The fair descendents of the sacred
Wide-braching o'er the Western World shall spread,
Like the fam'd Banian Tree, whose pliant shoot
To earthward bending of itself takes root,
Till like their mother plant ten thousand stand
In verdant arches on the fertile land;
Beneath her shad the tawny Indians rove,
Or hunt at targe through the wide-echoing grove.

भेद

रामायण में बरगद के विभिन्न नामों के लिए 4 शब्द आये हैं—न्यग्रोध, श्याम न्यग्रोध, वट और भाण्डीर। प्रयाग में कालिन्दी के पास जो बरगद था उसे वाल्मीकी (रामायण, अयोध्याकाण्ड 2, सर्ग 55; 6 और 23) ने श्याम न्यग्रोध लिखा है। पम्पा के किनारे जो बरगद थे उनके लिए रामायण (अरण्यकाण्ड 3, सर्ग 75; 23) में वट और भाण्डीर नाम मिलते हैं। चरक में भाण्डीर शब्द नहीं आया है। सह्य पर्वत पर बरगद के जिन वृक्षों पर बन्दर आनन्द मनाते थे उनका केवल न्यग्रोध नाम से ही उल्लेख हुआ है :

अङ्कोलांश्च करञ्जांश्च प्लक्षन्यग्रोधपादपान्।
जम्बूकामलकानीपानुभञ्जन्ति स्म प्लवंगमाः॥

रामायण, युद्धकाण्ड 6, सर्ग 4; 73.

मुझे ऐसा प्रतीत होता है कि केवल छन्द की सुविधा के लिए नहीं अपितु जान-बूझकर अलग-अलग शब्दों का प्रयोग किया गया है और वाल्मीकि ऋषि बरगद के ये 4 भेद स्पष्ट रूप से जानते थे। बाद के संस्कृत लेखकों ने इन भेदों को एक-दूसरे के साथ मिला दिया था और यहां तक कि वट तथा न्यग्रोध शब्द को पर्यायवाची नाम समझने लगे थे। वनस्पतिशास्त्र के आधुनिक विद्वानों ने बरगद के कई स्पष्ट भेदों का पता लगाया है। सबसे मुख्य भेद जटाओं का है। कुछ में जटाएं बहुत कम होती हैं या होती ही नहीं। चरक के टीकाकार चक्रपाणिदत्त के अनुसार इस भेद को वट कहना चाहिए और

जटाओं वाले बरगद को न्यग्रोध। चरक., चिकित्सास्थान, अध्याय 3, श्लोक 258 की चक्रपाणिदत्त की टीका इस प्रकार है :

निष्प्ररोहो वटः न्यग्रोधस्तु प्ररोहवान्।

पत्तों में भी कुछ भिन्नताएं हैं। एक सुन्दर भेद के नये पत्ते आरक्त (reddish) होते हैं और वसन्त में जब अभिनव पर्ण प्रकट होते हैं तब वृक्ष को सुन्दर ताम्रवर्ण में परिवर्तित कर देते हैं।

नदीवट नाम

नरहरि पण्डित (1235-50 ईस्वी पश्चात्) ने बरगद का एक भेद नदीवट लिखा है। संस्कृत में इसके 8 नाम इस प्रकार हैं—नदी वट (नदियों के किनारे होने वाला बरगद); वटक, वटी (छोटा बरगद); क्षीर काष्ठा (जिसकी लकड़ी से दूध निकलता है); सिद्धार्थ (सिद्ध लोगों द्वारा चाहा जाने वाला); अमरा (जो कभी मरता न हो); संगिनी (दूसरों के साथ उग आने वाला वृक्ष); यज्ञवृक्ष (यज्ञ में काम आने वाला वृक्ष)।

कृष्ण वट

बरगद का एक असाधारण प्रकार कृष्ण वट है। वनस्पतिशास्त्र के आधुनिक विद्वानों

चित्र 14 कृष्ण वट की फलदार शाखा

ने जिसे कृष्ण वट या कृष्ण न्यग्रोध माना है वह पत्तों के रंग-भेद के कारण नहीं अपितु रचना-भेद के कारण माना है। कलकत्ता के बगीचों में यह कदाचित् मिल जाता है।

हरिद्वार के आस-पास नहीं मिलता। वन अनुसंधानशाला, देहरादून की वाटिका में इसके वृक्ष विद्यमान हैं। इस भेद में आधार के पास पत्ते नीचे की ओर घूम जाते हैं जिससे दोने के आकार की या प्यालीनुमा रचना बन जाती है। संस्कृत में इस रचना को पुट कहते हैं। भागवत (नवीं शती ईस्वी पश्चात्) तथा दूसरे मध्यकालीन साहित्य में वट के इसी पुट में श्रीकृष्ण के सोने की कल्पना की है :

तस्मिन् पृथिव्यां ककुदिप्ररूढं वटं च तत्पर्णपुटेशयानम्।
तोकं च सप्रेमसुधास्मितेन निरीक्षितोऽपांगनिरीक्षणेन॥
करारविन्दे पदारविन्दं मुखारविन्दे विनिवेशयन्तम्।
वटस्य पत्रस्य पुटे शयानं बालं मुकुदं शिरसा नमामि॥

भागवत, स्कन्ध 12.

इसी से इस भेद का नाम कृष्ण वट पड़ गया था। इस सम्बन्ध में दूसरी प्रचलित आख्यायिका के अनुसार भगवान् कृष्ण ने इन पत्तों को प्याले का रूप दे दिया था जिससे पीने के काम आ सकें। सन् 1901 में डि कैण्डोल ने इस वृक्ष की पृथक् जाति का वर्णन किया था और श्रीकृष्ण के नाम पर ही इसका वैज्ञानिक नाम *फ़ीकुस कृश्ने* सी. द कन्दोल (*Ficus krishnae* C.DC.) अर्थात् कृष्ण वट रखा था। परन्तु 1635 (करेण्ट साइन्स, जिल्द 3, सं. 9, मार्च 1935) में कलकत्ता के राजकीय वनस्पति-उद्यान के अधीक्षक के. विश्वास ने दिखाया था कि यह वृक्ष बरगद के एक भेद के सिवाय पृथक् जाति नहीं है।

रासायनिक संघटन

फल के एक सूखे नमूने का संघटन यह है : जल 11.4 प्रतिशत, एल्ब्युमिनौयड्स 7.1 प्रतिशत, तेल 4.0 प्रतिशत, कार्बोहाइड्रेट्स 35.2 प्रतिशत, रेशे 36.8 प्रतिशत और राख 5.5 प्रतिशत।

कलकत्ता में इकट्ठा किये गए ताज़े फलों के एक नमूने को अंशतः सुखाकर विश्लेषण किया गया। इसका संघटन यह था : जल 12.9 प्रतिशत, एल्ब्युमिनौयड्स 8.1 प्रतिशत, नत्रजन 2.31 प्रतिशत, तेल 6.1 प्रतिशत, कार्बोहाइड्रेट्स 35.5 प्रतिशत, रंजक पदार्थ 7.7 प्रतिशत, रेशा 31.0 प्रतिशत, राख 6.4 प्रतिशत, इसमें सिलिका (सैकजा) 0.35 और प्रस्फुरक अम्ल 0.53 प्रतिशत थे।

एल्कौहलिक एस्ट्रैक्ट में एक मधुमेय (ग्लूकोसाइड) और अत्यल्प अम्ल होते हैं परन्तु टैनिन या क्षाराभ (एल्कलौयड) का पर्याप्त परिमाण नहीं होता। गहरे नीलारुण (purple) क्षारीय घोल से आरक्त-बभ्रु (reddish-brown) निक्षेप के रूप में रंजक पदार्थ निक्षिप्त हो जाता है जो सूखकर प्रायः काला चूर्ण बन जाता है। हूपर (1906-1907) ने आक्षीर (latex) की फुट्टियों (clots) में 76 तथा 82 प्रतिशत उद्यास (resin) और शुद्ध घृषि (caoutchouc) केवल 12 और 21 प्रतिशत पाई।

गुण

आयुर्वेद के विद्वानों के अनुसार वट शीतल, रूक्ष, कसैला, मीठा, भारी, ग्राही, स्तम्भक, कफपित्तहर; योनि के विकारों को दूर करने वाला, रंग निखारने वाला; ज्वर, दाह, उलटियां आना, बार-बार प्यास लगना, बेहोशी, ख़ून बहना आदि कष्टों को हरने वाला; विसर्प, ज़ख़्म और शोथ को ठीक करने वाला है।

नदी वट के गुण

छोटा बरगद या नदी वट कसैला, मीठा, ठण्डा, पित्त को हरने वाला, प्यास तथा दाह को शान्त करने वाला, थकान उतारने वाला, उलटियां, दस्त और श्वास के कष्टों को हटाने वाला है।

यूनानी द्रव्यगुण विज्ञान में बरगद पहले दर्जे में शीत और दूसरे दर्जे में ख़ुश्क है। बरगद का दूध तीसरे दर्जे में शीत एवं रूक्ष है।

राजाओं का भोजन

नये अंकुर, कोमल पत्ते और फल अकाल के दिनों में कहीं-कहीं खाये जाते हैं। पुराकाल में फल और जटाओं के कोमल अंकुर राजाओं और क्षत्रियों का भोजन था। क्षात्र गुणों का आधान करने के उद्देश्य से सोमरूप में इनका सेवन किया जाता था। यह समझा जाता था कि यज्ञ करता हुआ जो क्षत्रिय न्यग्रोध के अवरोहों तथा फलों को खाता है वह वनस्पतियों में से क्षत्रित्व को अपने में स्थापित कर रहा होता है। जैसे न्यग्रोध अपने अवरोहों द्वारा भूमि में प्रतिष्ठित रहता है वेसे ही राजा राष्ट्र में प्रतिष्ठित रहता है। उसका राष्ट्र तेजस्वी बनता है। उस राष्ट्र में कोई गड़बड़ी नहीं कर सकता :

> **तद्यत्क्षत्रियो यजमानो न्यग्रोधस्यावरोधांश्च फलानि च भक्षयत्यात्मन्येव तत्क्षत्रं वनस्पतीनां प्रतिष्ठापयति क्षत्र आत्मानम्। क्षत्रे ह वै स आत्मनि क्षत्रं वनस्पतीनां प्रतिष्ठापयति न्यग्रोध इवावरोधैर्भूम्यां प्रति राष्ट्रे तिष्ठत्युग्रं हास्य राष्ट्रमव्यथ्यं भवति य एवमेतं भक्षं भक्षयति क्षत्रियो यजमानः॥**
>
> ऐतरेयब्राह्मण, अध्याय 35, खण्ड 5; 31.

जो क्षत्रिय न्यग्रोध के अवरोहों को और फलों को खाता है वह अपना उचित भोज्य खा रहा होता है। न्यग्रोध के रूप में वह सोमपान कर रहा होता है :

> **एष ह वा क्षत्रियः स्वाद्भक्षान्नैति यो न्यग्रोधस्यावरोधांश्च फलानि च भक्षयत्युपाह परोक्षेणैव सोमपीथमाप्नोति नास्य प्रत्यक्षं भक्षितो भवति परोक्षमिव ह वा एष सोमो राजा यन्न्यग्रोध परोक्षमिवैष ब्रह्मणो रूपमुपनिगच्छति**

यत्क्षत्रियः पुरोधयैव दीक्षयैष प्रवरेणैव ।

ऐतरेयब्राह्मण, अध्याय 35, खण्ड 5; 31.

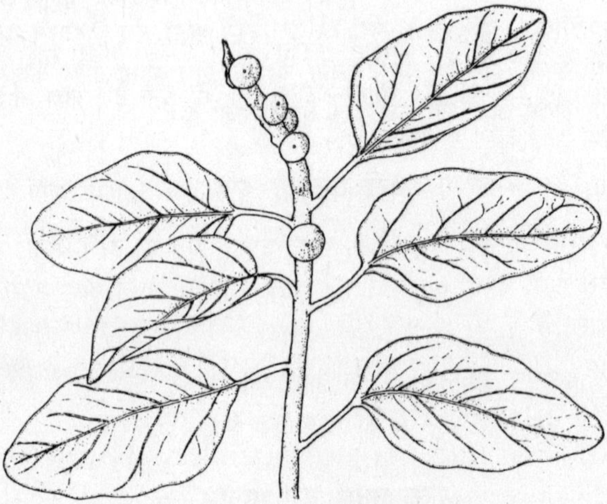

चित्र 15 बरगद की फलदार शाखा

उपयोग : बरगद मधुर, कषायानुरस, शीतल वीर्य, रूक्ष, गुरु, ग्राही, स्तम्भन, कफपित्तहर तथा ज्वरनाशक है, उलटियों को रोकता है। प्यास और दाह को शान्त करता है। मूर्च्छा को दूर करता है। योनि के विकारों का निवारण करता है। रक्तपित्तनाशक है। व्रणरोपक है। विसर्प की जलन को मिटाता है। रंग निखारता है :

वटः शीतः कषायश्च स्तम्भनो रूक्षणात्मकः ।
तथा तृष्णाछर्दिमूर्च्छारक्तपित्तविनाशनः ॥

धन्वन्तरिनिघण्टु, आम्रादिवर्ग 5; 70.

वटः कषायो मधुरः शिशिरः कफपित्तजित् ।
ज्वरदाहतृषामोह-व्रणशोफापहारकः ॥

राजनिघण्टु, आम्रादिवर्ग 11; 118.

वटः शीतो गुरुर्ग्राही कफपित्तव्रणापहः ॥

मदनपालनिघण्टु, वटादिवर्ग 5; 2.

वटो रूक्षो हिमो ग्राही कषायो योनिदोषहृत् ॥
वर्ण्यो व्रणविसर्पघ्नः कफपित्तहरो गुरुः ।

कैयदेवनिघण्टु, ओषधिवर्ग 1; 423-424.

वटः शीतो गुरुर्ग्राही कफपित्तव्रणापहः ।
वर्ण्यो विसर्पदाहघ्नः कषायो योनिदोषहृत् ॥

भावप्रकाशनिघण्टु, वटादिवर्ग 6; 2.

पत्तों से पत्तलें बनती हैं । शाखाएं और पत्ते ढोरों के लिए अच्छा चारा हैं । हाथी का उपयोगी भोजन होने से कुछ स्थानों पर इसे काटना मना है । कहा जाता है कि बरगद के लाल फल घोड़ों के लिए विषैले होते हैं ।

छाल से और लटकने वाली बाल-जड़ों से स्थूल तन्तु प्राप्त किया जाता है जो मन्द माचिसों में और रज्जु-निर्माण में काम आता है । असमी लोग छाल से एक प्रकार का काग़ज़ तैयार करते हैं ।

बरगद के दूध में चौथाई भाग सरसों का तेल मिलाकर पकाने से एक चिपचिपा लेस बन जाता है जिसे चिड़ीमार पक्षियों को पकड़ने के काम में लाते हैं । घटिया क़िस्म की रबड़ बनाने में दूध का प्रयोग होता है ।

बरगद पर से कभी-कभी लाख इकट्ठी की जाती है । वैदिक काल में यह लाख का अच्छा स्रोत रहा होगा क्योंकि अथर्ववेद (काण्ड 5, सूक्त 5; 5) के एक मन्त्र में लाख पैदा करने वाले पिलखन, पीपल, खैर आदि वृक्षों के साथ इसे भी गिनाया है ।

मुख्य तने की लकड़ी रन्ध्री (porus), धूसर (grey), मामूली कठोर और पानी के अन्दर टिकाऊ है । कूप-निर्माण में यह काम आती है । साधारण उपस्कर (फ़र्निचर), मंजूषाओं, झोंपड़ियों के द्वारों, द्वारपट्टों, मूसलों, शकट डण्डों, जूओं आदि में भी इसे बरत लेते हैं । सावधानी से काटा और संशोषण किया जाए तो इसके वयन अच्छे बनते हैं । तब इसके बनाये उपस्कर बुरे नहीं रहते । पर्याप्त टिकाऊ न होने से इसकी अधिक मांग नहीं है । प्रति 0.028 घन मीटर का भार लगभग 16.65 किलोग्राम होता है ।

जटाओं की तथा जटाओं से बने तनों की लकड़ी मुख्य तने की लड़की की तुलना में अधिक कठोर है । वायव्य टेकनें तम्बुओं की टेकनों के लिए, हाथ के डण्डों के लिए और छतरियों के हत्थों के लिए विशेष रूप से पसन्द की जाती हैं । विशिष्ट समारोहों के लिए बनाए जाने वाले छत्रों के हत्थों के लिए जटाएं विशेष रूप से अच्छी मानी जाती हैं ।

चिकित्सा में उपयोग

भारतीय चिकित्सक बरगद का किस तरह उपयोग करते हैं, यह आगे बतलाया गया है । मलय में यह वृक्ष अधिक नहीं होता; इसलिए भारत की तरह वहां इसके चित्किसोपयोग ज्ञात नहीं हैं ।

गर्भ के लिए हितकर

रजस्वला होने पर बरगद की जटा को पीसकर पुष्य नक्षत्र के शुक्ल पक्ष में खा लिया जाय तो बांझ औरत को भी गर्भ ठहर जाता है। पुंसवन कर्म में गर्भवती स्त्री को बरगद का सेवन कराने की विधि चरक ने बताई है—गौओं के बाड़े में पैदा हुए बरगद की पूर्व और उत्तर की शाखाओं से 2 उत्तम अंकुर लेकर उड़द के 2 बढ़िया दानों या सफ़ेद सरसों के दानों के साथ दही में डालकर पुष्य नक्षत्र में पिलाएं। जिन्हें गर्भपात की आशंका रहती है वे बरगद की छाल, कोंपल या जटा को पानी में घोंटकर पी लें तो लाभ होगा। गर्भिणी को चौथे महीने यदि ख़ून आता दिखाई दे तो चरक ने बताया है कि कोमल बिछौने पर लिटाकर बरगद आदि के ख़ूब ठंडे काढ़े से उसे नाभि के नीचे सब जगह परिषेक करना चाहिए। बरगद आदि के नवपल्लवों से पकाये हुए दूध या घी में तर फोये को योनि में धारण करना चाहिए और इन्हीं को 6 ग्राम से 12 ग्राम तक खिलाना चाहिए। पथ्य में बरगद के अंकुरों को बकरी के दूध के साथ पिला देना चाहिए। ऐसा करने से गर्भ ठहर जाता है। कोंपलों के काढ़े में दूध और मीठा मिलाकर गर्भस्थापक औषधि के रूप में दिया जाता है। गर्भपात की सम्भावना प्रतीत होने पर झट दे देने से बड़ा लाभ करता है।

प्रदर

छाल या कोंपलों का काढ़ा ग्राही तथा शीतल है और रक्तप्रदर आदि में दिया जाता है। इसमें दूध मिलाकर और चीनी से मीठा करके भी दे सकते हैं। बरगद की जटा के काढ़े और कल्क में पकाये घी को रक्तप्रदर में पिलाना श्रेष्ठ होता है। श्वेतप्रदर में बरगद की छाल के काढ़े के साथ लोध का कल्क पीना चाहिए। छाल का काढ़ा जिसमें 10 प्रतिशत टैनिन (शल्कि) होता है, श्वेतप्रदर में संकोचक प्रक्षालन द्रव के रूप में बरतने से लाभ होता है। बरगद की जटा का लेप करने से स्तन कठोर होते हैं।

पेट के रोग

बरगद की कोंपलों को या जटा को चावलों के माण्ड से पीसकर लस्सी के साथ पी जाएं तो दस्तों के कष्ट से छुटकारा मिल जाता है। हाथी के अनीमा में बरगद और पीपल का प्रयोग अधिक होता है। टैनिन (शल्कि) की बड़ी प्रतिशतता के कारण बाल-कलिकाओं का फाण्ट अतिसार और प्रवाहिका (पेचिश) में उपयोगी है। बरगद की जटाओं के कोमल सिरे दारुण वमन में उपयोगी हैं।

प्यास, दाह

नये ठीकरे को अथवा काली मिट्टी या रेत को तपाकर लाल कर लें। वट-अंकुरों के पानी में इसे डालकर बुझा लें। ठण्डा हो जाने पर पैत्तिक तृष्णा (प्यास) में पिलाया जाता है। बरगद की जड़ के निर्यूह में घी डालकर ज्वर की जलन की शांति के लिए पिलाना चाहिए।

बरगद के पत्ते जब पीले पड़ जाते हैं तब उनको भूने हुए चावलों के साथ पकाकर काढ़ा बना लेते हैं। बुख़ार उतारने के लिए इसे पिलाया जाता है।

खांसी

बरगद के गीले अंकुरों को समान भाग मैनसिल के साथ पीसकर घी में मिला लें। खांसी वाले जिस रोगी के ज़ख़्मों में छाती में दलने की तरह पीड़ा होती है, उसे इसका धूम्रपान करना चाहिए। कोमल पत्तों में श्लेष्मा को नष्ट करने का गुण होता है।

शोधन के उपद्रव

शोधन कर्म में वमन विरेचन के अतियोग से पैदा होने वाले विकारों को दूर करने के लिए वट आदि क्षीरी वृक्षों के नवीन पत्रांकुरों से तैयार की गई पेया को शहद में मिलाकर देना चाहिए और मल-संग्राहक ओषधियों से पकाया दूध तथा अन्य भोजन देना चाहिए। पित्त-विकार वाले को यदि बहुत अम्ल या गरम या तेज़ नमक वाला अनीमा दे दिया गया है तो वह गुदामार्ग में क्षोभ तथा सोज़ पैदा करता है और अन्य उपद्रव उत्पन्न करता है। गुदा से अनेक रंगों का ख़ून और पित्त आने लगता है और रोगी इस कष्ट से मूर्च्छित भी हो जाया करता है। ऐसे रोगी की चिकित्सा चरक बताते हैं कि बरगद आदि के गीले पत्तों को कुचलकर घी में पका लें। इसे बकरी के दूध में मिलाकर ठण्डा कर लें। इसका अनीमा दें (चरकसंहिता, सिद्धिस्थान 7; 61)। बवासीर में बरगद के दूध को बताशे में रखकर खिलाते हैं।

मूत्र और वीर्य रोग

चरक के मूत्र-संग्रहणीय महाकषाय (सूत्रस्थान, अध्याय 4) में और कषाय स्कन्ध (सूत्रस्थान, अध्याय 8) में तथा सुश्रुत के न्यग्रोधादि गण (विमानस्थानं, अध्याय 38) में बरगद पढ़ा गया है। बहुमूत्र में छाल का काढ़ा और मधुमेह में फल दिए जाते हैं। फल शीतल, ग्राही और मूत्ररोधक हैं। जटा-क्वाथ प्रमेह में दिया जाता है। मधुमेह की चिकित्सा में छाल का फाण्ट शक्तिशाली बल्य औषध समझा जाता है। रुधिर स्थित शर्करा को कम करने में कहते हैं कि इसका विशेष प्रभाव है। एम. एल. गुजराल, एन. के.

चौधरी और आर. एस. श्रीवास्तव (दि इण्डियन मेडिकल गज़ट, मार्च 1954) ने अपने परीक्षणों में जामुन के बीज़, बरगद, पीपल-छाल और नीम के अभिनव पत्तों का रस ख़रगोशों पर प्रयोग किया है। इन अन्वेषकों ने यह पाया है कि ख़रगोशों पर इनमें से किसी भी ओषध का प्रभाव नहीं है।

कोंपलों और जटाओं को सुखाकर उससे बनाए चूर्ण को शुक्रमेह में खिलाते हैं। अफ़ीम, जायफल आदि को बरगद के दूध में घोटकर वीर्य-स्तम्भन के लिए गोलियां बनाते हैं। दूध की 4-5 बूंदें बताशे में टपकाकर स्वप्नदोष, शीघ्रपतन आदि वीर्य विकारों में देते हैं। छाल भी स्तम्भक मानी जाती है।

पंजाब में पूयमेह के लिए जटाओं के तन्तुओं का उपयोग होता है और ये सार्सापरीला के समान कार्य करने वाले समझे जाते हैं।

गठिया

सूखे पत्ते स्वेदजनक हैं। वेदनाओं तथा सोज़ों पर इनके काढ़े से पसीना लाने के लिए धोना चाहिए। जटा के काढ़े को गठिया (वातरक्त) में पिलाते हैं। दूध वेदनाहर समझा जाता है। आमवात (रूहमेटिज़्म) में कमर, जोड़ों के दर्द में तथा अन्य वेदनाओं में वटक्षीर का स्थानीय लेप किया जाता है।

फोड़े-ज़ख़्म

बरगद का क्षीर वेदनास्थापन और व्रणरोपण है। हाथ-पांव के तलों का फटना और शोथ पर, विशेषकर वंक्षणशोथ पर वटक्षीर को लेप करते हैं। पैर की दुखती बिवाइयों में इसे भरते हैं। विद्रधियों और फोड़ों पर पत्तों का सेक कर अकेला या पुल्टिस के साथ बांधते हैं। बरगद के अंकुरों के काढ़े से ज़ख़्मों को धोकर और उन्हीं को पीसकर लेप करने से सोज़ उतरती है। अथर्ववेद में यह प्रबल कृमिनाशक माना गया है। ज़ख़्म में कीड़े इतने पैदा हो गए हों कि उनका जाल-सा बिछा हुआ दीखता हो, तो सुबह, दुपहर और रात को बरगद का दूध लगाना चाहिए। बरगद की कोंपलों आदि का घी के साथ लेप, व्रण की शिथिलता और सुकुमारता को दूर करता है। कर्नल चोपड़ा के अनुसार वट दुग्ध क्षतों और व्रणों पर उपयोगी संकोचक का काम करता है।

विसर्प

विसर्प में शरीर की अन्दर से शुद्धि हो जाने पर भी जिन रोगियों के त्वचा और मांस में विकार विद्यमान हों उनके लिए अथवा पहले से ही जो अल्प विकार वाले रोगी हैं उनके लिए बाहरी चिकित्सा के रूप में यह लेप बहुत अच्छा रहता है—बरगद की

कोमल जटा, केले के तने के अन्दर का मृदु भाग और भिस को हज़ार बार धोये हुए घी में पीसकर बनाया हुआ लेप करना भी अच्छा रहता है (चरकसंहिता, चिकित्सास्थान 21; 83)।

कुष्ठ

बाल-पर्ण कुष्ठ के लिये अच्छे समझे जाते हैं। कुष्ठ और रोमक बढ़कर चाहे हड्डी तक भी पहुंच गये हों, सात रात बरगद के दूध का लेप करने और उस पर बरगद की छाल का कल्क बांधने से शान्त हो जाते हैं। जटा के बाल-तन्तुओं का काढ़ा बनाकर सारिवा के साथ रक्तदोषों के निवारण के लिए दिया जाता है।

ख़ून बहना

ख़ून बहने (रक्तपित्त) में बरगद का चन्दन के साथ प्रयोग हितकर होता है। बरगद के पत्तों को रगड़कर शहद से चटाया जाता है। कोमल पत्तों या छाल के काढ़े को ख़ून को रोकने के लिए पिलाते हैं। विशेषकर गुदा से बहते हुए ख़ून (रक्तपित्त) में जटाओं या कोंपलों के साथ पकाया हुआ दूध देना लाभदायक होता है। रक्तपित्त वाले रोगी को कब्ज़ रहता हो तो बरगद के काढ़े में मुर्ग़े का मांस पकाकर देना चाहिए। छोटी शाखाओं का फाण्ट नकसीर (haemoptysis) में उपयोगी है। विषैला जीव जब काट खाये और ख़ून निकलने की प्रक्रिया में अधिक ख़ून बह निकले तब बरगद आदि का शीतल लेप करके रोकना चाहिए (चरकसंहिता, चिकित्सास्थान 23; 41)।

सर्प-विष

मण्डली सांपों (vipers) के विष में बरगद की कोंपलों को रगड़कर चरक पिलाते हैं। कायस् और म्हस्कर (इण्डियन मेडिकल रिसर्च मेमौयर्स, नवम्बर 19, जनवरी 1931) के परीक्षणों के अनुसार बरगद फनियर (दर्बीकर) और दबोइया (मण्डली) दोनों प्रकार के सर्प-विषों की चिकित्सा के लिए निरुपयोगी है। शरीर में डाले गये सांप के विष को यह न तो नष्ट करता है और न ही आगे फैलने से रोकता है। इन अन्वेषकों ने छाल और कोंपलों को परीक्षा के लिए लिया था।

मूर्धा के रोग

यूनानी चिकित्सा में बरगद उत्तमाङ्ग बलदायक माना जाता है। कोंपलों का लेप करने से व्यङ्ग नष्ट हो जाता है। कपूर को बरगद के दूध में घोटकर आंजने से बहुत बढ़ा हुआ फूला भी नष्ट हो जाता है। कर्णगत व्रण और कृमि-कर्ण में बरगद का दूध कान में टपकाते हैं। सड़े हुए दांतों में बरगद का दूध भरने से पीड़ा शान्त होती है।

दन्त-वेदना में दांत और उसके चारों ओर मसूड़े पर दूध का लेप कर देना चाहिए। बरगद का दूध विशेष रूप से बल्य समझा जाता है। बीज भी शीतल और बलदायक माने जाते हैं।

धातुओं के मारण में

तांबे आदि धातुओं की भस्में बनाने में काम आता है। अभ्रक भस्म में रंग लाने के लिए कोंपलों के काढ़े से भावना देते हैं।

सात

बहेड़ा

तेर्मिनालिआ बेलेरिका रौक्सबुर्ग़
Terminalia belerica Roxb.
कुल कौम्ब्रेतासी Combretaceae

इतिहास : बहेड़े का सबसे प्रथम उल्लेख हमें ऋग्वेद में मिलता है। मालूम होता है कि जूए के खेल में बहेड़े से बने पासों से खेलना अधिक पसन्द किया जाता था। जूए का एक खिलाड़ी कहता है – ख़ूब हवा वाले, सूखे स्थान में उगने वाले, फैले हुए, जूए के खिलाड़ियों को कंपा देने वाले बहेड़े के पासे मुझे ख़ूब मस्त कर देते हैं। मूंजवान् पर्वत पर पैदा होने वाले, सोम के सेवन की तरह बहेड़े मुझे जगाये रखते हैं। आध्यात्मिक चर्चा में भी हम बहेड़े का उल्लेख पाते हैं। छान्दोग्योपनिषद् का एक प्रकरण है–जिस प्रकार मुट्ठी में रखे दो आंवलों या दो बेरों अथवा दो बहेड़ों को मुट्ठी अनुभव कर रही होती है उसी तरह वाणी और नाम को मन अनुभव करता है। श्रीमद्द्वैपायन कहते हैं कि यदि बहेड़े के फूलों से देवी की पूजा की जाए तो पूजा करने वाला उन्मत्त हो जाता है। दुर्गन्ध के कारण ही पूजा में इन फूलों का प्रयोग मना किया होगा।

महाभारत और पुराण में भी बहेड़े का वर्णन मिलता है। बृहदश्व ने दमयन्ती के अरण्यपथ में आने वाले वृक्षों में हरड़, बहेड़े और आंवले को गिनाया है। चरक और सुश्रुत आदि के समय बहेड़े का स्वतन्त्र रूप से व्यवहार प्रायः नहीं होता था। आजकल भी इसका उपयोग अन्य द्रव्यों के साथ या त्रिफला के अंग रूप में अधिक होता है। स्वतन्त्र रूप से प्रयोग कम होता है।

प्राप्ति-स्थान

भारत, म्यांमार और श्रीलङ्का के जंगलों में सर्वत्र, मैदानों में और कम ऊंचे पहाड़ों पर लगभग 914 मीटर से नीचे मिलता है। सिन्ध, पश्चिमी राजस्थान और दक्षिणी पंजाब के शुष्क और बंजर स्थानों पर नहीं मिलता। हिमालय की तराई में, अवध के साल-जंगलों में प्रायः मिलता है। शिवालक शैल पर, पेशावर में, सिन्धु नदी के किनारे की भूमि में,

कोयम्बटूर और बलिया के जंगल में, ग्वालपाड़ा, सुखनगर, गोरखपुर, धायतोला और मोरंग शैलमाला में बहेड़े के वृक्ष बहुतायत से पाये जाते हैं। भारतीय प्रायद्वीप में यह बहुधा आर्द्र घाटियों में पाया जाता है। मलक्का, जावा और मलय में यह वृक्ष होता है। श्रीलङ्का में 610 मीटर ऊंचे स्थलों पर बहुत मिल जाता है।

जंगलों में बहेड़ा साधारण वृक्ष है। इसका वृक्ष दूर से ही पहचाना जा सकता है और पूर्णतया बढ़ा हुआ वृक्ष सुन्दर दिखाई देता है। स्वभाव में यह झुण्डों में रहने वाला वृक्ष है और इधर-उधर बिखरे हुए भी इसके वृक्ष उगते हैं। सागौन, साल और असन आदि के जंगलों में पाया जाता है।

पौधे का स्वरूप

बहेड़े का वृक्ष 24 से 36 मीटर तक ऊंचा चला जाता है। ऊंचे सीधे, नियमित आकृति के तने की ऊंचाई 2 से 3 मीटर और कभी-कभी 5 से 6 मीटर तक पहुंच जाती है। घेरा 3 मीटर या इससे अधिक होता है। बड़े वृक्षों के आधार में प्रायः पुश्ते बने रहते हैं।

वृक्ष की छाल नीलाभ या राख के जैसे रंग की भूरी, लगभग 1 सेण्टीमीटर मोटी, लम्बाई के रुख में अनेक सूक्ष्म दरारों वाली, अन्दर पीले रंग की होती है। लकड़ी सख़्त, पीताभ, धूसर और अन्तःकाष्ठ (heart-wood) अविद्यमान होती है। वार्षिक चक्र (annual rings) अस्पष्ट, छिद्र बहुत कम और बहुधा अर्ध-विभक्त होते हैं। पौधे की वृद्धि साधारण होती है। प्रति 2.5 सेण्टीमीटर अर्ध-व्यास में 3 से 7 वृत्त (rings) होते हैं।

छोटी शाखाओं, डिम्बाशय और पुष्पच्छद (calyx) के बाह्य पार्श्व पर जंगार के रंग के रुई जैसे मुलायम और सूक्ष्म रोम होते हैं। छोटी शाखाओं के सिरों पर पत्ते गुच्छों में लगते हैं। प्रारम्भावस्था में पत्ते थोड़े-बहुत बारीक़ रोओं से ढके होते हैं। पूर्ण वृद्धि पर स्निग्ध (glabrous), नीचे से पीले, अण्डाकृति-लट्वाकार (obovate-elliptic), आधार प्रायः असमान होता है। फलक (blade) 10 से 23 सेण्टीमीटर, पत्रवृन्त (petiole) पत्ते की एक-तिहाई लम्बाई से बड़ा, 3.75 से 7.50 सेण्टीमीटर लम्बा होता है। पत्ते में मुख्य बाह्य नाड़ियां मध्य पसली के दोनों पार्श्वों में 5 से 8 होती हैं। फ़रवरी-मार्च में पत्ते गिर जाते हैं और ताम्र या वर्म वर्ण के नये पत्ते एप्रिल में निकलते हैं। हरी आभा लिए हुए सफ़ेद या पीले फूलों के शूकी (spikes) कोमल, 7.50 से 15 सेंटीमीटर लम्बे, चलने वाले साल के नवीन प्ररोहों (shoots) पर लगे हुए या गिरे हुए पत्तों के अक्षों में निकलते हैं। इनमें मधु सदृश तीव्र गन्ध आती है जो प्रायः समय-समय पर अत्यधिक उग्र हो जाती है, और तेज़ बदबू मालूम होने लगती है। नर और मादा फूल मिले हुए होते हैं। पुष्पच्छद (calyx) के अन्दर के पार्श्व में ऊन-जैसे लम्बे-भूरे बाल होते हैं।

फल नवम्बर से फ़रवरी तक पकते हैं और शीत तथा ग्रीष्म ऋतु में गिर जाते हैं। फल शुष्क, गूदेवाला, 2.50 से 3.70 सेंटीमीटर लम्बा, अण्डाकार, फच्चराकृति (pyriform), भूरे, मखमली, मुलायम और चिकने रोओं से ढका हुआ और 5 अस्पष्ट रेखाओं वाला होता है। इसके अन्दर एक सख़्त, मोटी दीवार वाली, काष्ठमय (woody), हलकी पीली, 5 रेखाओं वाली (pentagonal) गुठली होती है। इसके अन्दर मीठी तैलीय गिरी रहती है, जिस पर आधार से सिरे की ओर जाती हुई तीन स्पष्ट रेखाएं होती हैं।

वृक्ष पर लगे हुए अपक्व फलों में बरसात में कीड़े लग जाते हैं और ये ज़मीन पर गिर जाते हैं। ज़मीन पर पड़े हुए फल की कठोर गुठली कीड़ों से बहुत अधिक छिदी हुई होती है और इस तरह सारी फ़सल चौपट हो जाती है। गुठलियां भी बहुधा

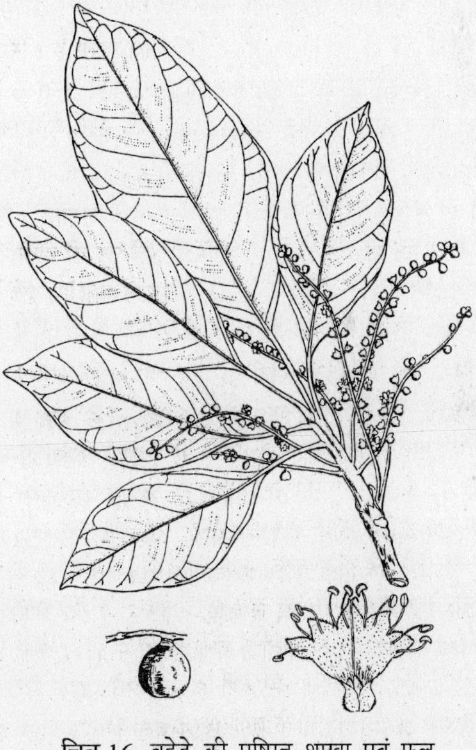

चित्र 16 बहेड़े की पुष्पित शाखा एवं फल

अन्दर की गिरी की चाह से गिलहरी, सूअर और दूसरे प्राणियों से फोड़ी हुई होती हैं और कुछ स्थानों पर ऋतु के प्रारम्भ में एक भी अच्छा बीज पाना मुश्किल होता है। फल के गूदे वाले भाग का और सख़्त गुठली का प्रकृति में जहां पर उपयोग नहीं होता,

वहां ज़मीन पर पड़ा-पड़ा यह सड़ जाता है, या दीमकों से खाया जाता है। गुठली इस तरह प्रायः सम्पूर्णतः या आंशिक रूप से मिट्टी से ढकी जाती है।

खेती

देहात के आर्थिक साधनों का विकास करने की दृष्टि से बहेड़ा एक उपयोगी वृक्ष है। इसलिए वैज्ञानिक पद्धति से इसकी खेती करने अथवा इसे वनों के रूप में बोने के सम्बन्ध में विस्तृत जानकारी दी जा रही है।

बहेड़े के बीज की उगने की शक्ति इस गण (*Terminalia*) के अन्य पौधों की तुलना में अच्छी है, और हरड़ से तो बहुत ऊंची है। परीक्षा करने पर ताज़े बीजों में 86 से 100 प्रतिशत और एक साल तक रखे हुए बीजों में 5 से 40 प्रतिशत तक उगने की शक्ति पाई गई।

अंकुरण की दृष्टि से बहेड़ा अपने गण (genus) के पौधों से भिन्न है क्योंकि इसकी गुठली से अंकुर भूमि के नीचे (hypogeous) फूटता है। गुठली का कठोर आवरण (putamen) दो भागों में फटता है। मूलिका (radicle) निकलती है और अधिमूल (taproot) शीघ्र ही धरती में गड़ जाती है। इस बीच बीजपत्रीय पत्रवृन्त (cotyledonary petioles) दीर्घ हो जाते हैं, एक-दूसरे से पर्याप्त अलग होकर इस तरह मुड़ जाते हैं कि उनके बीच में से बाल-प्ररोह (young shoot) निकल सकें। बीजपत्र (cotyledons) और गुठली के अवशेष भूमि के अन्दर या ऊपर रह जाते हैं।

बीज या सारा फल नर्सरी में मार्च या एप्रिल में बोया जाना चाहिए। मिट्टी से ढककर नियमित पानी देने पर सामान्यतः बोने से एक या दो मास में अंकुरोत्पत्ति हो जाती है। पहली बरसात में गीले मौसम में पौधों को पृथक् करके नियत स्थान पर बोने में सफलता देखी गई है। इस समय तक अधिमूल (taproot) बहुत लम्बी नहीं गई होती। यह देखा गया है कि स्थानान्तरण करते समय यदि तने और जड़ों की छंटाई करके रोपा जाए तो पौधे की वृद्धि काफ़ी रुक जाती है। बीजजातों को तने और जड़ों सहित ज्यों-का-त्यों लगा दिया जाय तो परिणाम अधिक अच्छे मिलते हैं।

वृद्धि

देहरादून की वन अनुसन्धानशाला के संपरीक्षा-भूखण्डकों के नापों का विवरण यहां दिया जा रहा है। इससे यह ज्ञात होता है कि विविध परिस्थितियों और अवस्थाओं में बहेड़े के छोटे पौधों की वृद्धि किस प्रकार होती है।

1 नर्सरी से घास-पात निकाला जाए और सिंचाई की जाए तो पहले मौसम के अन्त में बीजजात 15 सेण्टीमीटर से 20 सेण्टीमीटर तक ऊंचाई प्राप्त कर लेते हैं।

2 पहली बारिश में स्थानान्तरित किया जाए और न घास-पात निकाला जाए और न ही पानी दिया जाए तो मौसमों के अन्त में ऊंचाइयां इस प्रकार हो जाती हैं : दूसरे मौसम में अधिकतम 45 सेण्टीमीटर, तीसरे मौसम में 35 से 60 सेण्टीमीटर, चौथे मौसम में 75 से 107.50 सेण्टीमीटर और पांचवें मौसम में 147.50 से 170 सेण्टीमीटर।

3 भूमि पर फल उसी तरह बिखेर दिये जाएं मानो प्राकृतिक अवस्था में पड़े हों, घास-पात निकाली जाए, जगह खुली धूप वाली हो तो, मौसमों के अन्त में ऊंचाइयां इस प्रकार हो जाती हैं : पहले मौसम में अधिकतम 12.50 सेण्टीमीटर, दूसरे मौसम में 75 से 95 सेण्टीमीटर, तीसरे मौसम में 132.50 सेण्टीमीटर से 3 मीटर, चौथे मौसम में अधिकतम 3.82 मीटर और मोटाई 17.50 सेण्टीमीटर।

4 इस परीक्षण में पिछले परीक्षण जैसी ही सब बातें थीं लेकिन घास-पात नहीं निकाली गई थी। पहले मौसम के अन्त में बीजजात 10 से 17.50 सेण्टीमीटर तक बढ़े हुए थे और वे भारी घास तथा खर-पतवार से घिरे हुए थे। दूसरे मौसम के अन्त में पौधे कुल 17.50 से 22.50 सेण्टीमीटर तक बढ़ पाये थे।

5 इस संपरीक्षा में भूखण्डक चौथे परीक्षण के समान ही था। पौधों की नाप इस प्रकार पायी गयी : पहले मौसम में अधिकतम 12.50 सेण्टीमीटर, दूसरे मौसम में अधिकतम 37.50 सेण्टीमीटर, तीसरे मौसम में अधिकतम 77.50 सेण्टीमीटर और चौथे मौसम में अधिकतम 175 सेण्टीमीटर।

6 छठे संपरीक्षा-भूखण्डक में भी भूमि पर फल इस प्रकार बिखेरे गए थे मानो कि प्राकृतिक अवस्थाओं में पड़े हों। घास-पात नहीं निकाली गई थी, जगह एकदम खुली धूप वाली न होकर हलकी छाया वाली थी। पहले मौसम के अन्त में पौधे 20 सेण्टीमीटर तक बढ़ गए थे और वे खर-पतवार की भारी वृद्धि से घिरे हुए थे। दूसरे मौसम के अन्त में वे 22.50 सेंटीमीटर तक बढ़ गए थे।

वनवृक्ष स्वभाव

इन परीक्षणों में बहेड़े के वनवृक्ष स्वभाव (sylvicultural character) के बारे में महत्त्वपूर्ण बातें मालूम पड़ती हैं। पहले मौसम की अवधि में बीजजातों (seedlings) की वृद्धि मध्यम रहती है। अनुकूल अवस्थाओं में वृद्धि शीघ्र होती है। पहले मौसम में ऊंचाई साधारणतः 12.50 से 20 सेण्टीमीटर तक पहुंच जाती है। धीरे-धीरे वृद्धि अधिक शीघ्र होने लगती है। विशेषकर तब, जबकि पौधों की निराई नियमित की जाती हो। यद्यपि विजातीय घास-पात में से वे अपना रास्ता बना लेते हैं, परन्तु इससे उनकी वृद्धि में बहुत बाधा पहुंचती है। छोटे पौधे सीधे बढ़ते हैं और दूसरे साल से वे मज़बूत पार्श्वीय

शाखाएं उत्पन्न करने लगते हैं। जड़ बहुत शीघ्रता से बढ़ती है। केवल एक साल पुराने अर्थात् दूसरे मौसम में खोदे गए पौधों की मुख्य मूल (taproot) 105 सेण्टीमीटर लम्बी थी।

पहले एक-दो साल पौधे घनी छाया में अच्छे रहते हैं परन्तु सघन छाया बाद में इन्हें दबा देती है और मार डालती है। पाला प्रायः पत्तों को हानि पहुंचाता है परन्तु सामान्य पाला शिशु-पौधों को मार नहीं डालता, विशेषकर तब जबकि वे घास में उगे हों। फ़रवरी, 1913 में देहरादून की ओलावृष्टि में देखा गया था कि ओले बड़े पत्तों को छलनी कर डालते हैं। यद्यपि यह बहुत सूखे स्थानों में नहीं उगता, फिर भी सूखे (draught) को यह अच्छा सहन कर लेता है। 1907 और 1908 के असाधारण सूखे में अवध के साल-वनों में उगे हुए बहेड़े पर्याप्त शोष-सहिष्णु सिद्ध हुए थे। 1899 और 1900 में भारतीय प्रायद्वीप में जो भयंकर सूखा पड़ा था उससे ये प्रभावित नहीं हुए थे।

पत्तों का झड़ना

उत्तर भारत में पौधे की वृद्धि नवम्बर-दिसम्बर में रुकती है और नई वृद्धि मार्च में आरम्भ होती है। लगभग नवम्बर-दिसम्बर में पत्ते पीले पड़ने लगते हैं और दिसम्बर-जनवरी में गिरना आरम्भ कर देते हैं। मार्च तक प्रायः सब गिर जाते हैं। उत्तरी भारत में कुछ उदाहरणों में नवम्बर से पत्ते गिरना आरम्भ होते हैं। इस मास के अन्त तक कई वृक्ष लगभग सर्वथा पत्र-विहीन हो जाते हैं। जबकि दूसरे वृक्ष जनवरी के अन्त तक पूर्णतः पत्रयुक्त रहते हैं। मार्च से मई तक वृक्ष पत्र-विहीन रहता है और तब नए पत्ते निकलते हैं।

प्राकृतिक उत्पत्ति

प्राकृतिक अवस्थाओं में वर्षा ऋतु में अंकुरोत्पत्ति भिन्न-भिन्न समयों में होती है। वर्षा या दीमक से या किसी दूसरी प्रक्रिया से यदि बीज पृथ्वी में गड़ जाएं तो सफल अंकुरोत्पत्ति में बहुत सहायता मिलती है, अन्यथा कठोर छिलके को फोड़कर निकला हुआ कोमल अंकुर पक्षियों और कीड़ों से खा लिया जाता है या धूप लगने से सूख जाता है। अंकुरोत्पत्ति में भी नमी बहुत अधिक अंश में आवश्यक एवं सहायक होती है। यह देखा गया है कि छाया के नीचे, आर्द्र स्थानों में अंकुरोत्पत्ति अधिक जल्दी होती है, विशेषकर तब जबकि बीज ज़मीन में गड़े हुए हों। धूप वाले खुले स्थानो में देर में अंकुरोत्पत्ति होती है।

बीज से बोया गया एक वृक्ष सोलह साल में 10.80 मीटर ऊंचा और घेरे में 63 सेण्टीमीटर तक पहुंच गया था।

प्राकृतिक निवास-स्थान में इसका अधिकतम छाया तापमान 36 से 46 अंश शतांश तक और निम्नतम 1.20 से 15.5 अंश शतांश तक भिन्न-भिन्न होता है। सामान्य वर्षा का माप 100 से 300 सेंटीमीटर या अधिक है।

स्थूण वन

बहेड़े का स्थूण-प्ररोहण (coppice) पर्याप्त अच्छा है। रामगढ़ (गोरखपुर) में स्थूल प्ररोहों की वृद्धि की गति 1910 में इस प्रकार अभिलिखित की गई थी :

आयु	औसत घेरा	औसत ऊंचाई
2 वर्ष		1.20 मीटर
4 वर्ष	5.00 सेण्टीमीटर	2.40 मीटर
6 वर्ष	7.50 सेण्टीमीटर	3.30 मीटर
8 वर्ष	9.00 सेण्टीमीटर	4.20 मीटर
10 वर्ष	11.50 सेण्टीमीटर	4.93 मीटर
12 वर्ष	13.50 सेण्टीमीटर	5.70 मीटर
14 वर्ष	16.00 सेण्टीमीटर	6.30 मीटर

पन्द्रह साल की विभिन्न आयु के स्थूण वन पातनांशो (coppice coupes) में प्रति स्थूण (stool) में ठूंठ प्ररोहों की औसत संख्या 1 से 2.5 तक भिन्न-भिन्न थी। 1911 में टिकरी वन (गोण्डा) में एक साल के स्थूल प्ररोहों की औसत ऊंचाई 1.50 मीटर नापी गई थी और यह देखा गया था कि प्रति ठूंठ में औसत प्ररोहों की संख्या 2 थी जबकि साल में ठूंठों के प्ररोहों की औसत संख्या 2.2 और ऊंचाई 1.37 मीटर थी।

1909 में उत्तर छान्दा, उत्तर प्रदेश के परीक्षणों में दिखाया गया था कि बहेड़े की स्कन्ध कर्तन क्षमता (pollarding capacity) निर्बल है, परन्तु सब मिलाकर स्थूल प्ररोह पातनों (coppice fellings) के परिणाम तो अच्छे ही थे। स्कन्धकर्तन के बाद ठूंठों में से जो स्थूण प्ररोह सफलतापूर्वक निकले उनका महीनों के अनुसार विवरण इस प्रकार है : एप्रिल में कोई नहीं; मई में 100; जून में 100; जुलाई में 100 और सितम्बर में 50।

इन परीक्षणों से यह स्पष्ट हो जाता है कि स्थूल प्ररोहों की प्राप्ति के उद्देश्य से किया जाने वाला स्कन्धकर्तन (pollarding) मई, जून और जुलाई के गरम महीनों में किया जाना चाहिए; सरदियों में नहीं।

भेद

आकार और आकृति की दृष्टि से बहेड़े के फल मुख्यतः 2 प्रकार के मिलते हैं। एक वे जो आकृति में लगभग मण्डलाकार और 1.25 से 2 सेण्टीमीटर व्यास के होते हैं। दूसरे प्रकार के फल अण्डाकार होते हैं, और पहली क़िस्म की अपेक्षा दुगुने बड़े होते हैं।

उपयोगी भाग

बहेड़े का पूरा फल, फल का गूदा, बीज की गिरी और वृक्ष की छाल विविध रूपों में काम आते हैं। दवाओं में बहेड़े के दोनों प्रकार के फलों का एक समान व्यवहार होता है। बाज़ार में मिलने वाले बहेड़े के फल प्रायः कीड़ों से खाये हुए होते हैं और

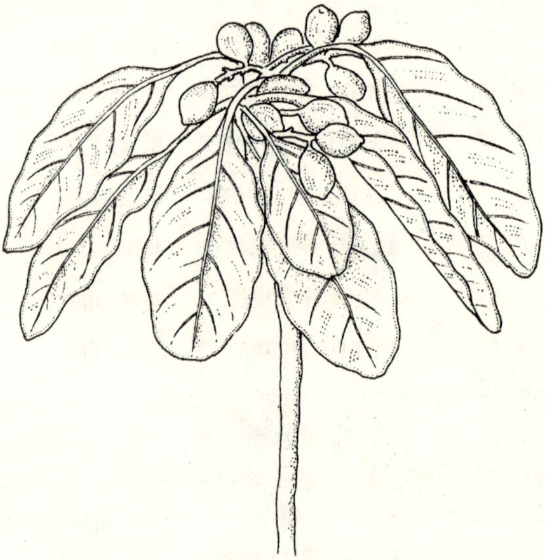

चित्र 17 बहेड़े की फलदार शाखा

इनमें पुराने फल भी बहुत होते हैं। पुराने फलों का गूदा भूरा और फिर काला पड़ जाता है। इनके ऊपर का छिलका देखने में यद्यपि ख़राब नहीं मालूम होता, परन्तु तोड़ने पर स्वस्थ दीखने वाले छिलके के नीचे काले-भूरे रंग का भुरभुरा गूदा निकलता है। ऐसे फल चिकित्सोपयोग के लिए ठीक नहीं होते। कीड़ों से न खाये हुए, नए, आकार में बड़े और रंग में चमकीले हरिताभ-पीतवर्ण के गूदे वाले फल औषधियों में डालने के लिए उत्तम होते हैं। नवम्बर से फ़रवरी तक फल पकते हैं। पूर्ण पक्व होने पर फलों को वृक्ष पर से उतार लें और सुखाकर ठण्डे-शुष्क स्थान पर रखें। बोरियों में भरकर या कनस्तरों और ड्रमों में बन्द करके रखे जा सकते हैं।

गुण

बहेड़ा हलका, गरम, रूक्ष, तीक्ष्ण और कफ-पित्तनाशक है। इनमें कषाय रस का प्रतिपादन सब लेखकों ने किया है। नरहरि पण्डित इसमें कटु, तिक्त और कषाय इन तीन रसों का समावेश मानते हैं। धन्वन्तरि ने कषाय और कटु केवल दो रस माने

हैं। मदनपाल, भावमिश्र, कैयदेव और राजवल्लभ ने इसमें केवल कषाय रस का ही उल्लेख किया है। विपाक में यह मधुर है। वाग्भट और धन्वन्तरि ने इसे विपाक में कटु भी लिखा है।

बहेड़ा कठोर मल का भेदन करके उसका अनुलोमन करता है। खांसी में लाभ दिखाता है। स्वरयन्त्र के विकारों तथा अन्य मुख रोगों में गुणकारी है। बहते हुए ख़ून को बन्द करता है। आंखों के लिए हितकर होने से नेत्र रोगों में लाभदायक है। बालों को पकने से रोकने और बालों को विशेष रूप से बढ़ाने के गुणों के कारण बालों के लिए लाभदायक समझा जाता है। कृमिनाशक है। वाग्भट की सम्मति में बहेड़े के गुण सामान्यतः आंवले के समान ही हैं, परन्तु यह आंवले से कुछ कम गुणवाला फल है। गोंद लेपक और रेचक विश्वास की जाती है। यूनानी लेखक फल को भारी, बलदायक, पाचक, सारक तथा आंखों की शोथयुक्त अवस्थाओं में लेप के रूप में उपयोगी समझते हैं।

गुठली की गिरी

हलकी, कसैली, मदकारक, प्यास को शान्त करने वाली, उलटियों को रोकने वाली और कफ तथा वात की नाशक है। नाक तथा आंख के रोगों को नष्ट करने वाली, कृमियों को मारने वाली, शुक्र के दोषों को ठीक करने वाली और बालों के लिए परम हितकर है। आंजने से आंख के फूले को काटती है।

बहेड़ा गरम है या ठण्डा

सुश्रुत ने सूत्रस्थान के छियालीसवें अध्याय में इसे गरम लिखा है और चवालीसवें अध्याय में अनुष्ण। नरहरि, धन्वन्तरि, चक्रपाणि, राजवल्लभ और हेमाद्रि ने इसे गरम बताया है। वाग्भट ने शीत लिखा है। अष्टांगहृदय के पाके हिमं पाठ को हेमाद्रि ने 'पाकेऽहिमं' समझा है। बहेड़े के शीत या उष्ण होने के इस मतभेद को भावमिश्र, मदनपाल, कैयदेव और हेमाद्रि ने दूर करने का प्रयत्न किया है। ये सब लेखक मानते हैं कि यह स्पर्श में तो शीत होता है परन्तु वीर्य में ऊष्ण। इनके विपरीत अरुणदत्त इसे वीर्य में भी शीत लिखते हैं।

विभिन्न भाषाओं और स्थानों में नाम

अंग्रेजी : बेलेरिक माइरोबैलेन (beleric myrobalan)।
अरबी : बतिल्ज, बेलेयलुज, बलिलज।
असमिया : हुलूच, बौरी।
उड़िया : भारा।
कन्नड़ : तरि, तारि, तोरे, शान्तिमर।
कश्मीरी : बहेर।

कांगड़ा : भेड़ा, भेड़ी।
कोंकणी : गोटिंग।
गढ़वाली : बयड़ा।
गुजराती : बेहेड़ा, बेड़ा, बेरंग।
तमिल : अक्कदम्, तांत्रिक काय, तानि।
तुर्की : दादि, दादिमर, शान्तिमर।
तेलुगु : ताडि, तान्द्रक-काय, वल्ला, विभीतकमु, तांडेचेट्टु, तानि।
फ़ारसी : बलेले, बेलायलेह।
बंगला : बहेरा, भैरा।
मराठी : बेहेड़ा, बहेला, घाटींग वृक्ष।
मलयालम : थानी।
मलयी : तान्नि।
म्यांमार : थित्सिन, टिस्सिन्।
श्रीलङ्का : वलू, बुलूगाह।
हिन्दी : बहेड़ा।

संस्कृत में नाम और पर्याय

वनस्पति निघण्टुओं में बहेड़े के कुल 34 नाम आए हैं। धन्वन्तरिनिघण्टु (8वीं शती) में बहेड़ा के 9, राजनिघण्टु (12वीं शती) में 16, मदनपालनिघण्टु (1374 सन्) में 9, कैयदेवनिघण्टु (1450 सन्) में 17 और भावप्रकाशनिघण्टु (1550 सन्) में 6 नाम निम्नलिखित श्लोकों में आए हैं :

विभीतकः कर्षफलो वासन्तोऽक्ष कलिद्रुमः।
संवर्तको भूतवासः कल्किहार्यो बहेडकः॥

धन्वन्तरिनिघण्टु, गुडूच्यादिवर्ग 1; 212.

विभीतकस्तैलफलो भूतावासः कलिद्रुमः।
संवर्तकस्तु वासन्तः कल्किवृक्षो वहेडकः॥
हार्य्यः कर्षफलः कल्किर्धर्मघ्नोऽक्षोऽनिलघ्नकः।
बहुवीर्य्यश्च कासघ्नः स प्रोक्तः षोडशाह्वयः॥

राजनिघण्टु, आम्रादिवर्ग 11; 230-31.

बिभीतकः कर्षफलो भूतावासः कलिद्रुमः।
वासन्तोऽक्षो वृद्धजातः संवर्त्तस्तिलपुष्पकः।

मदनपालनिघण्टु, हरीतक्यादिवर्ग 1; 28.

बिभीतको भूतवासो मधुजीवो बहेडकः।
धर्मद्वेषी वसन्तर्तुः हर्यक्षः कुशिकस्तु सः॥
वासन्तोऽक्षो विन्ध्यजातस्तिलपुष्पः कलिद्रुमः।
कल्पद्रुमः कर्षफलस्तुमुलो रोहमर्षणः॥

कैयदेवनिघण्टु, ओषधिवर्ग 1; 241-42.

बिभीतकस्त्रिलिङ्गः स्यादक्षः कर्षफलस्तु सः।
कलिद्रुमो भूतवासस्तथा कलियुगालयः॥

भावप्रकाशनिघण्टु, हरीतक्यादिवर्ग 1; 35.

इन श्लोकों के अन्तर्गत लिखे गए पर्यायों को नीचे तालिका में दिया जा रहा है जिससे पाठक सुगमता से उनका तुलनात्मक अध्ययन कर सकें :

धन्वन्तरिनिघण्टु (8वीं शती)	**राजनिघण्टु** (12वीं शती)	**मदनपालनिघण्टु** (1374 सन्)	**कैयदेवनिघण्टु** (1450 सन्)	**भावप्रकाशनिघण्टु** (1550 सन्)
1 अक्ष	1 अक्ष	1 अक्ष	1अक्ष	1 अक्ष
	2 अनिलघ्नक			
2 कर्षफल	3 कर्षफल	2 कर्षफल	2 कर्षफल	2 कर्षफल
3 कलिद्रुम	4कलिद्रुम	3 कलिद्रुम	3 कलिद्रुम	3 कलिद्रुम
				4 कलियुगालय
	5 कल्कि			
	6 कल्किवृक्ष			
4 कल्किहार्य				
			4 कल्पद्रुम	
	7 कासघ्न			
			5 कुशिक	
			6 तिलपुष्प	
		4 तिलपुष्पक		
			7 तुमुल	
	8 तैलफल			
	9 धर्मघ्न			
			8 धर्मद्वेषी	
	10 बहुवीर्य्य			
5 बहेडक			9 बहेडक	
		5 बिभीतक	10 बिभीतक	5 बिभीतक
6 भूतवास			11 भूतवास	6 भूतवास
	11 भूतावास	6 भूतावास		

			12 मधुजीव
			13 रोहमर्षण
			14 वसन्तर्तु
	12 वहेडक		
7 वासन्त	13 वासन्त	7 वासन्त	15 वासन्त
			16 विन्ध्यजात
8 विभीतक	14 विभीतक		
		8 वृद्धजात	
		9 संवर्त्त	
9 संवर्तक	15 संवर्तक		
			17 हर्यक्ष
	16 हार्य्य		

संस्कृत के नामों और पर्यायों के अर्थ

उत्पत्तिबोधक नाम :

विन्ध्यजात : विन्ध्य पर्वत में उगने वाला।

परिचयज्ञापक नाम :

अक्ष : फल वज़न में एक अक्ष अर्थात् 12 ग्राम भर होता है या इसकी लकड़ी से जूए के खेल में पासे (अक्ष) बनाये जाते हैं।

कर्षफल : फल तोल में एक-एक कर्ष–12 ग्राम–होते हैं।

कलिद्रुम : कलि का वृक्ष (द्रुम); नल के सारथि बाहुक के शरीर से उत्पन्न कलि को जब नल शाप देने लगा तब वह भयातुर होकर बहेड़े के पेड़ में छिप गया।

कलियुगालय : कलियुग ने इसे अपना घर (आलय) बना लिया है।

कल्कि : कलि का वृक्ष।

कल्किवृक्ष : कलि का वृक्ष।

तिलपुष्प : तिल सदृश छोटे फूलों वाला।

तिलपुष्पक : देखिये तिलपुष्प।

तुमुल : ऊंचा वृक्ष।

तैलफल : बीज की मज्जा से तेल निकलता है।

धर्मघ्न : जूआ खेलने से धर्म का नाश हो जाता है, और क्योंकि जूए में बहेड़े के बने पासों से खेल होता था इसलिए जुए के साधन–पासों के उत्पादक वृक्ष का नाम भी धर्मद्वेषी पड़ गया।

धर्मद्वेषी : देखिए धर्मघ्न।

बहेड़क : बहेड़ा।
बिभीतक : विभेत्यस्मात्, भूत–कलि का डेरा होने से लोग इससे डरते हैं।
भूतवास : कलिरूप भूत का घर (वास)।
भूतावास : कलिरूप भूत का घर (आवास)।
मधुजीव : प्राणियों (जीव) को फलों का स्वादु (मधु) आहार प्रदान करने वाला।
रोमहर्षण : फल के ऊपर मखमली, मुलायम और चिकने रोएं (रोम) होते हैं।
वसन्तर्तु : वसन्त में निकलने वाले नये पत्तों से सुन्दर दीखने वाला वृक्ष।
वहेड़क : बहेड़ा।
वासन्त : वसन्त में नये पत्ते निकलने से सुन्दर दीखने वाला।
हर्यक्ष : आंखों को सुन्दर लगने वाला वृक्ष।
हार्य्य : सुन्दर वृक्ष।

गुण प्रकाशक संज्ञा :

अनिलघ्नक : वायु (अनिल) के रोगों को नष्ट करने वाला (घ्नक)।
कल्पद्रुम : अनेक प्रकार से उपयोगी वृक्ष।
कासघ्न : खांसी (कास) का नाश करने वाला (घ्न)।
बहुवीर्य : बहुत (बहु) उपयोगी (वीर्य)।
विभीतक : विगतं भीतं रोगभयमस्मात्; इसके सेवन से रोग होने का भय जाता रहता है।

निघण्टुशास्त्र में प्रतिपादित गुण

विभीतकः कटु पाके लघुर्वैस्वर्यजित्सरः।
कासाक्षिवक्त्ररोगघ्नः केशवृद्धिकरः परः॥
विभीतकं कषायं च कृमिवैवस्वर्यजित्सरम्।
चक्षुष्यं कटुरूक्षोष्णं पाके स्वादु कफास्रजित्॥

धन्वन्तरिनिघण्टु, गुडूच्यादिवर्ग 1; 213-14.

विभीतकः कटुस्तिक्तः कषायोष्णः कफापहः।
चक्षुष्यः पलितघ्नश्च विपाके मधुरो लघुः॥

राजनिघण्टु, आम्रादिवर्ग 11; 232.

बिभीतकः स्वादुपाकः कषायः कफपित्तनुत्।
उष्णवीर्यो हिमस्पर्शो भेदनः कासनाशनः॥
रूक्षो नेत्रहितः केश्यो मज्जातो मदकारकः॥

मदनपालनिघण्टु, हरीतक्यादिवर्ग 1; 29-30.

अक्षं कषायमधुरं पाके पित्तकफापहम्।
उष्णवीर्यं हिमस्पर्शं केश्यं वैस्वर्यजन्तुजित्॥
चक्षुष्यं भेदनं रूक्षं लघु कासविनाशनम्।
अक्षमज्जा मदकरः कफमारूतनाशनः॥

कैयदेवनिघण्टु, ओषधिवर्ग 1; 243-44.

बिभीतकं स्वादुपाकं कषायं कफपित्तनुत्।
उष्णवीर्यं हिमस्पर्शं भेदनं कासनाशनम्॥
रूक्षं नेत्रहितं केश्यं कृमिवैस्वर्यनाशनम्।
बिभीतमज्जातृट्छर्दिकफवातहरी लघुः॥
कषायो मदकृच्चाथ धात्रीमज्जाऽपि तद्गुणः॥

भावप्रकाशनिघण्टु, हरीतक्यादिवर्ग 1; 36-37.

रासायनिक संघटन

फलों में दो भाग होते है—अन्तः और बाह्य। 100 भागों में बाह्य 75.4 भाग और अन्तः 24.6 भाग होता है। अन्तः भाग में केवल 1.25 प्रतिशत टैनिक एसिड होता है। बाह्य भाग में 6.70 प्रतिशत गैलोटैनिक एसिड होता है।

छोटे क़िस्म के बहेड़े के गूदे और गुठली की पृथक्-पृथक् परीक्षा करने से निम्नलिखित परिणाम प्राप्त हुए :

	गूदा	गुठली
आर्द्रता	8.00	11.38
राख	4.28	4.38
पेट्रोलियम ईथर एक्स्ट्रैक्ट	0.12	29.82
ईथर एक्स्ट्रैक्ट	0.41	0.61
एल्कोहलिक एक्स्ट्रैक्ट	6.42	0.61
जलीय निस्सार	38.56	25.26

छिलके के पेट्रोलियम ईथर-एक्स्ट्रैक्ट में एक हरा-सा पीला तेल था। इथीरियल एक्स्ट्रैक्ट में रंजक पदार्थ, रेज़िन्स, गैलिक एसिड और तेल थे, परन्तु क्षाराभ कोई नहीं था। एल्कोहलिक एक्स्ट्रैक्ट पीला, भंगुर, बहुत अधिक ग्राही और गरम जल में अंशतः विलेय था। जलीय निस्सार ने विभिन्न टैनिन प्रतिक्रियाएं दीं।

गुठली के पेट्रोलियम ईथर-एक्स्ट्रैक्ट में एक पीला, पतला और फल के-से स्वाद का तेल था। यह तेल न सूखने वाला और एल्कोहल में अविलेय था। इथीरियल एक्स्ट्रैक्ट

भी तैलीय था। एल्कौहलिक एक्सट्रेक्ट गरम जल में अंशतः विलेय, स्वाद-रहित तथा प्रतिक्रिया में अम्ल था। जलीय निस्सार में शर्करा और सैपोनीन दोनों नहीं थे। कोई क्षाराभ नहीं खोजा गया।

तेल का आपेक्षिक घनत्व 0.9198 से 0.9193 तक, पिघलाव बिन्दु 4° से 11° तक, अम्लीय मान 2.4 से 3.9 तक, साबुनीकरण मान 205.8 से 205.13 तक और तैलीय मान 79.0 से 85.3 तक है।

बीजों में 30.44 प्रतिशत तक तेल होता है। रखा रहने पर यह दो भागों में विभक्त हो जाता है। एक पीले-हरे रंग का द्रव और दूसरा गाढ़ा सफ़ेद, घी सदृश घनता का अर्धठोस होता है। तेल दवा में काम आता है।

जानवरों का भोजन

बन्दर, गिलहरी, सूअर, हिरण, बकरी, भेड़ें और दूसरे जानवर फलों को बहुत चाव से खाते हैं और इसलिए मांसल आवरण से युक्त फल कभी भी ज़मीन पर बहुत देर तक नहीं पड़े रहते। शीत और ग्रीष्म ऋतुओं में हलके पीले-से रंग के बहेड़े की गुठली के छोटे-छोटे ढेर जंगल में इधर-उधर पड़े प्रायः मिल जाते हैं। ये गुठलियां हिरणों द्वारा चबाकर फेंकी गई होती हैं। शीत ऋतु में पेड़ पर बहुत-सी मुरझाई हुई शाखाएं देखने में आती हैं जो फलों की प्राप्ति के लिए बन्दरों द्वारा तोड़ी गई होती हैं। पके हुए फलों के लिए प्राणियों का झुकाव बीजों को दूर-दूर फैलाने में सहायता पहुंचाता है। इसके अलावा फलों की फ़सल का एक बड़ा हिस्सा कीड़ों और जानवरों से काम आए बिना ऐसे ही पड़ा रह जाता है। कांगड़ा में दुधारू गौओं के लिए पत्ते अच्छा चारा होते हैं।

चर्मकर्म में

यह चमड़े को कमाने में तथा रंगने में काम आता है। इस दृष्टि से यह हरड़ से बहुत घटिया है। जावा में फल से चमड़ा कमाया जाता है और थोड़ा-सा लोह गन्धित मिलाकर चमड़ा काला रंगा जाता है।

स्याही

भारत और जावा में फल से देसी स्याही बनाई जाती है। इसके लिए ताज़े फल इस्तेमाल किये जाते हैं। फल के रस में कसीस (लोह गन्धित) मिलाने से लिखने की अच्छी स्याही तैयार हो जाती है।

रंगाई में

बहेड़े का रंग, कहते हैं बहुत अच्छा नहीं आता। इसलिए जावा में सस्ते धागों को रंगने के काम में आता है। भारत में बहेड़ा रंगने और कमाने के लिए बहुत प्रयुक्त होता है। यह अकेला प्रयुक्त किया जा सकता है, तब यह कपड़े पर पीला-सा या भूरा-सा पीला रंग देता है। अन्य रंगने वाले पदार्थों के साथ मिला देने से गहरा-भूरा या काला रंग देता है। अकेले बहेड़े से रंगने की विधि इस प्रकार है—प्रति वर्ग मीटर कपड़े के लिए 250 ग्राम बहेड़ा लें। गुठली निकालकर फेंक दें और छिलके को कूटकर बारीक कर लें। इसे 1 लीटर पानी में डालें और साथ ही 12 ग्राम अनार के छिलके डाल दें। रात-भर पड़ा रहने दें। फिर उबालें और 3 उबाल आने पर उतार लें। ठण्डा होने पर मोटे कपड़े में छान लें। रंगे जाने वाले कपड़े को अच्छी तरह धोकर सूखने के लिए डाल दें। जब आधा सूख जाए तब 12 ग्राम फिटकरी घुले हुए पानी में भिगो लें, फिर रंग के घोल में कपड़े को डालकर हिलाते रहें जिससे सारे कपड़े पर एक-सा रंग आ जाए। जब कपड़े पर रंग काफ़ी गहरा आ जाए तब धूप में सुखा दें और बाद में पानी से धो डालें जिससे रंग की गन्ध निकल जाए। इस विधि से पीला (muffy yellow) रंग प्राप्त होता है।

मजीठ आदि के साथ कपड़ा रंगने में हरड़ के स्थान पर बहेड़ा भी इस्तेमाल होता है। कई स्थानों पर हरड़ की तरह बहेड़ा चर्मकर्म में प्रयुक्त होता है। वीरभूमि में पत्ते भी इसी तरह प्रयुक्त होते हैं। छाल भी काम में आती है पर इसमें ग्राही गुण कम हैं। इसलिए रंगाई के काम आने वाले अन्य पौधों की छाल की अपेक्षा यह कम उपयोगी है।

गोंद

वृक्ष की छाल के क्षतों में प्रचुर निर्यास निकलता है जो विशेष उपयोगी नहीं मालूम देता क्योंकि जल में विलेय नहीं है। यह गोंद स्वाद-रहित होती है और देखने में कीकर की गोंद से बहुत मिलती-जुलती है। कोल और मूर इसे खाने में काम लाते हैं। मिदनापुर के जंगलों में यह बहुत पैदा होती है। गोंद लगभग अंगुली के बराबर मोटी और गोल-लम्बोतरे खण्डों में छाल पर इकट्ठी हो जाती है। रंग में, घटिया कीकर की गोंद के रंग की होती है। इसमें डम्बल सदृश कैल्सियम औग्ज़ेलेट के स्फटिक, स्फोरोक्रिस्टल्स और सूक्ष्म पदार्थों के समूह होते हैं। पानी में भिगोने से फूल जाती है, पर घुलती नहीं। दूसरी घुलनशील गोंदों के साथ मिलाकर इसे बेचा जाता है। आग में जलाने से यह जल पड़ती है।

लकड़ी

लकड़ी हलकी होती है और अच्छी नहीं समझी जाती। लेकिन आमतौर पर जितनी बुरी समझी जाती है उससे अच्छी ही होती है। कई स्थानों पर तो यह इतनी निकम्मी

ख़याल की जाती है कि वृक्षों को सर्वथा काटा ही नहीं जाता। कई स्थानों पर इसे काटकर इमारती लकड़ी की तरह प्रयोग करते हैं। एक प्रकार का कीड़ा लकड़ी में छेद करके इसे हानि पहुंचाता है। लकड़ी बहुत टिकाऊ नहीं है और कीड़ों से भी शीघ्र आक्रान्त हो जाती है। ईंधन के लिए यह लकड़ी अच्छी है। जलाकर इसका कोयला भी बनाया जाता है। सावन्तबाड़ी ज़िले के पास चीनी साफ़ करने में इसकी लकड़ी की राख काम में लाते हैं।

हरी लकड़ी का प्रति घन फुट भार 26 से 27 किलोग्राम और सूखी का 17.750 से 19.500 किलोग्राम होता है। पानी में भिगोने के बाद लकड़ी तख़्ते, पैकिंग केस, कौफ़ी बौक्स, नौकाएं बनाने और उत्तर-पश्चिम प्रान्तों में गृह-निर्माण में प्रयुक्त होती है। पानी में डुबोने से यह अधिक टिकाऊ हो जाती है। मध्य प्रान्त में यह हल और गाड़ियों के बनाने में प्रयुक्त होती है। दक्षिण भारत में पैकिंग केस, किश्ती के तख़्तों और अनाज मापने के पात्र आदि के बनाने के काम में लाई जाती है।

उत्तम पथ-वृक्ष

पथ-वृक्ष के लिए यह अत्युत्तम वृक्ष है, परन्तु इसके साथ कई अन्धविश्वास जुड़े रहने के कारण इसका उपयोग नहीं किया जाता है। दक्षिण भारत के हिन्दुओं का विश्वास है कि इसमें दैत्यों का निवास होता है। इसलिए वे इससे बचते हैं और इसक छाया में कभी नहीं बैठते। मध्य और दक्षिण भारत के लोग लकड़ी का इस ख़याल से गृह-निर्माण में उपयोग नहीं करते कि जिस घर में इसकी लकड़ी होगी वह अनिष्टकर होता है और उसमें कोई व्यक्ति देर तक जीवित नहीं रह सकता। इसी अन्धविश्वास के कारण अनेक स्थानों पर यह वृक्ष जंगलों में बिना काटे छोड़ दिया जाता है। इन विश्वासों के विपरीत हम भारत की राजधानी नई दिल्ली की कुछ सड़कों पर बहेड़े के वृक्षों को सफलता से उगा हुआ देखते हैं।

पानी का सूचक

वराहमिहिर ने कुछ अद्भुत अनुभव बताये हैं। वे कहते हैं कि बहेड़े के समीप दक्षिण की ओर बामी हो तो उस वृक्ष से दो हाथ पूर्व की तरफ़ 1.5 पुरुष नीचे जलधारा होती है। पश्चिम दिशा में बामी हो तो वृक्ष से एक हाथ उत्तर दिशा में 4.5 पुरुष की गहराई में पानी की धारा होगी।

निर्यात

भारत में, जंगलों में बहेड़े के फल बहुत इकट्ठे किये जाते हैं। जंगल-विभाग इसे नीलाम कर देता है। कार्तिक से पौष तक इसका फल अच्छी तरह पक जाता है और

तोड़कर बाज़ार में बिकने आ जाता है। मानभूमि, हज़ारीबाग़ आदि स्थानों में इसका मूल्य कम और चटगांव में अधिक होता है। हरड़ का मूल्य इसकी अपेक्षा अधिक है। रंगने तथा चर्मकर्म के लिए बहेड़े भारत से बाहर बहुत जाते हैं। नजीबाबाद और गढ़वाल के जंगलों में फल बहुत इकट्ठे किये जाते हैं और विदेश भेजे जाते हैं।

गिरी विषैली नहीं

लोगों में यह विश्वास बहुत अधिक प्रचलित है कि बहेड़े की गिरी विषैली होती है। कई लोग केवल बड़े फल वाली क़िस्मों को विषैली मानते हैं। दूसरे कहते हैं कि उन्होंने दोनों क़िस्मों को बिना किसी प्रकार का विषैला प्रभाव अनुभव किये अच्छी तादाद में खाया है, परन्तु इन्हें खाने के बाद पानी पी लिया जाय तो शिरोभ्रम तथा नशा अनुभव होने लगता है। उप-सहायक शल्य चिकित्सक रैडक 5 से 9 साल तक 3 लड़कों पर बहेड़े के विष-प्रभाव का उल्लेख करते हैं। बीज खाने पर उनमें से दो लड़के नशे में चूर हो गए। दोनों सिरदर्द की शिकायत करते थे और उल्टी कर रहे थे। तीसरा लड़का कमज़ोर था और इसने सबसे अधिक बीज खाये थे–बीस या तीस। इस लड़के में दिन में कुछ लक्षण प्रकट नहीं हुए, परन्तु अगले दिन सुबह वह अचेत पाया गया और उसमें शिथिलता के सब लक्षण नज़र आते थे। वामक द्रव्य थोड़ी-थोड़ी मात्रा में देने और तेज़ भाप देने से लक्षणों में कुछ कमी हुई। धीरे-धीरे वह होश में आ गया, परन्तु वह सिर घूमने की शिकायत करता रहा था और अगले दिन तक उसकी नाड़ी तेज़ चलती रही। बाद में वह ठीक हो गया। रैडक का विचार है कि वह लड़का एक हलके नशीले विष से आक्रान्त था और इसका परिणाम घातक भी हो सकता था यदि स्टमक पम्प का प्रयोग न किया गया होता। मुम्बई के केमिकल एनलिस्ट (1878-79) की रिपोर्ट में 1 स्त्री तथा 2 बच्चों पर बहेड़े की गिरी के विष-प्रभाव का वर्णन है। उनमें से 1, जो 8-9 बरस की कमज़ोर लड़की थी, मर गई थी। परन्तु शेष रोगी बच गए थे।

फल के विषैले प्रभाव के सम्बन्ध में बहुत अधिक भिन्न और विरोधी सम्मतियां हैं। डिमक, वार्डन और हूपर की परीक्षाओं के अनुसार इनमें कोई विषैला प्रभाव नहीं है। दूसरों को खिलाकर तथा स्वयं अधिक मात्रा में खाकर इन लोगों ने कोई बुरे प्रभाव नहीं देखे। बीज के विषैले प्रभाव को जानने के लिए छोटे जीवों पर भी परीक्षण किये गए। एक बिल्ली के पेट में गिरी का 580 मिलीग्राम एल्कौहलिक एक्स्ट्रैक्ट सूचिविद्ध किया गया। एक दूसरी भूखी बिल्ली के पेट में 855 मिलीग्राम (लगभग पैंतीस से चालीस गिरियों के बराबर) एल्कौहलिक एक्स्ट्रैक्ट डाला गया। दोनों अवस्थाओं में परिणाम नकारात्मक थे। इसलिए इन लेखकों ने यह परिणाम निकाला कि गिरी में कोई विषैला गुण नहीं है।

पैम्पेल (ए मैनुअल औफ़ पौयज़नस प्लाण्ट्स, 1911) के विवरण के अनुसार बहेड़ा मछलियों के लिए विषैला है। परन्तु भारत में इस प्रयोग का कोई उल्लेख नहीं मिलता।

चिकित्सा में उपयोग

त्रिफला के अंग रूप में यह लगभग प्रत्येक रोग में विभिन्न प्रकार से दिया जाता है। पंजाब में पका हुआ फल मुख्यतः श्वयथु, अर्श, अतिसार, कुष्ठ और कभी-कभी ज्वर में इस्तेमाल होता है।

श्वास-संहति के रोग

मुख और श्वास-संहति के रोगों में बहेड़ा उपयोगी औषध सिद्ध हुआ है। लोलिम्बराज ने बहेड़े को रावण का पुत्र कहा है। उनके अनुसार मुखकमल में रखा हुआ बहेड़ा खांसी और सांस के कष्टों को नष्ट करता है। आग में डालकर भूने हुए फल को मुख में रखकर धीरे-धीरे चूसते रहने से कण्ठ-व्रण में लाभ होता है। बहेड़ा, अनार का छिलका, यवक्षार और पिप्पली समान भाग में मिलाकर गुड़ के साथ गोली बना लें। गलशोथ और कण्ठशोथ में यह गोली चूसने के लिए दी जाती है। इसी प्रकार नमक और पिप्पली के साथ फल के गूदे की गोलियां बना ली जाती हैं। खांसी, कण्ठव्रण, गले का बैठ जाना आदि में, मुख में रखकर इन्हें चूसने से आराम आ जाता है। सेंधा नमक, पिप्पली और बहेड़े के चूर्ण को मक्खन में मिलाकर चाटने से भी यही लाभ होता है। बहेड़े के फल के ऊपर घास लपेट दें और इसे गाय के गोबर से ढककर आग में पकाएं। ऐसे एक बहेड़े को मुख में रखकर धीरे-धीरे चूसने से खांसी दूर होती है। 6 से 12 ग्राम बहेड़े के चूर्ण को मधु के साथ चाटने से खांसी, दमा और तीव्र हिचकी भी नष्ट होती है। बहेड़ा, अतीस, पिप्पली, भारंगी और सोंठ-सबको समान भाग लेकर सूक्ष्म चूर्ण बनाएं। इस विभीतकादि चूर्ण को गरम जल या मद्य के साथ सेवन करते रहने से खांसी, दमा, अपतानक अच्छे हो जाते हैं। सब प्रकार के दमे और खांसी में अकेले बहेड़े के प्रयोग से भी लाभ होता देखा गया है।

महास्रोतस् के रोग

कोंकण में बहेड़े के पत्तों का प्रयोग अजीर्ण में किया जाता है। बहेड़े और असगन्ध के समान भाग चूर्ण में गुड़ मिलाकर गरम जल से खाने से हृदयगत वायु नष्ट होती है। मुनक्का, इलाइची का चूर्ण और बहेड़े की गिरी से बनाई गई गोलियां वमन में बहुत लाभकारी होती हैं। जलाये हुए बहेड़े की गिरी के चूर्ण में नमक मिलाकर खाने से यह आंतों पर ग्राही प्रभाव करता है और इसलिए तीव्र अतिसार में लाभदायक होता है। जिगर के रोगों में उपयोग की जाने वाली मण्डूर की शुद्धि के लिए उसे बहेड़े की लकड़ी की आग में तपा-तपाकर गोमूत्र में 8 बार बुझाया जाता है।

मूत्र के रोग

सुश्रुत ने बहेड़े को मूत्र रोगों में उपयोगी पाया है। वे लिखते हैं—बहेड़े की गिरी को मद्य में पीसकर पिलाने से मूत्राश्मरी दूर होती है और मूत्र के विकार हटते हैं। कायस्, म्हस्कर और इसाक्स के परीक्षणों से ज्ञात होता है कि बहेड़े के वृक्ष की छाल के प्रयोग से कुछ परिमाण में मूत्र की राशि बढ़ जाती है।

आंख के रोग

ग्राही द्रव्य के रूप में बहेड़ा आंखों के रोग में व्यवहार किया जाता है। इसके शीत कषाय से प्रातःकाल आंख धोने से आंखें निर्मल रहती हैं। आंख दुखने पर या नेत्र-शोथ पर पके हुए शुष्क फल का चूर्ण मधु में मिलाकर आंखों पर लेप किया जाता है। बहेड़े की मींगी, कालीमिर्च, आंवले का गूदा, नीलाथोथा और मुलहठी को जल से पीसकर वर्ति बनाएं। उसे छाया में सुखाना चाहिए। तिमिर में इस वर्ति को आंजना चाहिए। बहेड़े की गिरी को स्त्री-दुग्ध में घिसकर प्रतिदिन रात को आंजने से आंख के रोगों में लाभ होता है। शहद के साथ गिरी को बारीक़ पीसकर फूले में आंजते हैं।

शोथ, दाह, ग्रन्थि

विविध शोथयुक्त अवस्थाओं में बहेड़े का लेप के रूप में बाह्य प्रयोग होता है। बहेड़े की गिरी को पीसकर शोथ वाले भागों पर लेप किया जाता है। बहेड़े की मींगी का तेल बाह्य प्रयोग में, आमवात में वेदना वाले स्थानों पर मालिश करने से वेदना और शोथ दोनों शान्त होते हैं। सब प्रकार की शोथों में बहेड़े के फल की मज्जा के लेप से दाह और वेदना शान्त होती है। ग्रन्थि विसर्प में बहेड़े के कल्क को गर्म कर ग्रन्थि पर लेप किया जाता है। वाग्भट भी बहेड़े को ग्रन्थि विसर्प में लेप करते हैं। जले हुए स्थान पर बीज की गिरी या फल का गूदा पीसकर लगाने से दाह शान्त होती है।

बालों के लिए हितकर

बहेड़े की गिरी को कोल्हू में पेरने से थोड़े परिमाण में एक तेल प्राप्त होता है। यह बालों के लिए हितकर कहा जाता है। औषधियों में उपयोग के अतिरिक्त यह खाने के काम भी आता है। मध्य प्रदेश में ग़रीब लोग इसे घी के स्थान पर खाते हैं। वहां यह सस्ता बिकता है।

कान बहना

बहेड़ा, वच, कुष्ठ, हरताल और मनःशिला से पकाये तेल को बच्चों के कान बहने में डालने से पूय आनी बन्द हो जाती है।

सर्पविष में

चरक, सुश्रुत, वाग्भट और शार्ङ्गधर ने बहेड़े को अन्य दवाओं के साथ मिलाकर सर्पदंश में उपयोगी बताया है। सुश्रुत ने इसे बिच्छू के डंक मारने पर प्रभावकारी कहा है। भविष्य-पुराण के अनुसार कफ को दूषित करने वाले राजिल (वैश्य) सांपों के काटने पर बहेड़ा दिया जाता है।

म्हस्कर और कायस् ने दिखाया है कि फनियर और दबोइया (रसल्स वाइपर) सांपों के विष शरीर में पहुंच गए हों तो उन्हें उतारने या नष्ट करने में बहेड़ा कारगर नहीं होता। कायस् और म्हस्कर ने इसे बिच्छू के विष में निरुपयोगी बताया है।

अन्य रोगों में

रस, रक्त, मांस तथा मेद से उत्पन्न होने वाले दोषों को बहेड़ा नष्ट करता है। बहेड़े की छाल को सिल पर पीसकर बनाया कल्क ख़ून की कमी में और सफ़ेद कुष्ठ आदि रोगों में दिया जाता है। कोंकण में बहेड़े की गिरी पान में रखकर खाई जाती हैं। साधु लोग कहते हैं कि रोज़ एक गिरी खाने से विषय-वासना बढ़ती है।

आठ

विविध भाषाओं और स्थानों में नाम

संकेत

अ.	अरबी	त.	तमिल	म.	मराठी
अं.	अंग्रेज़ी	ते.	तेलुगु	मल.	मलयालम
असमी.	असमिया	ने.	नेपाल	मु.	मुम्बई
उ.	उड़िया	पं.	पंजाब	सं.	संस्कृत
क.	कन्नड़	फ़ा.	फ़ारसी	हि.	हिन्दी
कश्.	कश्मीरी	बं.	बंगाली	हिमा.	हिमाचल
गु.	गुजराती				

अ

प

फ

ब

भ

म

अंग्रेज़ी, लेटिन नाम